INHALT

PHILOSOPHIE IN SELBSTDARSTELLUNGEN

Herausgegeben von
Ludwig J. Pongratz

Band III
mit Beiträgen von

Julius Ebbinghaus, Hans-Georg Gadamer,
Heinz Heimsoeth, Erich Heintel,
Friedrich Kaulbach, Helmut Kuhn

FELIX MEINER VERLAG
HAMBURG

PHILOSOPHIE IN SELBSTDARSTELLUNGEN

BAND I: Mit Beiträgen von E. Bloch, J. M. Bochenski,
A. Dempf, H. Glockner, H.-E. Hengstenberg, P. Jordan, W. Marx,
J. Pieper, H. Plessner. BoD-Nachdruck der Ausgabe von 1975.
X, 316 S. mit 9 Bildtafeln. ISBN: 9783-7873-0341-0

BAND II: Mit Beiträgen von G. Günther, D. v. Hildebrand,
L. Landgrebe, B. Liebrucks, F. Mayer-Hillebrand, W. Schulz,
W. Weischedel, C. F. v. Weizäcker. BoD-Nachdruck der Ausgabe
von 1975. VI, 399 S. mit 8 Bildtafeln. ISBN: 978-3-7873-0342-7

BAND III: Mit Beiträgen von J. Ebbinghaus, H.-G. Gadamer,
H. Heimsoeth, E. Heintel, F. Kaulbach, H. Kuhn. BoD-Nach-
druck der Ausgabe von 1977. IV, 292 S. mit 6 Bildtafeln.
ISBN: 978-3-7873-0397-7

Weitere Informationen zu unserem BoD-Programm unter:
www.meiner.de/bod.

Bibliographische Information der Deutschen Nationalbibliothek

Die Deutsche Nationalbibliothek verzeichnet diese Publikation
in der Deutschen Nationalbibliographie; detaillierte bibliographische Daten sind im Internet über ‹http://portal.dnb.de› abrufbar.
ISBN 9783-7873-0397-7
ISBN eBook: 978-3-7873-2777-5

Julius Ebbinghaus *9. 11. 1885

Mein Vater *Hermann Ebbinghaus* stammte aus einer westfälischen Familie, deren Mitglieder meistens als Unternehmer in der Papierfabrikation oder im Papierhandel tätig waren. Er selbst war der erste der Familie, der die akademische Laufbahn einschlug: als ich am 9. November 1885 geboren wurde, war er Privatdozent der Philosophie an der Universität Berlin. Er hatte seinen Vater früh verloren. Seine Mutter war eine streng kirchliche Frau. Der Zwang, den sie in dieser Hinsicht auf ihre Kinder ausübte, hat meinem Vater eine tiefgewurzelte Abneigung gegen alle Orthodoxie eingeflößt. Gleichwohl hielt er an einer vernünftigen, auf das moralische Wohlverhalten gerichtete Religiosität fest, und er hat die Bereitschaft zu deren Anerkennung auch auf mich übertragen. Politisch gehörte er dem fortschrittlichen Flügel der in den 70er und 80er Jahren bedeutenden Nationalliberalen Partei an. Er war patriotisch gesonnen und ein Verehrer Bismarcks. Innenpolitisch stand er dem konservativen und klerikalen Kurse der preußischen Regierung ablehnend gegenüber. In der Verdrossenheit über die Hintansetzung der Vertreter der Wissenschaft gegenüber den Militärs und Verwaltungsbeamten im preußischen Staate hat er — einer Verabredung mit dem ihm befreundeten *Friedrich Paulsen* gemäß — den ihm verliehenen, für ältere Professoren üblichen Titel eines Geheimen Regierungsrates abgelehnt bzw. keinen Gebrauch davon gemacht. Dasselbe gilt von dem ihm verliehenen roten Adlerorden 4. Klasse. Er hat auch dessen Empfang weder bestätigt noch eine Mahnung der Ordenskommission, er möge es tun, befolgt.

Nach anfänglichem Vorschulbesuch in Berlin und Breslau, wohin mein Vater im April 94 berufen worden war, habe ich meine Schulbildung von der Quarta an auf dem Magdalenengymnasium in Breslau erhalten. Das Ergebnis war eine tiefgewurzelte Überzeugung vom Bildungswerte der klassischen Sprachen und ihrer Literatur, verbunden mit einer guten Ausbildung in der Elementarmathematik und im Französischen. Ich verließ das Gymnasium Ostern 1904 mit der wohl am Vorbild des Vaters orientierten aber keineswegs von ihm geförderten Absicht, Philosophie zu studieren. Im ersten Semester ging ich einer damaligen Mode folgend nach Lausanne. Daran schloß sich im August und September eine Teilnahme an den Ferienkursen in Grenoble, wo man auf der Basis des in der Schule gelernten nicht nur ein fließendes, sondern an Hand des Unterrichtes des ebenso gelehrten wie wandertüchtigen und amüsanten Phonetikers *Paul Passy* (genannt ours des montagnes) auch ein akzentfreies Französisch sprechen lernen konnte.

Im Oktober 1904 ging ich dann — nicht mit vollem Beifall meines Vaters, der eine kleine Universität für den Anfänger passender fand — für zwei Semester an die Universität Berlin. Dort hörte ich als Hauptkollegs Geschichte der Philosophie bei *Friedrich Paulsen*, Psychologie und Logik bei *Carl Stumpf* und Experimentalphysik bei *Emil Warburg*. Es folgten drei Semester in Halle, wohin mein Vater im Herbst 1905 berufen worden war, so daß ich Gelegenheit hatte, bei ihm sowohl sein Hauptkolleg über Psychologie wie auch eine sehr gut orientierende vierstündige Vorlesung über Geschichte der Philosophie zu hören. Das Studium der Experimentalphysik in Kollegs und Übungen setzte ich fort. Außerdem hörte ich die beiden Hauptkollegs über anorganische und organische Chemie.

Mittlerweile war in mir der Wunsch entstanden, eine der damals in Deutschland herrschenden philosophischen Hauptrichtungen durch Studium bei einem ihrer Vertreter kennen zu lernen. Mein Verlangen stand nach Freiburg. Die Bücher des dort lehrenden *Heinrich Rickert* über »Die Grenzen der naturwissenschaftlichen Begriffsbildung« und den »Gegenstand der Erkenntnis« schienen mir am meisten den Charakter einer eigenständigen Behandlung von Grundproblemen der menschlichen Erkenntnis zu haben. Mein Vater aber, der den Mangel an Sachhaltigkeit in den introvertierten Reflexionen Rickerts durchschaute, nötigte mich, statt dessen nach Heidelberg zu gehen. Er setzte mit Recht voraus, daß die umfassenden Stu-

dien der Geschichte der Philosophie, von denen die Bücher des
in Heidelberg wirkenden *Wilhelm Windelband* Zeugnis ablegten, von größerem Nutzen für meine philosophische Ausbildung sein würden, als der sterile Formalismus der Rickertschen Begriffsanalysen.

Indessen war ich schon damals nicht mehr ein bloß neu-
traler Hörer philosophischer Vorlesungen. Von Anfang an war
das Leitmotiv meiner Studien gewesen, herauszufinden, welche
Philosophie denn unter allen denen, die angeboten worden
waren, die richtige wäre. Oder mußte die von Philosophen
gesuchte Erkenntnis überhaupt erst gefunden werden? Ich las
Schopenhauers »Welt als Wille und Vorstellung« mit Vergnü-
gen, aber mehr als ein fesselndes Produkt der Phantasie als der
Erkenntnis. Ich suchte den Zugang zu *Kant* an Hand der
Monographie *Paulsens* über ihn in Frommanns Klassikern,
aber die Problemstellung der »Kritik der reinen Vernunft«
wurde mir dadurch in ihren Motiven weder durchsichtig noch
interessant.

In diesem Zustande hatte ich in Halle in meinem vierten
Semester eine Vorlesung des damaligen Privatdozenten für
Philosophie *Fritz Medicus* über *Fichte* gehört, die mich durch
das ungewöhnliche persönliche Engagement des Vortragenden
fesselte. Der Sache nach konfrontierte sie mich zum ersten
Male mit einem mich anregenden und aufregenden Versuch,
ein System der Philosophie auf gewissen unbezweifelbaren
obersten Grundsätzen aufzubauen. Unter der Devise aus *Windelbands* Präludien: *Kant* verstehen heißt über ihn hinausgehen, konnte man in dem Vorsatz der Reaktivierung der
Wissenschaftslehre *Fichtes* von 1794 und seiner beiden Einlei-
tungen in diese von 1797 sehr wohl eine Legitimation für den
Eintritt in den Kreis des Heidelberger Seminars erblicken.

Dieser Kreis war es, aus dem alsbald eine neue Verführung
an mich herantrat, die mich noch einen Schritt weiter auf dem
Wege tun ließ, der, wie ich glaubte, gegangen werden mußte,
wenn die Philosophie wieder zu einer allgemein anerkannten
Rolle innerhalb des Ganzen der Wissenschaften gelangen können sollte. Der Verführer war ein älterer Doktorand *Windel-*

bands, dem ich auf einem der Abende begegnete, zu denen *Windelband* die Mitglieder des philosophischen Seminars einmal oder zweimal im Semester einlud. Der neue Bekannte, mit dem ich über meinen Fichteanismus ins Gespräch kam, war *Otto Closs.*

Dieser war in seinen verflossenen Berliner Semestern zu einem Hegelianer höchst eigener Art geworden. Die Tradition der Philosophie *Hegels* an der Universität Berlin war damals noch nicht völlig erloschen. Als ihr Anhänger bekannt war der Honorarprofessor *Adolf Lasson,* ein Außenseiter, der für die Sache des Schwaben in einem mit unwiderstehlichen Späßen gewürzten, unverfälschten Berlinisch warb. Dazu kam der Historiker *Delbrück,* in dessen 1924 erschienenen »Vorlesungen über Weltgeschichte« ein ausführliches Bekenntnis zu *Hegels* Geschichtsauffassung zu finden ist (Band 1, Einleitung S. 9 ff.), das freilich mehr den Charakter einer Unabhängigkeitserklärung gegenüber der Schule *Rankes* als den eines wirksamen Prinzips für die dem Werke zu Grunde liegende Forschung hat. Ebenfalls, wenn auch in ganz anderer Weise für *Hegel* interessiert war in jenen Jahren *Wilhelm Dilthey.* Dieser hatte im Jahre 1906 in den Abhandlungen der Preußischen Akademie der Wissenschaften eine »Jugendgeschichte Hegels« veröffentlicht — gestützt auf die in der Berliner Staatsbibliothek befindliche Sammlung von Manuskripten aus *Hegels* Jugend. Gleichzeitig arbeitete sein Schüler *Herman Nohl* an der Veröffentlichung dieser Manuskripte. Sie erschienen im Jahre 1907.

Für *Otto Closs* aber ergab sich außer der gleichsam atmosphärischen Präsenz *Hegels* im Kreise der damaligen Schüler *Diltheys* ein bestimmterer Hinweis auf *Hegel* aus seiner in Berlin in den Jahren 1905/06 entstandenen Freundschaft mit *Friedrich Brunstäd.* Dieser bereitete damals seine Doktordissertation über »Hegels Geschichtstheorie« vor. In dem 1909 erschienenen Teildruck aus ihr hat er neben *Dilthey* sowohl *Lasson* wie *Delbrück* als Lehrer genannt, denen er zu besonderem Danke verpflichtet sei. Mittlerweile hatte er schon 1907 *Hegels* Vorlesungen über die Philosophie der Geschichte mit einer umfassenden Einleitung im Verlage von Reclam neu

herausgegeben. Dieses Buch wurde mir im Juli des Erscheinungsjahres, das heißt am Ende meines ersten Heidelberger Semesters von *Otto Closs* mit dem handschriftlich eingetragenen Motto »Der Herr ist der Geist«, 2. Kor. 3,17, geschenkt. Es war als ob der Schenkende durch diese pathetische Widmung den Beschenkten zum Dienste eben des Herrn verpflichten wollte, dem er sich selber gelobt hatte: zum Dienste nämlich an dem durch *Hegel* geoffenbarten Geiste der Welt.

Nun war ich selbst zwar keineswegs zu einer bedingungslosen Aufgabe meiner Fichteschen Grundsätze bereit. Wohl aber veranlaßte mich die neue Freundschaft zu einem intensiven Studium von *Hegels* »Phänomenologie des Geistes«. Das Buch faszinierte mich. Es trieb mich weiter in das Studium der vor seinem Erscheinen im Jahre 1807 liegenden Schriften *Fichtes, Schellings* und *Hegels* selbst. Das Resultat war meine Doktordissertation, die im Jahre 1910 unter dem Titel »Relativer und absolutiver Idealismus — Historisch-systematische Untersuchung über den Weg von *Kant* zu *Hegel*« in etwas erweiterter und modifizierter Form bei Veit & Comp. in Leipzig erschienen ist.

Freilich war von einer historischen »Untersuchung« weder in der der Fakultät vorgelegten und in dieser Form gedruckten Dissertation noch in der für die Veröffentlichung erweiterten Fassung irgend etwas zu finden. Das einzig Historische an ihr war eine Liste von Zitaten aus beiden Auflagen der »Kritik der reinen Vernunft«, an denen *Kant* die Begleitbarkeit aller unserer Vorstellungen in ihrem möglichen Bewußtsein von der Vorstellung »Ich denke« zum Ausdruck bringt. Das Unglück war nur, daß ich unter diesem »Ich denke« keineswegs mit *Kant* das Bewußtsein verstand, alles Mannigfaltige, dessen ich mir auf Grund der Sinnlichkeit bewußt werden kann (alle Perzeptionen), in dem Bewußtsein »Ich bin mir bewußt« (der Apperzeption), und also im Bewußtsein meiner selbst vereinigen zu können. Statt dessen glaubte ich, in jenem Selbstbewußtsein die Quelle allen möglichen Bewußtseins und sogar aller möglichen Mannigfaltigkeit unserer Vorstellungen erblicken zu können und zu müssen.

Es liegt am Tage, daß ich damit die Schraube des Idealismus überdreht hatte. Nicht ebenso am Tage liegt, daß es die von meinem Doktorvater versuchte Umbildung der Kategorienlehre *Kants* gewesen ist, die mich an der aus meinem Fichteanismus stammenden Absolutheit dieses Idealismus festhalten ließ. *Windelband* hatte im Jahre 1900 in den *Ch. Sigwart* zum 70. Geburtstag gewidmeten Abhandlungen einen Aufsatz »Vom System der Kategorien« veröffentlicht, dessen Anfangssätze lauten: »Das letzte Prinzip aller theoretischen Philosophie, ja aller Philosophie überhaupt, bildet seit Kants Kritik der reinen Vernunft der Begriff der Synthesis. Wir verstehen darunter jene eigenartige ›Einheit des Mannigfaltigen‹, welche den Grundcharakter allen Bewußtseins und damit die Fundamentaltatsache der inneren Erfahrung ausmacht« (a.a.O., S. 43). Dementsprechend meinte *Windelband*: »Ein Prinzip für das System der Kategorien ist deshalb nur zu finden, wenn man ... die Möglichkeiten entwickelt, welche in dem Wesen der synthetischen Einheit des Mannigfaltigen enthalten sind, und die Bedingungen für die Ausführung dieser Funktion ausmachen« (vgl. a.a.O., S. 47). Diese Entwicklung der (vermeintlich) *im Wesen* der synthetischen Einheit des Mannigfaltigen enthaltenen Möglichkeiten, sollte nach den Ausführungen W.s auf Grund der »inneren Erfahrung« von den mannigfaltig möglichen Kombinationen von Vorstellungsinhalten vor sich gehen. Diese innere Erfahrung aber, so meinte er, »erweist zunächst, daß die Synthesis den Gegensatz zwischen der beziehenden Funktion und den deren Gegenstand bildenden Vorstellungsinhalten voraussetzt« (a.a.O.). Aber eben dies, daß es unabhängig von der durch das »Ich denke« bedingten Synthesis des in der sinnlichen Anschauung gegebenen Mannigfaltigen überhaupt keine Gegenstände für Begriffe des Verstandes und also auch keine (weder äußere noch innere) Erfahrungen geben kann — das war ja gerade die über den Standpunkt der Dissertation von 1770 hinausführende Entdeckung, durch die erst die Pforte für Kants transzendentalen Idealismus und dessen Absage an die dogmatische Metaphysik geöffnet wurde (vgl. den Brief an Markus Herz vom 21. 2. 72).

So ist es klar, daß W. sich durch seinen Versuch einer Ableitung der Kategorien aus inneren Erfahrungen außerhalb allen möglichen Kontaktes mit *Kants* Kritizismus gestellt hatte. Vielmehr hatte er sich damit als einen Vertreter jenes »Psychologismus« kenntlich gemacht, als dessen Gegner er von andern gefeiert wurde. Daß er selber sich für einen solchen Gegner hielt, war ein Symptom der fortschreitenden Verwirrung, in der sich die Philosophie mit Bezug auf ihre eigenen Fragestellungen bereits damals befand.

Eben diese Unklarheit war auch die Quelle, aus der das Thema und die These meiner Dissertation über den relativen und absoluten Idealismus geflossen ist. Von dem soeben dargelegten fundamentalen Widerspruch der Windelbandschen Kategorienlehre mit *Kants* transzendentalem Idealismus hatte ich damals gar keine Vorstellung. Vielmehr glaubte ich, beide Grundauffassungen unter den Begriff des »Relativen Idealismus« subsumieren zu können. Der kapitale Fehler, den ich mit dieser Zusammenordnung beging, hatte seinen Grund darin, daß ich der für *Kants* transzendentalen Idealismus wesentlichen Lehre von Raum und Zeit als *apriorischen Formen* unserer äußeren und inneren Anschauung keine Beachtung schenkte. Dies aber unterließ ich, wenn nicht als Schüler, so doch im Gefolge *Windelbands*. Denn wenn dieser *Kants* transzendentale Ästethik auch nirgends ausdrücklich bekämpft hat, so fiel diese doch bei seiner Erklärung der Kategorien als »Formen des beziehenden Denkens« oder als »Möglichkeiten . . ., welche im Wesen der synthetischen Einheit des Mannigfaltigen enthalten sind« (a.a.O., S. 47) offenkundig unter den Tisch. Demgegenüber hatte *Kant* die Kategorien erklärt als »Begriffe von einem Gegenstande überhaupt, dadurch dessen Anschauung in Ansehung einer der logischen Funktionen zu urteilen als bestimmt angesehen wird« (KV 2, S. 128). Eine leichte Überlegung zeigt, daß diese Erklärung ohne Beziehung auf die Möglichkeit apriorischer Anschauungsformen ihrerseits gegenstandslos wird. Dieselbe Überlegung zeigt aber auch, daß ohne apriorische Formen des äußeren und inneren Sinnes der der Anschauung überhaupt kein objektives Verhältnis zwischen der Mannigfaltigkeit gegebener Vorstellungen und der transzendentalen *Einheit* der Apperzeption denkbar ist.

Diesem Dilemma glaubte ich dadurch und nur dadurch entgehen zu können, daß ich an Stelle der subjektiven *Koordination* des Selbstbewußtseins mit jenem Mannigfaltigen im Kopfe des Philosophen die Idee eines quasi *dynamischen Wechselprozesses* jener beiden Momente setzte — in offenbarer Abhängigkeit von jenem »Wechsel-Tun und leiden«, durch das *Fichte* das Verhältnis von Ich und dem die mögliche Gegebenheit von Vorstellungen vertretenden Nicht-Ich in seiner Wissenschaftslehre von 1794 bestimmt hatte. Jedenfalls glaubte ich, mit dieser Idee das Bewußtsein des Philosophen als unerläßliche Bedingung einer Vereinigung der beiden Momente ausgeschaltet und die »Starrheit« des Gegensatzes zwischen der Einheit des Selbstbewußtseins und der Mannigfaltigkeit gegebener Vorstellungen beseitigt zu haben. Diese »Starrheit« war es, durch die ich die Grenze zwischen *Kants* »relativem« und dem durch die Dialektik *Fichtes* eingeleiteten »absoluten Idealismus« bezeichnet fand. Dabei entging mir sowohl, daß dieser »absolute« im Gegensatz zu *Kants* »transzendentalem« Idealismus schon einen realen Gebrauch der Kategorie der Wechselwirkung präsumierte, wie auch, daß er mir nichts weiter in der Hand ließ, als die sterile Annahme einer ins Unendliche möglichen Wirkung und Gegenwirkung der beiden von meinem Lehrer etablierten Momente der Einheit (des Selbstbewußtseins) und der Mannigfaltigkeit (gegebener Vorstellungen).

Mein Vater hat das Frühjahr und den Sommer 1909, d. h. die Zeit der Ausarbeitung meiner Dissertation und meine Vorbereitung auf das Examen rigorosum nicht mehr erlebt. Im Jahre vorher hatte er sich zusammen mit meiner Mutter zur Teilnahme am dritten Internationalen Kongreß für Philosophie bewegen lassen, der im September 1908 in Heidelberg stattfand. Die Festrede auf dem Bankett zum Abschluß des Kongresses hielt der nach Harvard in den USA emigrierte Psychologe *Hugo Münsterberg*, der in seiner Auffassung vom Verhältnis der Psychologie zur Philosophie die Meinung der Schule *Windelbands* und *Rickerts* teilte. Auch er bekannte sich zu

Lotzes »Philosophie der Werte«. Als er auf der Höhe seiner Festrede ein Bekenntnis zu dieser Philosophie ablegen wollte, spielte ihm seine Zunge einen Streich: Statt auf die Philosophie der Werte stimmte er ein Preislied auf die in Heidelberg herrschende »Philosophie der Worte« an. Die allgemeine Heiterkeit, die dieser lapsus linguae erregte, trug sichtlich zur Hebung der Stimmung meines Vaters bei. Es war, als ob er sich dadurch einigermaßen für das Opfer entschädigt fühlte, das er mir mit seiner Teilnahme an diesem Philosophenkongreß gebracht hatte.

In den Weihnachtsferien 1908/09, die ich nach einjähriger Abwesenheit wieder zu Hause verbrachte, habe ich ihn zum letzten Male gesehen. Aus diesen Tagen ist mir die Erinnerung an ein ausführliches Gespräch geblieben, das wir am Sylvesterabend miteinander hatten. Thema war die Kulturpolitik, speziell die Universitätspolitik des preußischen Kultusministeriums, die mein Vater »zu schwarz« fand. In der Tat hatte der im Jahre 1906 gegen das Zentrum gebildete »Bülowblock« dem Reichskanzler eine vom Zentrum unabhängige bürgerliche Majorität gegen die Sozialdemokraten erbracht. Im preußischen Landtag aber war eine bürgerliche Majorität ohne das Zentrum angesichts des geltenden Dreiklassenwahlrechtes unmöglich. So war die Konnivenz der Regierung gegenüber den Wünschen des Zentrums durch Verhältnisse bedingt, die abzuändern damals gar nicht in der Macht der preußischen Regierung gelegen hätte.

Ich selber war unter dem Einfluß meiner hegelianisierenden Freunde von der von meinem Vater eingehaltenen Linie des Nationalliberalismus weiter nach rechts gezogen worden. Meine mit diesem Hegelianismus verbundenen ideologischen Eskapaden hat er mir und andern gegenüber gelegentlich mit väterlichem Sarkasmus glossiert. Aber zu einem ernsthaften Gedankenaustausch auf der Basis von Gründen und Gegengründen blieb er jederzeit bereit.

Am 26. Februar 1909 ist er wenige Wochen nach Vollendung seines 59. Lebensjahres ganz plötzlich an einer Lungenentzündung gestorben. Er litt an Kreislaufstörungen und hat oft

davon gesprochen, daß er früh sterben werde. Ich wurde tele-
graphisch nach Hause gerufen, habe ihn aber nicht mehr
lebend angetroffen.

Bald nach seiner Beerdigung am 1. März kehrte ich nach
Heidelberg zurück. Dort bestand ich am 14. Juli 1909 das
examen rigorosum. Meine Examinatoren waren die Professoren
Windelband im Hauptfach Philosophie, im Nebenfach Physik
Lenard, der Entdecker der Kathodenstrahlen. Als 2. Nebenfach
hatte ich Kunstgeschichte gewählt. Hier war der Prüfer *Henry
Thode,* der außer als Kunsthistoriker durch sein Eintreten für
die vom französischen Impressionismus unabhängige »deut-
sche« Malerei von *Böcklin* und *Thoma* wie auch durch seine
Vortragsreisen im Dienste der Sache *Richard Wagners* und der
Bayreuther Festspiele bekannt geworden ist.

Ich habe später meinen Studenten, soweit sie eine Promotion
mit dem Hauptfach Philosophie anstrebten, stets zu Mathematik als zweitem Nebenfach neben Physik geraten. Auch habe
ich selbst in Halle und Heidelberg die Mathematischen Hauptkollegs (Differential- und Integralrechnung, Analytische Geometrie, Algebra u. a.) gehört oder auch noch später teils allein,
teils mit Hilfe mathematisch gründlicher vorgebildeter Freunde
studiert. Nicht zuletzt unter lerntechnischen Gesichtspunkten
scheint mir für den Doktoranden mit Hauptfach Philosophie
die Kombination Mathematik/Physik die natürlichste.

Freilich läßt sich die für das »Fach« Philosophie erforderliche Ergänzungsausbildung überhaupt nicht in Form einer bestimmten Anzahl von erlernbaren »Nebenfächern« definieren.
Schon das Griechisch, das man um die Jahrhundertwende auf
den humanistischen Gymnasien in Preußen lernte, reichte als
alleinige Basis für eine Forschertätigkeit auf dem Gebiete der
griechischen Philosophie nicht aus. Und dies eben war die
nächste Erfahrung, die mir auf meinem Lebenswege bevorstand.

Zwischenzeit

Mittlerweile war ich nahezu 24 Jahre alt geworden. Es
wurde Zeit, an die Ableistung meiner militärischen Dienst-

pflicht zu denken. Mein Vater hatte der seinigen im Jahre 1870/71 bei dem in Düsseldorf stehenden Ulanenregimente genügt, war aber als der älteste Sohn einer Witwe nicht ins Feld geschickt worden. Er hat es bis zum Premierleutnant der Landwehrkavallerie gebracht. Bezüglich des Beitritts zu einer Studentenverbindung hatte er mir völlig freie Hand gelassen, vertrat aber die Ansicht, daß für den jungen Akademiker, wenn dieser einer solchen Verbindung nicht beitrat, der Militärdienst ein unerläßlicher Erziehungsfaktor sei.

So meldete ich mich zum 1. Oktober 1909 als Einjährig-Freiwilliger bei einem preußischen Feld-Artillerie-Regiment in Güstrow in Mecklenburg und leistete zusätzlich im Herbst 1911 und 1912 sechswöchige Übungen ab, in denen ich die Qualifikation zum Reserve-Offizier erwarb — ohne Ahnung natürlich, daß ich mich dadurch auf die aktive Teilnahme an einem Weltkriege vorbereitete, der — abgesehen von dem Unheil, das er sonst noch anrichtete — mich für vier Jahre aus aller Philosophie hinauswarf.

Soweit aber war es noch nicht. Nach Halle in die des Vaters beraubte Familie zurückgekehrt, machte ich mich an die Abfassung einer Arbeit über *Platon*, mit der ich mich an der dortigen philosophischen Fakultät habilitieren wollte. Ich hatte schon im Herbst 1904 nach meiner Rückkehr aus Grenoble, dem Rate meines Vaters folgend, eine große Zahl platonischer Dialoge in der Schleiermacherschen Übersetzung mit Seitenblicken auf den griechischen Text gelesen, exzerpiert und disponiert — dazu auch mancherlei Sekundärliteratur aus verschiedensten Zeiten gelesen oder als Interpretationshilfe zu Rate gezogen. Auf dieser Grundlage hoffte ich eine Arbeit zustande zu bringen, die mich von dem Rufe eines auf die Epoche des sogenannten deutschen Idealismus fixierten und von dessen Dialektik besessenen Anfängers befreite.

Indessen offenbarte schon mein Plan, die Philosophie *Platons* als solche zum Thema einer Habilitationsschrift zu machen, in welchem Maße ich tatsächlich ein Anfänger war. Zwar versuchte ich die Last, die ich mir aufbürden wollte, dadurch zu verringern, daß ich die Philosophie *Platons* in zwei Teile teilte, einen theoretischen und einen praktischen, und nun — verführt durch die Problemstellung seiner ersten und einiger anderer Dialoge, die damals noch bei manchen als Jugendwerke galten — glaubte, mit der »praktischen Philosophie« als einem isolierbaren und ursprünglichen Teile der platonischen Philosophie beginnen zu können und zu sollen.

Noch mehr aber brachte ich *Platon* und folgeweise mich selbst in ein schiefes Licht durch die Pseudosystematik, der ich die mannigfachen Erörterungen der von ihm porträtierten Personen über »das Gute« unterwarf. Indem ich den Satz der Sokratik, daß »alle das Gute wollen« in eine Definition des Guten als des notwendigen Gegenstandes des menschlichen Willens verwandelte, glaubte ich die der Verwirklichung dieses Gegenstandes gewidmeten Dialoge als Momente eines Prozesses darstellen zu können, der in dem Werke über »die Gesetze« in einem gemäßigten rechtsphilosophischen Positivismus endet.

Diese Arbeit legte ich im Sommer 1912 Prof. *Paul Menzer,* dem damaligen Fachvertreter für Philosophie in Halle, vor mit der Frage, ob er sie als Habilitationsschrift geeignet fände. Die Antwort war negativ. Dabei wies er mich mit Nachdruck auf die unvermeidliche und maßgebliche Beteiligung seines Kollegen *Karl Prächter* an einem etwaigen Habilitationsverfahren auf Grund meiner Arbeit hin. *Prächter* hatte im Jahre 1909 eine Neubearbeitung des ersten, die Philosophie des Altertums betreffenden Bandes der ursprünglich von *Friedrich Ueberweg* in drei Bänden verfaßten »Grundrisses der Geschichte der Philosophie« herausgegeben. Er besaß eine unbestrittene Autorität auf dem von ihm bearbeiteten Gebiete, und meine Vorstellung, ich könnte ihm durch die in meiner Arbeit zu Tage tretende Belesenheit in *Platon* Beifall an meiner Konstruktion einer fortschreitenden Entwicklung der Lehre *Platons* abringen, bewies gerade, daß mir das fehlte, was die unerläßliche Bedingung für einen Erfolg meiner Bewerbung um die venia legendi war.

So klammerte ich mich an den Glauben, ich könnte mittels einer Erweiterung und Intensivierung meines Studiums der Werke *Platons* und der ihn betreffenden Literatur meine Bewerbung um die venia legendi doch noch zum Erfolge führen. Ich kehrte an meinen Schreibtisch, bzw. meinen Arbeitsplatz im Lesesaal der Universitätsbibliothek zurück, um zu versuchen, mit Hilfe einer Erweiterung und Vertiefung meiner Platonstudien meinem Schiffe diejenige Tragfähigkeit zu geben, mit der es mich ans gewünschte Ziel tragen konnte.

England

In dieser Zeit erhielten wir Besuch von einem in England lebenden Bruder meiner Mutter, dessen Tochter im Sommer 1912 nach Halle gekommen war, um in der dortigen Chirurgischen Klinik von einem tuberkulösen Knieleiden befreit zu werden. Mein Onkel lud mich ein, den Winter über in seiner Familie in London zu verbringen. Ich nahm diese Einladung um so lieber an, als sie mich von meiner seit den Wintern 05/06 und 06/07 bestehenden Verstrickung in den gesellschaftlichen Verkehr der Hallenser Professorenfamilien befreite. Ich hatte bereits Erfahrungen gemacht, wie sich daraus Belastungen für meine Situation gegenüber der Fakultät ergeben konnten. In England wurde ich in eine neue Welt versetzt.

Ich hatte die ganze Woche über reichlich Zeit, im Lesesaal des Britischen Museums dem Traumbild einer rettenden Verbesserung meines Platon nachzujagen. Zu meiner Überraschung fand ich nicht nur die englische, sondern die mir aus Halle bekannte deutsche Platonliteratur in der berühmten Bibliothek vollzählig wieder. Es befanden sich wohlerhaltene, aber ungebundene Exemplare dieser Literatur darunter, die noch gar nicht aufgeschnitten waren. Ich las also unermüdlich weiter, gebrauchte das Gelesene zur Erweiterung, Straffung oder Neuordnung meines Textes — aber die Einsicht, daß der Fehler in der selbstgestellten Aufgabe und nicht in deren Lösung lag, blieb mir verschlossen.

Eine Episode meines Aufenthaltes in England wirft ein Licht auf diesen meinen Zustand. Ich hatte für einen Besuch in Oxford durch Vermittlung eines Verwandten eine Empfehlung an einen der Tutoren der dortigen Universität erhalten. Dieser, ein noch junger Mann, nahm mich freundlich als Logiergast auf und gab mir seinerseits ein Einführungschreiben an die Verwaltung der Bodleianischen Bibliothek mit. Ich präsentierte dieses dem im Lesesaal aufsichtführenden Beamten und erklärte ihm, daß ich gerne den berühmten Codex Bodleianus mit den Werken *Platons* sehen wollte. Auf die Frage, wozu denn, erklärte ich ihm, daß ich an einem Buche über *Platon* arbeite. Aber wieso ich denn dazu die alte Handschrift brauche? Es gäbe doch genug Veröffentlichungen, aus denen die Varianten der Überlieferung zu ersehen seien — wozu also? Mir blieb nichts übrig, als zu stammeln, daß die Handschrift doch eine große Sehenswürdigkeit sei — mit dem Erfolge, daß er mir kopfschüttelnd einen Tisch unmittelbar unter seinen Augen anwies, die Handschrift durch einen Diener holen und mir vorlegen ließ. Da konnte ich nun zum ersten Male sehen, wie die griechischen Schriftzeichen und die aus ihnen gebildeten abgekürzten oder nicht abgekürzten Worte sich im Vergleich mit unsern Teubner-Texten u. ä. ausnahmen. Eine leise Bedrückung darüber, daß ich gar keine bestimmten Fragen an das vor mir liegende Monument zu stellen hatte, und mir nichts übrig blieb, als es anzustaunen, beschlich mich. Aber noch war ich vom Aufwachen aus dem Schlummer des Dilettantentums weit entfernt.

Im April 1913 beendete ich meinen Aufenthalt in England, um das in London gesammelte Material zu einer Neufassung meines Plato zu formen. Ich stellte zunächst die neue Schreibmaschinenausgabe fertig und reichte diese nun im August mit einem Gesuch um Habilitation bei der Fakultät in Halle ein. Darauf begab ich mich nach Erlangen, wo ich mich im Hause meines Freundes *Brunstäd* auf das zu erwartende Habilitationskolloquium vorbereitete. Mit Beginn des Wintersemesters 1913/14 reiste ich nach Halle zurück und erwartete dort in einer Pension die Entscheidung der Fakultät. Unter dem 21. November teilte mir der Dekan schriftlich mit, daß die Fakultät beschlossen habe, meinem Gesuch keine Folge zu leisten.

Der Schock, den diese Abweisung mir versetzte, spiegelt

sich vielleicht am deutlichsten in der Tatsache, daß ich sehr wenig Erinnerung an das habe, was ich in den nächsten Wochen tat. Klar war, daß der Platon als Habilitationsschrift nun nicht mehr in Betracht kam. Aber bevor ich Neues unternahm, wollte ich die Zusage von einem Inhaber eines philosophischen Lehrstuhles haben, er würde mich, wenn ich ihm etwas Befriedigendes liefere, seiner Fakultät zur Habilitation vorschlagen. Daß das bei einem solchen neuen Anknüpfungsversuch unumgängliche Geständnis, ich sei mit einer Schrift über *Platon* in Halle abgewiesen worden, die Aussicht für einen solchen Versuch nicht verbesserte, ist leicht ersichtlich. Dennoch gelang er durch die freundliche Vermittlung *Windelbands*. Zwar war die Heidelberger Fakultät damals mit Privatdozenten für Philosophie derart übersättigt, daß *Rickert* geäußert haben soll: »Mein verehrter Lehrer Windelband scheint die Habilitation von Privatdozenten für ein Naturereignis zu halten, dem gegenüber Menschenkräfte machtlos sind«. Aber eben diesem *Windelband*, an den ich mich gewandt hatte, gelang es, seinen ehemaligen Schüler *Rickert* zu bewegen, mir eine Aussicht auf Habilitation in Freiburg zu eröffnen. Erkundigungen in Halle über die Gründe meines dortigen Mißerfolges scheinen nicht ohne Wohlwollen für mich beantwortet worden zu sein. Auch hatten die von *Rickert* habilitierten und von ihm, wie er mir ausdrücklich sagte, sondierten Privatdozenten in Freiburg sich zustimmend geäußert. Der eine von ihnen, *Richard Kroner*, war wie ich ein Magdalenäer aus Breslau, der zwei Jahre vor mir dort das Abiturientenexamen bestanden hatte. So konnte ich mich voll neuer Lebenshoffnung im Januar 1914 nach Freiburg begeben.

Freiburger Frühling

Das nunmehr folgende halbe Jahr in Freiburg bis zum Aufziehen der den ersten Weltkrieg bringenden politischen Wetterwolken lebt in meiner Erinnerung nicht nur als die Zeit der Erlösung von dem Druck, den die krampfhaften Bemühungen um eine Habilitation in Halle auf mich ausgeübt hatten. Es

war vor allem die mit meinem Ausscheiden aus der häuslichen
Gemeinschaft mit Mutter und Geschwistern verbundene Autonomie, die ich als eine bisher ganz unbekannte Beglückung
empfand. Ich mietete mir in Freiburg eine kleine Wohnung
in einem neuen Hause an dem zwischen Berghang und Rhein-
ebene im Grünen gelegenen Nordausgang der Stadt. Diese
möblierte ich mit einigen eigenen oder mir von meiner Mutter
zugewiesenen Möbeln und tapezierte sie sozusagen mit den
Bücherregalen, auf denen ich meine eigene und die aus mehreren tausend Bänden bestehende wissenschaftliche Bibliothek
meines Vater aufstellte.

Die Basis für ein näheres Verhältnis zu *Rickert* ergab sich
ungezwungen dadurch, daß ich ihn um Erlaubnis bat, an
seinen Seminarübungen des Sommersemesters teilzunehmen.
Mit der Familie *Richard Kroners* verbanden mich außer der
gemeinsamen Schule der Unterricht im Schlittschuhlaufen, den
ich seiner Frau in ihrer Mädchenzeit auf der Eisbahn des Breslauer Südparks erteilt hatte. Natürlich kam der Gegensatz
zwischen *Kroners* Anhänglichkeit an die Rickertsche Gegenstandstheorie und meinem mich weiter beherrschenden *Hegel*
zwischen ihm und mir in wiederholten Diskussionen zur
Sprache. Ich glaube, daß damals das erste Samenkorn in die
empfängliche Seele *Kroners* gelegt wurde, aus dem der Hegelianismus erwuchs, zu dem er sich später bekannte, als ich
mich gerade davon befreit hatte. Auch zu dem außerordent-
lichen Professor *Jonas Cohn,* der zugleich die Psychologie vertrat, und dem Privatdozenten *Georg Mehlis* stellte sich ohne
Schwierigkeit dasjenige Verhältnis ein, das für künftige kolle-
giale Zusammenwirkung erforderlich war.

Aber die vordringliche Aufgabe, die mir mein durch Kirsch-
blüten und Bergwanderungen verschöntes Klausnerdasein
stellte, war die Wiederherstellung meines ein wenig ins
Schwanken geratenen inneren Gleichgewichtes. Seit den Zeiten
der Tanzstunde und des mit den Pubertätsjahren unvermeidlich einsetzenden Backfischflirts war ich gewohnt, den Sturm
meiner Gefühle in dichterischen Ergüssen zu bewältigen. Was
jetzt der Wiederherstellung des gestörten Gleichgewichtes im

Wege stand, war teils der Mangel an Einsicht in die sachliche Berechtigung der Ablehnung meines Habilitationsgesuches — teils die mir zugetragene Mitteilung, daß bei dieser Ablehnung auch das negative Urteil meines Vaters über meine philosophische Entwicklung eine Rolle gespielt habe.

Nun ist es trivial, daß dieser die von mir in der Philosophie eingeschlagene Richtung nur für eine aus einem überheizten Studium stammende, von äußeren Einflüssen geschürte Verrücktheit halten konnte, so wie sie denn in der Tat nichts anderes war. Aber daß mein Vater gleichsam aus dem Grabe zitiert wurde, um gegen mich zu zeugen, empfand ich als eine Einmischung der Fakultät in ein Verhältnis, über das zu urteilen sie weder berechtigt noch befähigt war. Meine Entrüstung darüber machte sich Luft in einer aus 12 Stanzen bestehenden Elegie, die den unvergleichlichen Einfluß zum Gegenstand hatte, den mein Vater seit meiner frühen Jugend auf meine intellektuelle und moralische Bildung ausgeübt hat. Es hatte sich dadurch in mir eine Art unterschwelligen Gefühls von Anhänglichkeit an ihn gebildet, als deren Symptom sich auch heute noch gelegentlich ein bestimmter Traum bei mir einstellt. Mein Vater steht leibhaftig vor meinen Augen. Ich entdecke wie erlöst, daß er gar nicht gestorben ist, und lege ihm nun voll Eifer die Bücher vor, in denen ich verzeichnet habe, wie das von ihm hinterlassene Hab und Gut während seiner Abwesenheit von mir verwaltet worden ist — in der zuversichtlichen Erwartung, von ihm gelobt zu werden.

Jedenfalls ist es verständlich, daß ich nach den gemachten Erfahrungen die Frage eines Themas für eine neue Habilitationsschrift ohne Überstürzung behandelte. Was mir mit dem Ziel auf die dafür erforderliche Problemstellung durch den Kopf ging, war die mich schon seit meiner Doktordissertation beunruhigende Frage nach dem Verhältnis des Bewußtseins unserer Vorstellungen zum Sein dessen, was überhaupt sein kann. Es ist ersichtlich, daß dieses Thema durch die andauernden Kontroversen der damaligen Zeit über das Verhältnis von Philosophie und Psychologie bedingt war. Aber ebenso bedingt war es durch meinen Mangel an Einsicht in die Notwendigkeit der Frage, durch welches Merkmal denn der Begriff des Seienden als solchen bestimmt gedacht werden können sollte? Ließ sich überhaupt etwas anderes darunter denken, als ein durch Begriffe bestimmbares Etwas als solches? Aber durch was für eine Eigenschaft außer eben der, durch Begriffe bestimmbar zu sein, sollte dieses Etwas bestimmt werden können? Und was wäre mit einer solchen tautologischen Bestimmung gewonnen gewesen? Dem stand auf der anderen Seite die Frage gegenüber, ob denn das Seiende in seiner möglichen Mannigfaltigkeit überhaupt zur Einheit möglicher, durch Begriffe bestimmbarer Gegenstände zusammenstimmen können müsse? Es war, als ob man, je energischer man den Dingen auf den Grund ging, um so mehr allen Boden unter den Füßen verlor.

So zog ich es vor, meine Zeit vorläufig teils der Befestigung und Übung meiner in Halle erworbenen, wie immer bescheidenen Kenntnisse in der Mathematik durch tägliches Lösen entsprechender Aufgaben aus Lehrbüchern der Differential- und Integralrechnung zu widmen. Die andere Hälfte des Tages benützte ich zu einer erneuten Lektüre von *Hegels* »Phänomenologie des Geistes« in der Erwartung, daß mir »aus dem Kelche dieses Geisterreiches« die Problemstellung für eine neue Habilitationsschrift »hervorschäumen« werde. Was stattdessen aus den Kelchen der europäischen Kabinette im Juli 1914 unfaßbar hervorschäumte, war der erste Weltkrieg.

Weltkrieg

Auch ich war damals von der Idee einer Sondermission Deutschlands in der Welt infiziert, mit der ich meine Bereitschaft, das zu tun, was eine einfache staatsbürgerliche Pflicht war, stützen zu müssen glaubte. Noch hatte ich einen Weg vor mir bis zu der Einsicht, daß die Etablierung rechtlicher Zustände innerhalb der Menschheit gebunden war an kleinere Macht-Gruppen, deren Streitigkeiten miteinander zu ihrer Beendigung jederzeit des Mittels einer gewaltsamen Bereinigung bedürfen konnten. Gab es Gründe für die Annahme, es könnten in einem solchen Zustande die Bedingungen für einen Fortschritt der Menschheit in Richtung auf einen »ewigen Frieden« enthalten sein?

Eben dies war die Frage, deren Beantwortung im Augenblicke der Mobilmachung jedes Interesse verloren hatte. Ich selbst war als Vizewachtmeister der Reserve und Offiziersaspirant an einem der ersten Mobilmachungstage bei der Ersatzabteilung des Freiburger Feldartillerie-Regiments 78 eingezogen worden und sah mich alsbald vor der Aufgabe, die dort massenhaft vorhandenen Kriegsfreiwilligen über die Kriegsartikel zu instruieren. Es war sozusagen das erste Kolleg, das ich hielt — zugleich ein Beitrag zur Steuerung meines Interesses in Richtung auf moralische Prinzipienfragen.

Erst Ende August 14 wurde ich in einer Offiziersstelle mit einer leichten Munitionskolonne der mobilen 1. Ersatz-Abteilung des Freiburger Feldartillerie-Regiments ins Feld geschickt, im Dezember zum Leutnant befördert, im Frühjahr 15 als Ordonnanzoffizier zum Abteilungsstab kommandiert und bald darauf zum Adjutanten ernannt; im Frühjahr 1917 erhielt ich eine Batterie, mit der ich am Chemin des Dames und bei Péronne im Einsatz war, bis ich im Januar 1918 als Ordonnanzoffizier beim Stabe der damals in Italien eingesetzten 117. Infanterie-Division meine militärische Laufbahn in der Funktion des Munitionsoffiziers beendigte. Anfang April wurde die Division zur Stützung der Ludendorffschen Frühjahrsoffensive bei dem erfolglosen Durchbruchsversuch in Nordfrankreich am Kemmel eingesetzt.

Niemals in einem bisherigen Leben habe ich den 9. November 1918 vergessen, den Tag meines 33. Geburtstages und zugleich den Tag sowohl des Kriegsendes wie des Ausbruchs der Revolution in Deutschland. Ich ritt an diesem herrlichen Tag des Spätherbstes zusammen mit dem Adjutanten der Division durch die Wälder der Berge zwischen den Argonnen und der Maas nach dem Ort, der uns als erstes Rückmarschquartier bestimmt war. Wir sprudelten natürlich über von Revolution, Wilson, Kaiser, Prinz *Max von Baden, Scheidemann* und allem was daranhing — aber ich merkte, daß mich dies alles im letzten Grunde meiner Seele völlig unberührt ließ. Das wiedergewonnene Leben strahlte mich an mit einem Blicke, der mich mit fassungslosem Entzücken erfüllte. Nur einmal noch habe ich einen wolkenlosen Himmel in dieser Bläue strahlen sehen: am 28. März 1945, als die Panzer der Amerikaner in Marburg einrollten und meine alte Mutter mit Mühe davon abzuhalten war, den Erlösern von Hitler um den Hals zu fallen.

Habilitation in Freiburg

Im Januar 1919 kehrte ich wieder nach Freiburg zurück. Ich hatte meine Wohnung unschwer über den Krieg behalten können, da die Franzosen während des Krieges einige Bomben auf die Stadt geworfen und damit so manchen zum Fortziehen veranlaßt hatten. Dagegen war auf meine Habilitationsaussichten ein Schatten gefallen. Ich hatte im Felde zu Beginn des Jahres 1916 einen Brief von *Rickert* bekommen, in dem er mir mitteilte, daß er einen Ruf als Nachfolger *Windelbands* nach Heidelberg angenommen habe, daß er mir aber angesichts der Zahl der dort schon vorhandenen Privatdozenten für Philosophie keine Aussichten auf Habilitation machen könne. Statt dessen habe er mich seinem Nachfolger, dem von Göttingen nach Freiburg berufenen Professor *Edmund Husserl*, angelegentlichst für eine Habilitation empfohlen. Dieser habe ein freundliches Interesse für meine Bewerbung versprochen, aber (natürlich) darauf hingewiesen, daß er keine bindenden Zusagen machen könne, bevor er nicht eine Habilitationsschrift von mir erhalten und geprüft hätte. Gleichwohl riet mir der Brief *Rickerts*, einen etwaigen Urlaub zu benutzen, um mich bei *Husserl* in Göttingen persönlich vorzustellen. Ich könne sicher sein, daß ich von diesem freundlich empfangen werden würde.

Angesichts des am Anfang des Jahres 1916 immer noch geltenden Refrains der Tagesberichte der Deutschen Heeresleitung »Im Westen nichts Neues« war es mir leicht, einen solchen Urlaub zu bekommen. Entsprechend landete ich eines Morgens nach einer schlaflosen Nacht in einem überfüllten Zuge noch vor 6 Uhr morgens in Göttingen, um mich dann zur Besuchszeit und, wie ich fürchte, unrasiert in der Wohnung dessen zu melden, der, wenn ich das Kriegsende erlebte, der Herr meines akademischen Schicksals sein würde. Kaum aber hatte ich ihm durch das mir öffnende Mädchen meine Karte überbringen lassen, so schoß eine kleine schwarzhaarige Dame aus der entsprechenden Türe und sprudelte mir die Frage ins Gesicht: »Sind S i e der Bruder von diesem entsetzlichen Leutnant?« Ich konnte nur erwidern, daß, wenn es sich um den Leutnant *Hermann Ebbinghaus* handele, der mit seiner Kompagnie von Kriegsfreiwilligen in Flandern im Schützengraben liege, so sei das in der Tat mein Bruder. Zwischen diesem und dem jungen *Husserl* hatte es nun, wie ich hören mußte, in der Tat einen Krach gegeben, der seine Nahrung vermutlich daraus zog, daß der Leutnant zuweilen seine dienstliche Autorität mißbrauchte, um den vorlauten Kriegsfreiwilligen zu ducken, dem dieser dann seine höhere dialektische Gewandheit entgegensetzte, um den Leutnant zu blamieren.

Von meiner auf diese Szene folgenden damaligen Unterhaltung mit Vater *Husserl* ist mir nichts in Erinnerung geblieben. Es war ohnehin klar, daß er mich, zumal im Hinblick auf die Rickertsche Fürsprache, nicht a limine abweisen konnte, so wie es mir klar war, daß ich keine andere Zusage von ihm erwarten konnte, als die einer sachlichen Prüfung der von mir vorzulegenden Habilitationsschrift. Über deren Thema aber waren meine eigenen Reflexionen weder damals noch als ich Januar 1919 nach Freiburg zurückkehrte, abgeschlossen.

Erst Anfang Juli dieses Jahres waren die für den Abschluß dieser Reflexionen erforderlichen Studien so weit gediehen, daß ich als Thema für eine Habilitationsschrift eine historische Arbeit über die Grundlagen der Hegelschen Philosophie *Husserl* vorschlagen konnte. Dieser erklärte sich damit einverstanden, machte aber zur Bedingung, daß ich ihm von Zeit zu Zeit über den Fortgang meiner Arbeit Bericht erstatten sollte. Mir schien es zunächst, als wolle er sich dadurch gegen etwaige hegelianisierende Eskapaden von meiner Seite absichern, die ihm eine Vertretung meiner Habilitation bei der Fakultät unmöglich gemacht hätten. Aber sehr bald bemerkte ich, daß ich gar nicht zum Berichten und folglich zum Reden, sondern vielmehr zum Hören eingeladen war — zum Anhören nämlich derjenigen Auseinandersetzungen, mit denen *Husserl* zu versuchen pflegte, seine Hörer intra muros et extra zum Betreten des Bodens seiner reinen Phänomänologie zu bewegen. Ich erinnere mich, daß er mir eines Abends beim Abschied, als wir schon auf dem Treppenabsatz außerhalb der Entreetüre hoch oben im 3. Stock standen, eben diese Frage stellte, ob ich mich denn nicht »zum Betreten des Bodens der Phänomenologie« entschließen könne. Aber nachdem ich von dieser Phänomenologie alles erdenkliche Gute, das mir im Augenblick einfallen wollte, gesagt hatte, gestand ich ihm, daß es mir doch unmöglich sei, mein Prinzip der Dialektik aufzugeben. Zum Ruhme des trefflichen Mannes kann ich hinzufügen, daß ich weder damals, noch irgendwann später bei ihm eine Spur von Empfindlichkeit oder Verstimmung über diese Antwort habe bemerken können. Er war, bei aller Versponnenheit, ein Mann von unbeirrbarer Sachlichkeit und bescheidener Vornehmheit.

Unterdessen dauerte es noch einige Zeit, nicht nur bis ich die von mir vorgeschlagene Arbeit fertig gestellt hatte, sondern auch, bis *Husserl* inne wurde, daß ich unter den jüngeren Ordinarien der Freiburger Fakultät schon bald eine Anzahl von Freunden gewonnen hatte, die seine Befürchtungen über etwaige grundsätzliche Widerstände gegen die Habilitation eines Hegelianers von Seiten seiner Kollegen gegenstandslos machten. Den Anknüpfungspunkt für diese Freundschaften bildeter paradoxerweise meine bisher so erfolglosen platonischen Studien.

Zu Beginn des Jahres 1919 war ein neuer »Platon« erschienen, das zweibändige Werk über ihn von *Ulrich von Wilamowitz-Moellendorf. Ludwig Curtius,* der soeben von Erlangen nach Freiburg berufene Archäologe, las es mit dem ihm eigenen Enthusiasmus. Ich hatte mit *Curtius* durch Vermittlung von *Aline Brunstäd,* die in Erlangen seine Hörerin gewesen war, schon bald nach meiner Rückkehr nach Freiburg Bekanntschaft gemacht. Diese vertiefte sich bald zu einer Freundschaft, die bis zu seinem Tode im Jahre 1954 gedauert hat.

Durch ihn wurde ich auf das neu erschienene Werk von *Wilamowitz* hingewiesen. Ich las es und machte mich alsbald an eine ausführliche Besprechung, die noch im Jahre 1919 im Bd. VIII der von *Kroner* und *Mehlis* herausgegebenen Zeitschrift »Logos« erschien. Ich würdigte die Meisterschaft des berühmten Philologen in der Durchleuchtung der Motive *Platons*, durch die dessen jeweils zur Debatte stehendes Werk sich als das Ergebnis einer bestimmten äußeren und inneren Lebenssituation seines Autors ausweist. Nur gedämpft kritisierend wies ich hin auf die Schwäche dieser wesentlich biographischen Methode in Bezug auf eine sachliche Würdigung der Ergebnisse sowohl der einzelnen Dialoge, wie auch ihres Gesamtertrages für die Lösung der der Philosophie als solcher gestellten Aufgabe.

Mit Beziehung darauf bekam ich von *Wilamowitz*, dem ich die Rezension nach ihrer Veröffentlichung zugesandt hatte, einen kurzen Kartengruß, in dem er mir in der unbefangensten Weise gestand, daß er selbst sich mit den ontologischen Aporien des »Parmenides« und »Sophistes«, auf die ich besonders hingewiesen hatte, reichlich aber leider erfolglos abgequält habe. So sehr mich nun freilich die Promptheit und unprofessorale Natürlichkeit dieser Antwort des berühmten Gelehrten bestrickte, so wenig konnte sie mir doch zur Erkenntnis des wahren Mangels meiner Rezension verhelfen. Dieser bestand darin, daß sich in ihr immer noch eine geschichtsphilosophische Idee geltend machte, durch die meine fortdauernde Abhängigkeit von *Hegel* bezeugt wurde. Es war dies die Vorstellung, daß alle mögliche geschichtliche Erkenntnis des kulturellen Zustandes von Menschheitsgruppen a priori bedingt sei durch die Idee ihrer Zusammenstimmung zur Möglichkeit einer die ganze Menschheit umfassenden Gesamtkultur.

Der Plan der Untersuchungen, die ich nun im Einverständnis mit *Husserl* durchführen wollte, zwang mich, den literarischen Quellen nachzugehen, unter deren Einfluß *Hegel* sich seine frühesten philosophischen Meinungen gebildet hat. Die dafür nötigen Unterlagen fand ich der Hauptsache nach in den von *H. Nohl* auf Anregung von *W. Dilthey* im Jahre 1907 zum ersten Male (im Wesentlichen vollständig) veröffentlichten theologischen Manuskripten des jungen Hegel. In der bereits erwähnten, von *Dilthey* selbst geschriebenen »Jugendgeschichte Hegels« (vgl. W. Dilthey, gesammelte Schriften Bd. IV Vorwort S. VI) fand ich keinen Anlaß zum Verzicht auf das von mir geplante Unternehmen. Daran, daß die Fragmente den Weg des jungen *Hegel* von *Kant* zu einer Frühform einer eigenen Philosophie dokumentierten, konnte ohnehin kein Zweifel sein. Aber die weitläufigen Paraphrasen, in denen *Dilthey* über diese Entwicklung referiert, bringen der Sache nach wenig mehr als das, was der Leser der Nohlschen Edition selber aus den Fragmenten herauslesen kann. *Dilthey* hat das eigene Verstummen diesen Dokumenten gegenüber durch die Art, wie er sie dem Leser seiner Jugendgeschichte gegenüber einführt, proleptisch verkündigt: »So mögen nun diese Fragmente selbst dem Leser gegenüber treten. Hegel hat nichts Schöneres geschrieben. Lange und anhaltend habe ich sie betrachtet« (a.a.O., S. 68).

In der Tat enthalten diese Fragmente Passagen von ungewöhnlich starkem Stimmungsgehalt, wie etwa die Klage über die Zerstörung der antiken und germanischen Götterwelt durch das Christentum (Nohl a.a.O., S. 215) oder die Interpretation der evangelischen Geschichte von Jesus und der schönen Sünderin (a.a.O., S. 292). Aber ebenso wahr ist, daß die aus dem Diltheyschen »Erlebnis« dieser Stimmung geflossenen Analysen an Stelle von präzisen Begriffen nur »diffuse« Vorstellungen von der Eigenart des jeweils Analysierten vermitteln. Dem gegenüber glaubte ich an Hand der theologischen Fragmente und der ersten Schriften der Jenenser Jahre *Hegels* zeigen zu können, daß sie die Dokumente der Herausbildung eines philosophischen Standpunktes sind, durch den die Lehre *Kants* endgültig überwunden wurde. Daß mich davon das ergriffene Sinnieren *Diltheys* in seiner Jugendgeschichte *Hegels* nicht abbringen konnte, ist trivial. Ebensowenig aber konnte es mich erschüttern in der Überzeugung, daß die genannten Dokumente die Zeugnisse einer Entwicklung *Hegels* zu einem Standpunkte waren, durch den das mir immer noch als Grundproblem der Philosophie vor Augen schwebende Problem der Vereinigung von Bewußtsein (Denken, Wissen) und Sein in einer über Fichte hinausgehenden Weise gelöst wurde. Jedenfalls machte ich mich im Herbst 1919 an die Arbeit und brachte ein Manuskript von 326 Schreibmaschinenseiten über »Die Grundlagen der Philosophie Hegels« zustande, auf deren Basis ich am 21. 2. 21 habilitiert wurde.

Für die der Habilitationsordnung gemäß erforderliche Probevorlesung hatte ich ein geschichtsphilosophisches Thema gewählt. Die Wahl war eine natürliche Folge der Bewegung, in die meine Gedanken durch die Diskussionen um *Oswald Spenglers* Buch »Der Untergang des Abendlandes« geraten waren. Auch bestand die von den Naturwissenschaftlern bereits damals getrennte Freiburger philosophische Fakultät im Wesentlichen aus Historikern und Philologen.

In dem darauf folgenden Sommersemester hielt ich mein erstes Kolleg über die Staatsphilosophie von *Kant, Fichte* und *Hegel.* Dem folgte ein Wintersemester, in dem ich *Hegels* »Wissenschaftliche Behandlungsarten des Naturrechts« zum Gegenstande meiner ersten Seminarübungen machte. Das Sommersemester hatte mich über die harte Arbeit belehrt, die besonders in der Philosophie für die Herstellung eigener Vorlesungsmanuskripte erforderlich ist. Zwar brauchte ich sie — im Widerspruch mit ihrem Namen — durchaus nicht zum »Vorlesen«. Aber die Erfahrung zeigte mir, daß man nur mit einem gut ausgearbeiteten Kolleg als Grundlage diejenige Freiheit des Vortrages gewinnt, die in jedem Augenblicke den Einschub der durch Mienen, Haltung oder etwaige Zwischenfragen der Hörer geforderten Erläuterungen erlaubt.

Die Umkehr

Mittlerweile war ein Ereignis eingetreten, das mich zu einer entscheidenden Wendung auf dem seit vierzehn Jahren verfolgten Wege veranlaßte. Die durch *Husserl* vermittelte Bereitschaft des Verlegers *Max Niemeyer* in Halle, das Manuskript meiner Habilitationsschrift zu drucken, veranlaßte mich zu dessen Revision. Der Fakultät gegenüber bestand keine Druckpflicht; sie begnügte sich mit dem ihr eingereichten Schreibmaschinenexemplar. So war ich frei, vor dem Druck das Manuskript mit Rücksicht auf gewisse Skrupel zu prüfen.

Denn innerhalb von zwei Jahren war zusammen mit meiner in ihrem Verlaufe begonnenen Vorlesungstätigkeit eine Lockerung der Hegelschen Binde vor meinen Augen erfolgt. Diese Lockerung fing damit an, daß ich des Irrtums in meiner bisherigen Auffassung *Kants* inne wurde. Indem ich dessen Philosophie unter mannigfachen Bezügen zum Gegenstand meiner Vorlesungen und Übungen machte, begriff ich allmählich, daß *Kants* transzendentaler Idealismus mit der mich seit meiner Doktordissertation verfolgenden Frage nach der Beziehung unseres Bewußtseins auf das Sein der Dinge als solches nichts zu tun hatte. Sie war im Gegenteil äquivalent mit dem Nachweis, daß diese Frage gar keinen Gegenstand hatte und also eine sinnlose Frage war.

Freilich bedurfte es noch einiger Zeit, bevor sich mein nunmehr vordringlich werdendes Interesse für *Kants* Revolution der philosophischen Fragestellung von den rechtsphilosophischen, philosophiegeschichtlichen oder politischen Interessen gelöst hatte, mit denen es bis dahin verbunden war. Noch im Herbst 22 faßte ich, angeregt durch eine Arbeit von *O. Spengler* über Preußentum und Sozialismus den Plan zu einem Artikel über *Kant* und Preußen, der sich aber nach kurzer Zeit in Dunst auflöste. Erst in den Osterferien 23 begann ich eine Art selbstverordneter Kur zum Zwecke einer definitiven Sanierung meines Verhältnisses zu *Kant*. Ich legte die Revision meiner Hegelarbeit still und konzentrierte meine ganze freie Arbeitszeit und Arbeitskraft auf eine erneute detaillierte und umfassende Durcharbeitung der »Kritik der reinen Vernunft«.

Zum Ausgangspunkt nahm ich wieder die transzendentale Analytik, die mir nach wie vor das beste Licht für die Aufhellung des Dunkels zu bieten schien, mit dem mir — nach Aufgabe der Fichteschen Übersteigerung — *Kants* kopernikanische Umkehrung der Fragestellung der Philosophie umhüllt war. Der Analytik ließ ich dann die Ästhetik, die Einleitung, die Vorreden und die Dialektik folgen. Das Ergebnis faßte ich in einer Abhandlung unter dem Titel: »Kantinterpretation und Kantkritik« zusammen und veröffentlichte diese in der damals von *E. Rothacker* neu gegründeten »Deutschen Vierteljahrsschrift für Literaturwissenschaft und Geistesgeschichte«.

Das zur Welt gebrachte Produkt war weit davon entfernt, tadelfrei zu sein. Gleichwohl bedeutete die Abhandlung einen Schritt vorwärts: Sie räumte mit der durch *Hermann Cohen* und seine Schule populär gewordenen Auffassung auf, als sei das von *Kant* ins Auge gefaßte Ziel der »Kritik der reinen Vernunft« eine »Theorie der Erfahrung« gewesen. Ich hatte nun gelernt, daß die Kantische Kritik d. r. V., wenn sie schon eine Theorie sein soll, eine Theorie möglicher Erkenntnis apriori ist. Und zwar lautet diese Theorie: daß alle menschenmögliche Erkenntnis apriori nur eine Erkenntnis der Bedingungen apriori möglicher Erfahrung sein könne. Erfahrung aber in ihrer Möglichkeit ist zuoberst bedingt durch die Zusammenstimmung des in den Anschauungen apriori des Raumes und der Zeit gegebenen Mannigfaltigen der Erscheinungen der Sinne zur Einheit möglicher Objektivität unserer Vorstellungen als solcher — das war die Einsicht, die mich nunmehr endgültig befreite von dem mich seit meiner Doktordissertation verfolgenden Pseudoproblem der Möglichkeit einer Beziehung unseres Bewußtseins auf das Sein der Dinge als solches.

Es hatte bis in den April 23 gedauert, bis ich die mögliche Gegenständlichkeit unserer Vorstellungen in Äquivalenz mit der möglichen Wahrheit unserer Erkenntnis als das erst durch *Kant* nach den Bedingungen seiner Lösbarkeit erkannte Problem der Transzendentalphilosophie verstanden hatte. Die Befreiung, die diese Erkenntnis für mich bedeutete, mag den Überschwang, mit dem ich in der genannten Abhandlung meinen Fund der Welt verkündigte, wenigstens verständlich machen. Für meine »gesammelten Aufsätze« habe ich den sachlichen Teil der Arbeit neu geschrieben. Anfang und Schluß ließ ich stehen und machte ihn als schon seit dem Jahre 1924 gedruckt kenntlich.

Dadurch bleibt auch kenntlich, daß ich damals in der Abhandlung nicht ausdrücklich sagte, daß ich mich von der Unsinnigkeit der nachkantischen Spekulationen von *Fichte* bis *Hegel* überzeugt hatte; ich beschränkte mich auf die Forderung einer definitiven Klarstellung der Sache *Kants* gegenüber der, wie mir schien, offenkundig unzulänglichen Interpretation der Neukantianer.

Was die Habilitationsschrift anlangt, so hatte ich einen Ansatz für deren Druck gemacht und dem Verleger *Niemeyer* das Manuskript für zwei mit Rücksicht auf den Wandel in meiner Stellung zu *Kant* revidierte Bogen geschickt, die auch gesetzt worden sind. Dann gab ich es auf. Es war unmöglich, eine Arbeit, die von dem Enthusiasmus des Autors für seinen Helden *Hegel* getragen war, in einen Nachweis zu verwandeln, daß dieses Heldentum auf einem Mißverständnis beruhte.

Es war mir klar, daß die damit besiegelte Annullierung meiner Habilitationsschrift durch mich selbst einen sehr ungünstigen Start für die angestrebte akademische Laufbahn bedeutete. Sie schloß in sich die Desavouierung meiner Doktordissertation, sowie die einer Abhandlung von mir in den Kantstudien von 1911 über *Benedetto Croces* Hegel — dazu mehrere Rezensionen, die ich seit meiner Promotion veröffentlicht hatte. Mit der Abhandlung über »Kantinterpretation und Kantkritik« hatte ich mich zwar wieder gemeldet — aber es lag auf der Hand, daß die in ihr vorherrschende Polemik den Mangel eines positiven Beitrages für die Philosophie der Gegenwart nicht ersetzen konnte.

Ein »philologisches Kränzchen«

Im März 1922 hatte ich den Status eines nur für sich selbst verantwortlichen Junggesellen verlassen und mich mit Franziska Schragmüller verheiratet. Sie starb bereits 1930 an einem Lungenleiden.

So sehr die Jahre der Krankheit meiner Frau Jahre der inneren Unruhe und äußeren Belastung für mich gewesen sind, so sehr waren es andererseits Jahre der Festigung und Erweiterung des Kreises der Freunde, an die ich bald nach meiner Rückkehr aus dem Kriege Anschluß gefunden hatte. Das für meine wissenschaftliche Entwicklung bedeutungsvollste Ergebnis dieser Freundschaften war die bald nach meiner Habilitation mir durch den Althistoriker *Fabrizius* übermittelte Aufforderung dem »Philosophischen Kränzchen« beizutreten. Die Mitglieder dieser Vereinigung waren damals außer *Fabrizius* selbst der klassische Philologe *Deubner*, der Anglist *Brie*, der Archäologe *Caro* (der bald nach Halle ging und durch *Dragendorf* ersetzt wurde), der Mediziner *Diepgen* (Geschichte der Medizin) und der Bibliotheksdirektor *Jacobs* (klass. Philologe). Nachdem die Hungerzeit der Inflation im November 23 überwunden war, bekam der äußere Rahmen der im Semester mit drei Wochen Abstand einander folgenden Abende wieder eine etwas festlichere Gestaltung: es gab ein warmes Abendessen mit gutem Wein, das die Stimmung besser anwärmte als die fragwürdigen »Butterbrote« der Inflationszeit. Danach begannen die Referate. Über die Vortragenden und deren Themata wurden keine vorherigen Verabredungen getroffen. Das Vertrauen, das immer Wortmeldungen vorliegen würden, gründete sich darauf, daß überhaupt keine rhetorisch geformten Vorträge gewünscht wurden. Gefordert waren vielmehr Berichte über Lösungen von Problemen, die sich dem Einzelnen im Laufe seiner Lektüre, seiner Kollegvorbereitungen oder seiner schriftstellerischen Tätigkeit gestellt hatten. Wir haben in jenen Zeiten bis zu drei Vorträge an einem Abend gehabt, die ohne Ermüdung gehört und diskutiert wurden.

Niemals hat die Formlosigkeit, die das Vorliegen von Vorträgen der jeweiligen Initiative der Mitglieder überließ, zu einem Vakuum an Vorträgen geführt. Aber freilich bedurfte es auch der ganzen Frische des Unternehmungsgeistes, der in den Jahren nach dem ersten Weltkrieg an den deutschen Universitäten inmitten aller äußeren Drangsale zu spüren war, um einen Verein von Gelehrten in Gang zu halten, der die Aufgabe, einander zu interessieren, dem freien Eifer seiner Mitglieder überlassen konnte.

Docendo discebam

Für mich wurden diese Vorträge mit ihren präzisen Fragestellungen, die eine präzise Antwort erforderten, zu Vorbil-
dern, denen ich in meinen eigenen Publikationen und
Vorlesungen nachstrebte. Was die ersteren anlangt, so erar-
beitete ich mir zunächst (im wesentlichen während des
Semesters) einen Grundstock von Heften, die teils die Geschichte der neueren Philosophie (von *Descartes* bis *Kant* oder
von *Kant* bis *Hegel*), teils die Logik zum Gegenstande hatten.
Für die letztere hielt ich mich mehr und mehr an das von
Jäsche bei der Herausgabe von *Kants* Vorlesung über Logik
befolgte traditionelle Schema. Meinen Seminarübungen begann
ich allmählich Originaltexte nicht nur von *Descartes* oder
Leibniz, sondern auch von *Wolf* oder *Baumgarten* zu Grunde
zu legen. Letzten Endes sind es die Logik und die Metaphysik
von *Baumeister* gewesen, an denen sich mein Geschmack an
der analytischen Kargheit dieser alten von allem rhetorischen
Beiwerk entblößten Grundbücher des philosophischen Unterrichts zuerst entwickelt hat. Freilich ist der Erfolg dieser
meiner Bemühungen bei meinen Hörern nur beschränkt gewesen. Einen Beleg dafür bekam ich, als ich eines Tages in
den Erinnerungen eines der damaligen Seminarteilnehmer, des
in der Nazizeit emigrierten und später nach Heidelberg zurück-
berufenen *Karl Löwith,* lesen konnte, ich sei in den Zeiten
jener Seminarübungen ein Wolfianer gewesen. Es war das ein
Symptom jenes Mangels an formaler Schulung, in deren Besitz
Kant selbst und seine Fachgenossen noch gewesen sind und
deren Mangelhaftigkeit eine Schwäche sowohl der Neukantianer wie deren phänomenologischer oder existenzialisti-
scher Gegner gewesen ist.

Freundschaft mit Heidegger

Noch während des Krieges im Sommer 1915 hatte ich ins
Feld von *Rickert* die Nachricht von der Habilitation *Martin
Heideggers* bei der philosophischen Fakultät in Freiburg be-
kommen — zugleich mit der Versicherung, daß meine eigenen

Aussichten auf Habilitation dadurch nicht berührt würden. Ich hatte *Heidegger* in dem Rickertschen Seminar, an dem ich im Sommer 1914 teilgenommen hatte, noch in der Tracht eines Alumnus des Freiburger Priesterseminars (der sog. »Sapienz«) kennengelernt. Soweit ich mich erinnere, hatte ich damals angenommen, er beabsichtige, sich bei der Freiburger Philosophischen Fakultät als Anwärter für den der Katholischen Kirche vom Staat durch Konkordat bewilligten, konfessionell gebundenen Lehrstuhl für Philosophie zu habilitieren.

Mittlerweile hatte er sich von den dafür erforderlichen Bindungen frei gemacht und im Jahre 1915 mit einer Schrift über die Kategorien- und Bedeutungslehre des Duns Scotus unter dem Patronat von *Rickert* die venia legendi erworben. Nach meiner Rückkehr aus dem Kriege entwickelte sich — begünstigt durch die damalige räumliche Nähe unserer Wohnungen — sehr bald ein freundschaftlicher Verkehr zwischen uns, dessen Interesse für jeden auf der totalen Verschiedenheit von Herkunft und Bildungsgang des anderen beruhte. Bis zu seiner Berufung nach Marburg im Jahre 23 kam er in zwanglosen Abständen zu abendlichen Besuchen zu mir, stöberte in meiner Bibliothek, und wir plauderten bis tief in die Nacht hinein außer von *Husserls* berühmter »Phänomenologischer Reduktion« oder *Kants* Deduktion der vollkommenen und unvollkommenen Pflichten besonders von den Dingen, die außerhalb des Horizontes lagen, innerhalb dessen das Leben des anderen bisher abgerollt war: ich selbst von den gerade hinter mir liegenden Erlebnissen des Krieges, während er mir damals einen ersten Begriff vermittelte nicht nur von der Summa Theologica des *Thomas von Aquino,* sondern auch von der Art und dem Leben der Menschen des Hochschwarzwaldes, denen er selbst entstammte.

Er hatte sich oberhalb von Todtnauberg vom Zimmermeister des Dorfes eine Hütte errichten lassen, für deren Kamin auch ich einen Ziegelstein im Rucksack hinaufgeschleppt habe. Dort verbrachte er seine Ferien — skilaufend, wandernd, studierend oder auch vor der Hütte sitzend, eine Pfeife rauchend und in die Betrachtung der Berge mit ihren Wäldern und Almen versunken. Wie sehr er unter den Siedlern seines Hochtales eine populäre Figur geworden war, konnte man dem »Wiesentäler Boten« entnehmen, in dem ich — ich weiß nicht mehr durch welchen Zufall — eines Tages las: Der im hintern Wiesental bekannte Professor *Heidegger* hat einen Ruf nach Berlin abgelehnt. Damals schrieb ich ihm: Rufe nach Berlin sind auch schon von anderen Leuten abgelehnt worden. Aber im hintern Wiesental bekannt sein und einen Ruf nach Berlin *bekommen,* das haben bisher nur Sie fertig gebracht.

Im Herbst 23 folgte *Heidegger* einem Rufe nach Marburg. Von dort kehrte er im Jahre 28 als Nachfolger des nunmehr emeritierten *Husserl* nach Freiburg zurück. Unser persönliches Verhältnis blieb das alte, wenn sich auch angesichts der Krankheit meiner Frau und der größeren Entfernung unserer Wohnungen die Intimität des Verkehrs der gemeinsamen Jahre vor 23 nicht wieder herstellen ließ. Seine Bemühungen, mir einen Ruf in das von ihm verlassene Marburg zu verschaffen, scheiterten. Statt meiner erhielt ihn mein alter Studienfreund aus dem Windelbandschen Seminar, der in Heidelberg habilitierte *Erich Frank.* Erst als die Initiative von außen kam, hatte er Gelegenheit zum Erfolge beizutragen.

Publikationen

Es ist verständlich, daß ich in den Freiburger Jahren nach meiner Rückwendung zu einem unter neuen Gesichtspunkten zu interpretierenden *Kant* zunächst mit der Neuformung meiner Kollegs und Übungen beschäftigt war und auch in den Ferien dem Studieren den Vorrang vor dem Produzieren einräumen mußte. Indessen konnte ich mir nicht verhehlen, daß ich nicht beliebig in Stillschweigen nach außen verharren konnte, wenn ich nicht in den Ruf kommen wollte, daß man mich mangels vorliegender Publikationen nicht auf eine Berufungsliste setzen könne.

In der Tat hatte ich bei aller Hartnäckigkeit, mit der ich meine Studien der Kantischen Schriften fortsetzte, beständig das berühmte vom Privatdozenten geforderte »Buch« im Auge, das mich nun an Stelle der im Pult verschlossenen »Grundlagen der Hegelschen Philosophie« vor den Fachgenossen für eine Berufung qualifizieren sollte. Und zwar plante ich eine Arbeit, die den Nachweis für die Zulänglichkeit der Argumentationen der Transzendentalen Ästhetik für die Idealität der Vorstellungen des Raumes und der Zeit gegenüber den Einwendungen der Psychologen bringen sollte, die mir seit den Zeiten der Diskussionen mit meinem Vater vertraut waren. Indessen kam nun die Berufung auf den Rostocker Lehrstuhl der Fertigstellung des Mittels, durch das sie hätte bewirkt werden können, zuvor. Erst viel später habe ich die damaligen Entwürfe wenigstens teilweise ausführen und veröffentlichen können.

Drei Abhandlungen aber habe noch noch in der Freiburger Zeit veröffentlicht: eine über »Luther und Kant« im Lutherjahrbuch von 1927; die zweite über »Kants Lehre vom ewigen Frieden und die Kriegsschuldfrage«, die 1929 in der Reihe »Philosophie und Geschichte« im Verlage von *J. C. B. Mohr* in Tübingen erschienen ist, und schließlich die dritte über *L. Feuerbach*. Das durch die erste bezeugte Interesse an *Luther* hat paradoxerweise seinen Ursprung in meinem Verkehr mit dem ehemaligen katholischen Theologen *Heidegger*. Er hatte, ich weiß nicht mehr von wem oder aus welchem Anlaß, die Erlanger Ausgabe der Werke *Luthers* als eine Prämie oder ein Geschenk erhalten — und so lasen wir denn auch eine Zeitlang auf unseren gemeinsamen Abenden in *Luthers* reformatorischen Schriften. Daraus ist die Abhandlung über *Luther* und *Kant* entstanden.

Was mich zum Glauben an die Fruchtbarkeit einer solchen Zusammenstellung verführt hatte, war die Gleichstimmigkeit des Reformators und des Philosophen in der Verwerfung eines Gottesdienstes der sich nicht als die Erfüllung eines göttlichen Gebotes legitimieren ließ. Wenn nun aber das von Gott Gebotene bzw. Verbotene bei *Luther* durch den Dekalog, bei *Kant* durch seinen kategorischen Imperativ bestimmt war, so schienen beide mit Bezug auf den Inhalt der an den Menschen gerichteten göttlichen Forderungen in einer hinreichenden

Übereinstimmung zu stehen: Du sollst nicht töten, du sollst nicht ehebrechen, du sollst nicht falsch Zeugnis reden — das waren ja doch wohl Verbote von Handlungen, deren Maximen sich nicht als allgemeine Gesetze denken lassen. Was dabei unter den Tisch fiel, war freilich der fundamentale Unterschied in der Legitimierung des in Frage stehenden Dienstes als eines von Gott geforderten — der Unterschied nämlich einer historisch bedingten, von Menschen stammenden Urkunde und der reinen praktischen Vernunft als der Quelle unserer Vorstellung von der Gottheit und dem ihr zu leistenden Dienste.

Trotz des dadurch bedingten Mangels an Vergleichbarkeit zwischen dem Reformator der Kirche und dem Reformator der Metaphysik bezeugt die Abhandlung einen Fortschritt meiner Einsicht in die Fruchtbarkeit des kantischen Sittengesetzes als des Prinzips eines möglichen Systems von Pflichten. Auf S. 135 f. der Abhandlung habe ich dieses in *Kants* Metaphysik der Sitten vom Jahre 1797 vollständig durchgeführte System im Text und in je einer ausführlichen Anmerkung dazu nach den Bedingungen seiner Gliederung kurz skizziert. Damit war zugleich der von *Max Scheler* 1913 im ersten Bande von *Husserls* »Jahrbuch für Phänomenologie und phänomenologische Forschung« dem Formalismus der kantischen Ethik entgegengestellten Forderung einer »materialen Wertethik« der Boden entzogen: das, was die Tugendlehre der »Metaphysik der Sitten« von 1797 bietet, ist selber eine »materiale Wertethik«, die einer Begründung durch phänomenologische Erkenntnisse weder fähig noch bedürftig ist.

Die zweite der Freiburger Abhandlungen, über »Kants Lehre vom ewigen Frieden und die Kriegsschuldfrage«, verdankt ihre Entstehung einer von allen politischen Parteien Freiburgs einschließlich der Sozialdemokraten im Juni 1929 gemeinsam veranstalteten Protestkundgebung gegen das zehn Jahre zuvor von den Siegermächten mittels des Artikels 231 des Versailler Vertrages erpreßte Schuldbekenntnis der Besiegten. Die Empörung über diesen völkerrechtswidrigen Zwang hatte mich mit vielen Angehörigen meiner Generation, die noch wie ich selber während der Revolution vom November 1918 für die demokratische Partei gekämpft hatten, in die Reihen der weiter rechts stehenden Parteien getrieben. Während der seither verflossenen zehn Jahre hatte ich mich wiederholt als Mitglied der Deutschnationalen Partei an Wahlkämpfen beteiligt und dabei einen gewissen Ruf als ein aus der Schablone herausfallender politischer Redner gewonnen.

Der Abhandlung über den Philosophen *Ludwig Feuerbach,* dessen Todestag sich am 28. Juli 1929 zum 125sten Male jährte, lag ein im Rundfunk gehaltener Jubiläumsvortrag zugrunde, so wie ich auch schon zur 125. Wiederkehr des Todestages von *Immanuel Kant* am 12. Februar desselben Jahres im Rundfunk ein Vortrag gehalten hatte, der dann in der neubegründeten Zeitschrift »Zeitwende« erschienen ist. Diese Vorträge, wie auch der am 22. Februar 1938, dem Tage der 150. Wiederkehr des Geburtstages von *Schopenhauer,* gehaltene, beruhten zwar auf wissenschaftlicher Forschung, haben aber selbst viel mehr den Charakter literarischer Porträts, zum Teil auch — besonders der über *Feuerbach* — den der literarischen Satire.

Berufung nach Rostock

Mittlerweile hatten die letzten Wochen der Krankheit meiner Frau noch ein Ereignis gebracht, das zwar ihr Leben nicht retten konnte, das aber zusammen mit den optimistisch gefärbten Prognosen der Ärzte die auf ihrer Seele liegende Last wesentlich erleichterte. Mitte Juli 30 erhielt ich von *Brunstäd,* der inzwischen von seiner philosophischen Dozentur in Erlangen auf einen Lehrstuhl für systematische Theologie nach Rostock berufen worden war, einen Brief, in dem er mir mitteilte, daß das Ministerium in Schwerin sich entschlossen habe, mich auf den vakanten Lehrstuhl für Philosophie an der Universität Rostock zu berufen. Ich verdankte diese Entscheidung dem Einfluß, den *Brunstäd* in dem aus den beamteten Professoren bestehenden Konzil der Universität als dem obersten Gremium gewonnen hatte, von dem alle Berufungsvorschläge vor der Übergabe an die Regierung gebilligt werden mußten. Der Ruf traf auch wirklich bald danach ein, und nach entsprechenden Verhandlungen in Schwerin und Rostock nahm ich ihn an.

Klein war freilich — nicht zwar unter den Fürsten Germaniens, wohl aber unter den Universitäten Deutschlands die meine. Bei Lichte besehen war es die allerkleinste, aber gerade dadurch stellte sich der einzige planmäßige philosophische Lehrstuhl, über den sie verfügte, als ein besonders ergiebiges Arbeitsfeld für seinen neuen Inhaber dar. Als Lehrer für Philosophie fand ich dort nur den älteren Privatdozenten *Wilhelm Burkamp* vor, dessen Interesse weitgehend auf mathematische Logik konzentriert war. Gleichwohl hatte dieser mit Hilfe ihm zur Verfügung gestellter Mittel eine kleine Sammlung philosophischer Bücher zusammengebracht, die nun als Grundstock für den Aufbau einer für das Studium der Philosophie nützlichen Bibliothek dienen konnte.

Im September 1930 kam ich mit meinem inzwischen sieben Jahre alten Sohn nach Rostock — in Trauer zwar — aber gleichzeitig mit dem Gefühl der vor mir liegenden Entfaltung eines nunmehr von Sorgen um die Gesundheit und die wirtschaftliche Existenz meiner Familie befreiten Lebens im Dienste meiner Wissenschaft und ihres Unterrichtes. Mit dem Erfolg meiner Vorlesungen konnte ich zufrieden sein, wenn auch die damalige verhältnismäßig günstige finanzielle Stellung der Inhaber von philosophischen Lehrstühlen darauf beruhte, daß die Regierungen von künftigen Lehrern an Höheren Schulen die Ablegung eines Examens in Philosophie verlangten. Allerdings war auch schon damals unverkennbar, daß die Fortpflanzung der Philosophie vermittels ihrer schematischen Verknüpfung mit dem sogenannten Staatsexamen kein auf die Dauer haltbarer Zustand war.

Persönlich ließ ich es mir damals gern gefallen, daß diese Verknüpfung mir in den ersten Rostocker Jahren eine stattliche Anzahl von Hörern mit entsprechendem Effekt für meine Einnahmen verschaffte. Ich mußte mehrere Semester lang in der Aula lesen, um erst, als die von Hitler betriebene Aufrüstung einen steigenden Anteil von Studenten unter die Fahnen rief, nahm die Zahl der männlichen Hörer rapide ab.

Durch die unentrinnbar auf Krieg zusteuernde Innen- und Außenpolitik *Hitlers* war die Philosophie selber betroffen durch den Anspruch des Nationalsozialismus, an Stelle einer Vereinigung der Menschheit unter der Idee des Rechtes die naturbedingte Eigenart des Deutschen Volkes (als des hervorragendsten Repräsentanten der »arischen Rasse«) zum obersten Gesetze sowohl von dessen innerer gesellschaftlicher Ordnung zu machen, wie auch von dessen Einordnung in die Gesellschaft mit anderen Völkern.

Hier lag die von vorn herein mit den Erfolgen *Hitlers* gegebene Gefahr für den Weltfrieden — hier lag aber auch die Aufforderung an den Lehrer der Philosophie, seinen Hörern die Einsicht zu vermitteln, daß die Forderung allgemeiner Rechtssicherheit unter Menschen äquivalent war mit der Forderung der Verwirklichung einer Idee der reinen praktischen Vernunft in den Handlungen der Menschen, ihre wissenschaftliche Behandlung also zu dem gehörte, was *Kant* die »Metaphysik der Sitten« genannt hat.

Überhaupt aber blieb es ein Leitgedanke meiner Vorlesungen, die Vorstellungen der Studenten von derjenigen Metaphysik zu erwecken, zu erweitern und zu vertiefen, ohne deren Kenntnis die in der Nachfolge *Kants* wandelnde Gruppe der Philosophen des beginnenden 20. Jahrhunderts den Eindruck einer Rettungsgesellschaft machen mußte, die entweder selbst nicht wußte oder aber verschwieg, wovon sie denn die Menschheit mit Hilfe *Kants* retten wollte. Dabei kam es nun aber vor allem darauf an, die Argumente zu beleuchten, auf die die Metaphysiker des 17. und 18. Jahrhunderts ihre Behauptungen stützen, d. h. als notwendig erweisen zu können glaubten.

So habe ich auf einer Tagung, die im Jahre 1932 in Erinnerung an die 300. Wiederkehr des Geburtstages von *Spinoza* in Den Haag abgehalten wurde, einen Vortrag »Über den Grund der Beschränkung unserer Erkenntnis auf die Attribute des Denkens und der Ausdehnung bei Spinoza« gehalten, in dem ich die schon von *Tschirnhaus* gestellte Frage nach dem Grunde wiederholte, der diese Beschränkung zu einer innerhalb des Rahmens der von *Spinoza* angenommenen Voraussetzungen notwendig macht. Meine Antwort lautete: Weil es sonst eine von der göttlichen Substanz unterschiedene objektive Einheit des Attributs mit dem der Ausdehnung wird *geben* müssen, wenn ein mit Beziehung auf *beide* mit dem Vermögen der Erkenntnis ausgerüsteter, aber auch auf diese beschränkter Verstand möglich sein soll. Das aber würde heißen, es könne innerhalb der einen aus »unendlich vielen Attributen bestehenden« göttlichen noch beliebig viele subordinierte Substanzen geben, die den Grund ihrer Möglichkeit in einer auf beliebige endliche Zahlen von Attributen beschränkten Vereinigungsmöglichkeit dieser Attribute haben müßten. Dies aber würde dem Begriffe *Spinozas* von der Substanz widersprechen, sofern dieser »keines anderen (Begriffes) bedarf, von dem aus er gebildet werden müßte«.

In ähnlicher Weise machte ich in einem Vortrag, den ich 1957 aus Anlaß des 9. Internationalen Kongresses für Philosophie in Paris hielt, den Versuch das »Cogito ergo sum« des *Descartes* von dem Vorwurfe, einer sich im Zirkel bewegenden Folgerung zu retten. Hier ·aber gelang es mir im Gegensatze zu dem Vortrag über *Spinoza* nicht, zu einem mich selbst befriedigenden Resultat zu gelangen.

Die Vollständigkeit der Kantischen Urteilstafel

Weit wichtiger für mich und nicht nur für mich als die Kommentierung *Spinozas* war eine philosophische Doktorarbeit, die im Jahre 1932 bei der Rostocker Fakultät eingereicht wurde. Ihr Verfasser war *Klaus Reich,* ein aus Berlin stammender Student, der abwechselnd dort und in Freiburg Philosophie, klassische Philologie, Physik und Mathematik studiert hatte. Mit diesem hatte mich schon in Freiburg eine das Verhältnis von Lehrer und Schüler überwachsende Freundschaft verbunden. Wir hatten dort in einem abendlichen Kolloquium, das ich gemeinsam mit *Oscar Becker* abhielt, einen Gedankenaustausch über die Ratio der Einbeziehung der einzelnen und unendlichen Urteile in die Urteilstafel der transzendentalen Logik *Kants*.

Von dieser sich auch schriftlich fortsetzenden Diskussion ist mir freilich nur die Erinnerung geblieben, daß ich mir, sei es über den Grund der Aufnahme dieser Urteile in die Tafel der Kritik der reinen Vernunft nicht klar war, sei es, daß ich sie mit Gründen zu legitimieren oder zu bestreiten suchte, die *Reich* nicht befriedigten. Jedenfalls bat er mich die Diskussion darüber bis zur Fertigstellung seiner Doktordissertation, die die Urteilstafel zum Gegenstand haben sollte, zu vertagen.

Als diese nun unter dem Titel »Die Vollständigkeit der Kantischen Urteilstafel« im Frühjahr 32 mit dem Auftrage der Fakultät vor mir lag, darüber ein Gutachten zum Zwecke der Promotion des Verfassers zum Doktor zu erstatten, sah ich bald, daß es sich bei dem den Umfang von sechs Druckbogen nicht überschreitenden Manuskript um ein Meisterstück handelte. Die Eindringlichkeit und Vielseitigkeit der Kritik *Reichs* an den bisherigen Kritikern *Kants*, die Sorgsamkeit in der Bestimmung des Ausgangspunktes für die eigene Untersuchung der Kantischen Tafel, der Spürsinn in der Beibringung der Beweisstücke für die Entstehung der Theorie *Kants* aus der lastenden Masse seiner nachgelassenen Reflexionen — dies alles vereinigte sich zu einem Eindruck von Gründlichkeit und Eleganz, dem ich alsbald auch in einer ausführlichen Anzeige der als selbständige Abhandlung im Verlage von *Richard Schoetz* (Berlin) erschienenen Dissertation in der Deutschen Literaturzeitung Ausdruck gab.

Diese Erstlingsarbeit hatte den Grund für die Antwort auf jene Frage nach dem »System der Kategorien« gelegt, die ich selber von *Windelband* übernommen und in meiner Doktorarbeit behandelt hatte, ohne doch damals von den selbstgeschmiedeten Fesseln meines Hegelianismus loskommen zu können. Demgegenüber beschränkte sich die Arbeit *Reichs* auf *Kants logische* Tafel der Urteile, deren Sektionen (Modalität, Relation, Qualität und Quantität) er im analytischen Verfahren, von der Modalität (Urteilswahrheit) ausgehend, entwickelte; dann »nach Abrollung dieses Films« (S. 47) bewies er aus Kants Nachlaß im einzelnen, daß der Film ein »zwar rohes, aber richtiges Bild der kantischen Systematik der Urteilsmomente liefert«.

Für mich brachte die Schrift zunächst die vom Verfasser versprochene Aufklärung über die einzelnen und unendlichen Urteile: sie gehören gar nicht in die allgemeine Logik, weil eine Vorstellung nur als analytische Einheit des Bewußtseins in unbestimmt vielen möglichen unter sich unterschiedenen Vorstellungen ein das denkende Ich, d. h. den Verstand bestimmender Gedanke sein kann. Eben dies aber ist weder beim Subjektsbegriff des einzelnen noch beim Prädikatsbegriff des unendlichen Urteils der Fall.

Was aber zunächst einem der Leistung adäquaten Widerhall der Arbeit *Reichs* entgegenstand, war der doppelte Umstand, daß die damaligen Philosophen in Deutschland, wie *Husserl* und seine Schule, zwar *über* Logik, aber keine Logik schrieben, während die logischen Systematiker großenteils Mathematiker oder Anhänger von Mathematikern waren, für die die seit mehreren Jahrzehnten im Gefolge von *Peirce, Russell* oder *Frege* aufgeblähte mathematische Logik der allein gültige Maßstab für gut und böse war.

Das Institut international de Collaboration philosophique

Meine persönlichen Beziehungen zu auswärtigen Kollegen hatten ihren Ursprung im wesentlichen in meiner Teilnahme am 9. Internationalen Kongreß für Philosophie im Jahre 1937 in Paris. Am Morgen nach dem Abschluß dieses Kongresses erhielt ich im Hotel — noch im Bette liegend — ein Telegramm aus dem Berliner Kultusministerium, das mich — wegen der Nichtanwesenheit des dafür bestimmten Dresdener Kunsthistorikers in Paris — mit der Vertretung Deutschlands auf dem um 15 Uhr des gleichen Tages beginnenden Internationalen Kongreß für Ästhetik beauftragte und mir gleichzeitig die für die Verlängerung meines Aufenthaltes nötigen Devisen anwies.

Ich begab mich also mit einem lachenden und einem weinenden Auge zur festgesetzten Stunde in den betreffenden Hörsaal der Sorbonne, um dort — da Deutschland auf Französisch mit

»A« beginnt — alsbald vom Präsidenten *Victor Bach* aufgefordert zu werden, den Kongreß als erster Redner im Namen der Delegation des Nationalsozialistischen Deutschland zu begrüßen. Indessen zog ich es vor, meine Auftraggeber auf sich beruhen zu lassen und mich statt dessen auf unsere beiden auch in Paris bekannten Dichter *Goethe* und *Schiller* zu berufen, als einen Beweis für die Eigentümlichkeit der Ästhetik in Deutschland, weitgehend ein Produkt der ausübenden Künstler zu sein. Nun mochte das wohl auch für andere Länder gelten. Aber wenn es denn eine nur halbwahre These war, so war es doch eine betont unpolitische These. Jedenfalls hatte ich die Genugtuung, mit meinen Ausführungen im Namen der Delegation des nationalsozialistischen Deutschlands beim Abgang vom Rednerpult einen Beifall zu ernten, der an Freundlichkeit nur von dem dem Vertreter Rot-Spaniens, Herrn *Xirau*, gespendeten übertroffen wurde.

Das folgenschwerste Ereignis der damaligen Reise nach Paris aber war meine Aufnahme in das Institut, dessen Gründung unter dem Titel Institut international de Collaboration philosophique im Jahre 1932 auf dem internationalen Philosophenkongreß in Prag ins Auge gefaßt worden war und das sich nun im Jahre 1937 definitiv in Frankreich mit Sitz in Paris konstituiert hatte. Die treibende Kraft bei dieser Gründung war der schwedische Kollege Åke Petzäll, Professor in Lund, der auch wesentlich an der direkten oder indirekten Beschaffung der materiellen Mittel für das Institut beteiligt war. Sein ursprünglich wichtigstes Anliegen war die »collaboration« der Philosophen: sie sollten mit Bezug auf ihre Arbeitspläne mit einander in Verbindung gebracht werden, damit nicht jeder von der Gefahr bedroht wäre, sich eine Aufgabe zu stellen, mit deren Lösung schon ein oder gar mehrere andere sich beschäftigten.

Freilich lag dem eine Vorstellung zugrunde, als ob die philosophische Literatur sozusagen aus lauter geknackten Nüssen bestünde. Auch erinnere ich mich keines einzigen Falles, in dem zwei Mitglieder des Institutes durch dieses davor bewahrt worden wären, ihre Kräfte der Bearbeitung desselben philo-

sophischen Problems zu widmen, oder durch das Institut zu
einer Gemeinschaftsarbeit veranlaßt worden wären. Die einzige
Aufgabe, die damals dem Institut — abgesehen von der Veran-
staltung einer jährlich im Herbste wiederkehrenden knappen
Woche von Vorträgen mit anschließenden Diskussionen
(»Entretiens d'été«) — zufiel, war die Herausgabe einer internationalen philosophischen Bibliographie. Von dieser aber sind
nur die beiden Hälften des ersten Bandes, die eine im Jahre
1937, die andere im Jahre 38 erschienen. Dann machten die
heraufziehenden Wolken des 2. Weltkrieges dem Unternehmen
ein vorläufiges Ende.

Als Heerespsychologe im 2. Weltkrieg

Obwohl ich im Anschluß an eine Übung beim Rostocker
Feldartillerie-Regiment 28 im Januar 36 zum Hauptmann der
Landwehr befördert worden war, erhielt ich in den turbu-
lenten Märztagen des Jahres 39 (Errichtung des Protektorates
in Böhmen) vom Wehrkreiskommando in Rostock die Anfrage,
ob ich bei der Heerespsychologie Dienst tun wolle. Diese
freundliche Offerte beruhte höchstwahrscheinlich darauf, daß
die Herren der Behörde glaubten, meinen Vater vor sich zu
haben, dessen Intelligenzprüfungs-Methoden bei den Heeres-
psychologen allgemein bekannt und im Gebrauch waren. Indessen hielt ich mich angesichts der Tatsache, daß ich als häufig
gebrauchte Versuchsperson meines Vaters, als Hörer seiner
Vorlesungen und Übungen und als gewissenhafter Leser seiner
Veröffentlichungen eine nicht ungründliche psychologische Ausbildung genossen hatte, für berechtigt, die Frage der Hinläng-
lichkeit meiner Vorbildung auf sich beruhen zu lassen. Dementsprechend beantwortete ich die mir gestellte Frage mit Ja.
Die Folge war, daß ich vom Wehrkreiskommando in Rostock
eine Kriegsbeorderung bekam, die mich verpflichtete, mich im
Falle der Mobilmachung bei der Dienststelle für Eignungsprüfungen des stellvertretenden Generalkommandos des 2.
Armeekorps in Stettin zu melden. Am Tage der Mobilmachung
meldete ich mich daher bei der Stettiner Dienststelle in der mir

zustehenden Uniform eines Hauptmanns der Landwehr und in der Offizieren für solche Meldungen vorgeschriebenen Form. Oberst *Winkler,* der Leiter der Dienststelle, war offenbar von dieser Form des Dienstantritts des erwarteten Professors angenehm überrascht. Er war auch ohne weiteres damit einverstanden, daß ich meinen Dienst in meiner Hauptmannsuniform verrichtete.

Es war klar, daß ich damit eine gewisse Sonderstellung unter den Prüfern der Dienststelle einnahm. Das galt auch in gewissem Umfang für die Berichte über die Ergebnisse der mir zugewiesenen Prüfungen. Soweit es sich dabei um die Eignung des Geprüften für gewisse technische Aufgaben (etwa seine Reaktionsgeschwindigkeit oder Empfindlichkeit für Gasgerüche u. ä.) handelte, war es einfach, die betreffenden Koeffizienten experimentell zu ermitteln. Aber bei dem Urteil über die menschlichen Qualitäten der Geprüften oder über deren Eignung zum Offizier oder Unteroffizier war man auf mehr oder minder wahrscheinliche Vermutungen angewiesen. Mir ist ein Gutachten eines unserer Prüfer unvertilgbar im Gedächtnis geblieben, das mit den Worten begann: »Offener ehrlicher Charakter.« Der Kommandeur des betreffenden Regimentes hatte es zurückgereicht mit der Bemerkung: »Wieso? Er hat ja schon sechs Monate wegen Diebstahl im Gefängnis gesessen.«

Ich selber lernte sehr bald in meinen Gutachten das durch Prüfungen feststellbare von dem, was man nur mit größerer oder geringerer Sicherheit vermuten konnte, zu unterscheiden. So habe ich denn auch, als Oberst *Winkler* von dem ihm ins Haus geflogenen Philosophieprofessor auch einmal einen Vortrag für seine psychologischen Mitarbeiter haben wollte, zum Motto dieses Vortrags ein Wort *Kants* aus dem »Streit der Fakultäten« genommen: »Der Ungelehrte macht sich vom Gelehrten, dem er etwas zumutet, gern eine übergroße Vorstellung.« Der Oberst merkte wohl, daß ich damit das, was er von seinen Prüfern erwarten konnte, um einige Stufen herabschraubte. Aber er vermied eine Diskussion darüber.

Berufung nach Marburg

Im Juni 1940 befand ich mich anläßlich eines Familienfestes auf einem kurzen Urlaub in Elberfeld. Dorthin wurde mir ein Telegramm des Referenten für Universitätsangelegenheiten im Berliner Kultusministerium nachgesandt, das mich zu Verhandlungen über eine Berufung auf ein Marburger Ordinariat nach Berlin berief. Es handelte sich um den Lehrstuhl, den ursprünglich *Hermann Cohen* innegehabt hatte. Dieser Lehrstuhl war nach dem Rücktritt *Cohens* im Jahre 1912 auf Vorschlag der Fakultät an den jungen Experimentalpsychologen *Erich Jaensch* gegeben worden — mit dem Erfolge eines öffentlichen Protestes, in dem sich damals die Unterschriften von zahlreichen Philosophen und Psychologen zusammenfanden. Die gemeinsame Forderung war die Schaffung neuer, den Psychologen vorbehaltener Ordinariate.

Nun waren die Mittel für das zweite der beiden ursprünglichen philosophischen Ordinariate in Marburg von der Regierung im Jahre 39 zur Finanzierung eines Lehrstuhls für Vorgeschichte nach Göttingen umdisponiert worden. So war für die Philosophie nur noch das Extraordinariat übrig geblieben, das *Nicolai Hartmann* bis zu seiner Berufung nach Köln innegehabt hatte und das für seinen Nachfolger *Mahnke* zu einem persönlichen Ordinariat aufgestockt worden war. Als nun im Jahre 40 der Psychologe *Jaensch* und der Philosoph *Mahnke* beinahe gleichzeitig starben, entschloß sich die Regierung auf Vorschlag der Fakultät, die Vertauschung der Lehrstühle wieder rückgängig zu machen und für das Ordinariat einen Philosophen, dagegen den als Nachfolger *Jaenschs* zu berufenden Psychologen für das Extraordinariat vorzuschlagen.

Auf der Grundlage dieses Planes fragte die Fakultät bei dem ein Jahr zuvor auf eine Professur nach Leipzig berufenen ehemaligen Marburger Privatdozenten für Philosophie *H.-G. Gadamer* an, ob er eine Rückberufung nach Marburg annehmen würde. Der Befragte antwortete zunächst zögernd, lehnte schließlich ab, wies aber in seinem Verzichtsschreiben darauf hin, daß nach seiner Meinung die alte Kanttradition Marburgs am besten durch mich erneuert werden könnte. Daraufhin reichte die Fakultät einen entsprechenden Vorschlag im Kultusministerium ein, und ich erhielt das obenerwähnte Telegramm. Wenn mir auch außer einer Erhöhung meiner Kolleggeld-Garantie auf RM 2.000,— im Jahr keine Verbesserung meiner materiellen Situation angeboten wurde, nahm ich als Sohn westdeutscher Eltern die Verpflanzung aus dem Norden des Reichs in die Gegend zwischen Rhein und Main jedoch gern an.

Neue Aufgaben und neue Freunde

Wenige Wochen, nachdem ich im September 40 meine Vorlesungen in Marburg aufgenommen hatte, bat mich im Einvernehmen mit dem Rektor der bisherige Dekan der Fakultät, der mir aus der gemeinsamen Freiburger Privatdozentenzeit nahestehende Althistoriker Fritz Taeger, ich möchte das Dekanat übernehmen. Ich erklärte mich dazu bereit, obwohl sich meine dienstlichen Verpflichtungen auf diese Weise kumulierten. Aber grade diese Häufung war die Ursache davon, daß sie einander gegenseitig beschränkten. Und zwar wurde die Regelung im Einvernehmen mit dem General *von Voß,* dem Chef der militärischen Dienststellen für Eignungsprüfungen, in der Weise getroffen, daß ich für das Wochenende der Wehrmacht zur Verfügung stand, während ich die 4 ersten Wochentage für die Dekanatsgeschäfte sowie für Vorlesungen und Übungen frei hatte. Im übrigen bemerkte ich bald, daß die Berufung nach Marburg mich an eine Stätte des Vaterlandes verpflanzt hatte, die weit weniger von Fliegerangriffen bedroht war, als etwa Rostock oder genauer als das ihm benachbarte Warnemünde. Ja, wir sind bis in den Februar 45 hinein von Bomben nahezu verschont geblieben, so daß die Erinnerungen an die bis dahin verflossenen Marburger Jahre — soweit es nicht Erinnerungen an die sich ständig steigernde Lebensmittelknappheit sind — gar nicht den Charakter von Kriegserinnerungen haben.

Damals hatten sich schon die Keime zu Freundschaften mit Marburger Kollegen und deren Familien gebildet, die ebenso wie ich die Rettung Deutschlands aus den Händen *Hitlers* von den wie immer schmerzhaften Siegen der von ihm in unsere Feinde verwandelten Staaten des Ostens und Westens erhofften. Es waren dies vor allem der Mathematiker *Kurt Reidemeister* und der Theologe *Rudolf Bultmann. Reidemeister* war in seinen Anfängen zusammen mit unserem Rostocker Mathematiker *Robert Furch,* einem »urigen« Schwaben, Assistent bei dem Hamburger Mathematiker Blaschke gewesen. So war es *Furch,* der zu den mir in Rostock am nächsten stehenden Kollegen gehört hatte, der den näheren Kontakt mit *Reidemeister* und durch diesen mit *Bultmann* vermittelte.

Natürlich fehlte es dem sich auf dieser Basis entwickelnden freundschaftlichen Verkehr nicht an Stoff zu Duskussionen, die ihren Grund in den Beschwerden gegen *Kants* Philosophie hatten, die im Laufe des 19. Jahrhunderts, sei es bei Theologen, sei es bei Mathematikern, traditionell geworden waren. Was die Mathematiker anlangt, so kamen diese erst zur Sprache, als es sich nach der Rückkehr von *Klaus Reich* aus der Kriegsgefangenschaft um dessen Habilitation in Marburg auf Grund seiner bisherigen Veröffentlichungen und unter Verzicht auf eine besondere Habilitationsschrift handelte.

Dagegen hatte *Bultmann* im Jahre 41 in den »Beiträgen zur Evangelischen Theologie« unter dem Titel »Offenbarung und Heilsgeschehen« zwei Abhandlungen veröffentlicht, von denen die eine »Die Frage der natürlichen Offenbarung«, die andere das Verhältnis »Neues Testament und Mythologie« betraf. Hier aber zeigte sich bald, wie schwierig die Verständigung zwischen dem biblischen Theologen und dem an kein Buch gebundenen, lediglich auf seine Vernunft angewiesenen Philosophen immer noch war. So gerne dieser auch hören mochte, daß er um des göttlichen Wohlgefallens willen nicht Erzählungen zu glauben brauchte, die mit der gesetzmäßigen Abfolge der Erscheinungen in der Zeit im Widerspruch standen, so war doch nun die Frage unvermeidlich, worauf er denn nach dem Verzicht auf den Wunderglauben überhaupt seinen Glauben an die Existenz Gottes als eines allmächtigen, allwissenden und heiligen Wesens stützen wollte. Eben das, was

Bultmanns Abhandlung über die natürliche Offenbarung gleich zu Beginn einschärft, »der Maßstab für die kritische Frage nach irgendeiner anderwärts angeblich gewonnenen Gotteserkenntnis ist die Gotteserkenntnis des christlichen Glaubens« (a.a.O.), zeigt, daß er eine aus der Vernunft entsprungene, vom Christentum unabhängige Vorstellung von Gott überhaupt nicht ins Auge faßt. Dann aber blieb die durch Lessings »Nathan« berühmt gewordene Frage, woran der Gottgläubige denn die Echtheit seines Ringens erkennen solle, freilich unbeantwortbar.

Jahre der Zersplitterung

Versuche ich, mir ein Bild von der Situation zu machen, in die mich der Ausbruch des Krieges, die Berufung auf den Marburger Lehrstuhl, die Übernahme des Dekanats und meine fortdauernde Verwendung als Heerespsychologe hineinversetzt hatten, so scheine ich mir damals in ein Mehrzweckinstrument verwandelt worden zu sein, von dessen innerem Zusammenhang ich selber keine Vorstellung hatte.

Zunächst aber benutzte ich die noch andauernden Universitätsferien, um mich im Oktober den in der »Literarischen Gesellschaft« vereinigten Marburger Kollegen durch einen schon in Rostock konzipierten Vortrag über »Hölderlins Stellung zur Antike« vorzustellen. Die Absicht dieses Vortrages war, einen Beitrag zur Zerstreuung des Nebels zu liefern, hinter dessen Schleier damals *Stefan George* und die Seinen die zarten Umrisse der Gestalt des vom Schicksal geschlagenen Dichters zu den Dimensionen eines Menschheitsapostels aufblasen zu können glaubten. Dazu kam ein Vortrag über »Kant und Swedenborg«, mit dem ich mich im November desselben Jahres auf einer Deutsch-Schwedischen Tagung in Rostock zugleich von meinen dortigen Freunden verabschieden konnte.

In diesem war mein Anliegen, die köstliche Satire auf *Swedenborg* und dessen Anhänger, die *Kant* mit den »Träumen eines Geistersehers« verfaßt hatte, gegen den von unserem Marburger Professor der Theologie *Ernst Benz* erhobenen Vorwurf zu verteidigen, daß es sich dabei um einen Angriff handele »dessen Heftigkeit und Gereiztheit man dem späteren Kant kaum mehr zutrauen würde«. Vielmehr trägt *Kants* Abhandlung die typischen Züge jenes »heiteren und freien Geistes«, den *Schiller* in seiner Abhandlung über Anmut und Würde an *Kant* als »dem großen Weltweisen« gerühmt hat — und dessen Hauch man bis in die Schlußworte des Aufsatzes über *Swedenborg* verspürt: »Es war auch die menschliche Vernunft nicht genugsam dazu beflügelt, daß sie so hohe Wolken teilen sollte, die uns die Geheimnisse der andern Welt aus den Augen ziehen, und den Wißbegierigen, die sich nach derselben so angelegentlich erkundigen, kann man den einfältigen aber sehr natürlichen Bescheid geben, daß es wohl am ratsamsten sei, *wenn sie sich zu gedulden beliebten, bis sie werden dahin kommen.* Da aber unser Schicksal in der künftigen Welt vermutlich sehr darauf ankommen mag, wie wir unsern Posten in der gegenwärtigen verwaltet haben, so schließe ich mit demjenigen, was Voltaire seinen ehrlichen Candide nach sovielen unnützen Schulstreitigkeiten zum Beschluß sagen läßt: ›Laßt uns unser Glück besorgen, in den Garten gehen und arbeiten.‹ «

Was den von mir zu bearbeitenden Garten betraf, so hatte mich der damalige Rektor der Universität, der Historiker *Theodor Mayer*, aufgefordert, die Festrede für die Feier am 30. Januar 1941 zu übernehmen, die sowohl der Erinnerung an die Machtergreifung des Nationalsozialismus im Jahre 1933 wie auch an die Proklamation des Deutschen Kaiserreiches am 18. Januar 1871 gewidmet sein sollte. Indessen versprach mir der Rektor, daß er den unvermeidlichen politischen Teil der Kundgebung selber übernehmen würde, während ich das Thema meines Vortrages dem akademischen Brauch entsprechend dem Rahmen meiner Wissenschaft entnehmen könne.

Das Nächstliegende wäre demnach gewesen, eine aktuelle philosophische Kontroverse, wie z. B. die über das Verhältnis von Leib und Seele als Thema zu wählen, die in *Kants* transzendentalem Idealismus enthaltene Lösung dieses Problems zu skizzieren und zu zeigen, daß demgegenüber die von dem unkritischen Dogmatismus der zeitgenössischen Philosophen und Psychologen angebotenen monistischen, dualistischen oder gar »parallelistischen« Theorien aller Beweisbarkeit, ja im Grunde aller Verständlichkeit entbehrten.

Wenn ich damals stattdessen »Die Eigenart der deutschen Philosophie« als Gegenstand meiner Darlegungen wählte, so hieß das freilich nicht, daß ich für die Philosophie in Deutschland ein durch das Deutschtum bestimmtes Prinzip gefordert hätte. Gleichwohl aber glaubte ich damals, der von Deutschen geschriebenen Philosophie gewisse Eigenschaften als Merkmale ihrer »Eigenart« zuschreiben zu können — Merkmale, die ich auch in der deutschen bildenden Kunst, der deutschen Poesie und der deutschen Musik wiederfinden wollte und die ich durch Begriffe wie »Unbefangenheit, Offenheit, Natürlichkeit und Sauberkeit, Kernigkeit und Geradheit, Gesittetheit und Rechtschaffenheit, Wärme und eifrige Bewegtheit« (a.a.O., S. 10) beschreiben zu können mir einbildete. Das sollte den Boden kennzeichnen, dem auch die Philosophie *Kants* entstammt. Aber man braucht nur irgend eine Metaphysik der Aufklärungszeit aufzuschlagen um sich zu überzeugen, daß von alledem nichts, so wenig wie von dessen Gegenteil, in den Kompendien der *Daries*, *Wolf* oder *Crusius* zu finden war — und wenn mich mein Preislied auf die vermeintliche Eigenart der deutschen Philosophie auch davor bewahrte, vom Nationalsozialismus zu sprechen, so war z. B. Freund *Reidemeister* mit meiner Darbietung keineswegs zufrieden. Aber es gelang ihm damals nicht, mir deren Schwäche, um nicht zu sagen, deren Unsinn, zu verdeutlichen.

Das Ende der Herrschaft des Nationalsozialismus

Zum Wintersemester 1942 folgte *Theodor Mayer* einem Rufe an die Monumenta Germaniae in Berlin. An seiner Stelle wurde *Rudolf Reinhardt*, der Dekan der Rechts- und Staatswissenschaftlichen Fakultät, vom Minister zum Rektor ernannt. Zwischen *Reinhardt* und mir hatte sich auf Grund unseres geschäftlichen Verkehrs als Dekane ein gutes persönliches

Verhältnis entwickelt, das ungetrübt bis zur Beendigung des Krieges anhielt. Auf einer Reise nach oder von Kassel, die wir zufällig gemeinsam machten, habe ich Bedenken von ihm gegen die Übernahme des ihm angesonnenen Rektorátes zu zerstreuen gesucht. Ob sein Zögern auch durch Überlegungen über das mögliche Schicksal eines vom Nazi-Regime akzeptierten Universitätsdirektors bei der sich langsam ankündigenden Niederlage Deutschlands bestimmt war, weiß ich nicht. Tatsächlich sind ihm keine besonderen Schwierigkeiten aus der von den Amerikanern in der Besatzungszeit angeordneten »Entnazifizierung« erwachsen. Er war in der Tat ein guter Jurist, ein guter Rektor und ein guter Politiker.

In dieser Eigenschaft hat er auch die Lösung einer Aufgabe organisiert, die mitten in die Zone der Gefahren hineinführte, durch die in der Zeit des sinkenden Kriegsglücks *Hitlers* und der steigenden inneren Gärung in Deutschland jede Reaktion gegen das Regime in wachsendem Maße bedroht war. Es handelte sich um das Schicksal des Romanisten *Werner Krauss*, eines Dozenten der Marburger Philosophischen Fakultät, der sich bei der Geheimen Staatspolizei (Gestapo) aktiver kommunistischer Sympathien verdächtig gemacht hatte. Er war verhaftet worden und sah seiner Aburteilung durch das Reichskriegsgericht in Berlin entgegen.

Eine Möglichkeit auf sein Schicksal einzuwirken, ergab sich aus dem Zufall, daß der damalige Ordinarius für Strafrecht an der Marburger Juristischen Fakultät, Professor *Ulrich Stock*, aus seiner früheren Tätigkeit beim Reichskriegsgericht den Reichskriegsanwalt persönlich kannte. Mit diesem vereinbarte Herr *Stock* in einem nächtlichen Telefongespräch einen Besuch in Berlin von mir als dem Dekan der Fakultät, der der Verhaftete angehörte. Bei diesem Besuche wurde die Vorlage eines Gutachtens des bekannten Marburger Psychiaters *Ernst Kretschmer* vereinbart, das dem Reichskriegsgericht die Möglichkeit der Entlassung von *Krauss* aus der Haft, bzw. der Niederschlagung des Verfahrens geben sollte. Dieser Plan wurde ausgeführt, hatte den gewünschten Erfolg, und wir konnten Herrn *Krauss* schon nach verhältnismäßig kurzer Frist wieder in Marburg im Kreise der Kollegen begrüßen.

Unterdessen mehrten sich die Zeichen des nahenden Zusammenbruches des Hitlerreiches. Am Mittwoch dem 28. März 1945 war es dann so weit. In der dem Morgen dieses Tages vorhergehenden Nacht hatte mich der Rektor aufgesucht, um mir zu sagen, daß er zusammen mit dem Kurator von dem Kommandeur der vor Marburg stehenden Truppen die Zusage der kampflosen Preisgabe der Stadt und des Rückzugs seiner Truppen Richtung Kassel erreicht habe. So blieben uns unabsehbare Zerstörungen erspart, und ich konnte mich am folgenden Morgen ins Philosophische Seminar begeben, wohin ich zwei Staatsexamenskandidatinnen zur Prüfung bestellt hatte. Es war nicht leicht, die beiden Damen angesichts der sich von Süden her nähernden Einschläge von Geschossen der feindlichen Artillerie wenigstens so weit bei der Stange zu halten, daß ich ihnen mit einigermaßen gutem Gewissen die mündliche Prüfung als bestanden bescheinigen konnte.

Rektoratsjahr 1945/46

Das halbe Jahr zwischen dem Einzug der Amerikaner in Marburg am 28. März und dem 25. September 1945, dem Tage an dem ich als von den Siegern bestellter »Acting Rector« die Marburger Universität eröffnen konnte, ist in meiner Erinnerung in seiner ganzen Ausdehnung vom Glanze jener Sonne überstrahlt, die mich beschien, als ich kurz vor dem 10. April, dem Tage des Geburtstages meiner Mutter, aus dem dicht vor den Toren Marburgs gelegenen Dorfe Cappel heimkehrte, beladen mit einem gewichtigen Rindsbraten, den ich dort bei einem Bauern oder Metzger für das geplante Geburtstagsessen hatte erstehen können. Das Gefühl, zum 2. Male davongekommen zu sein — und dieses Mal zusammen mit der gleichfalls bedrohten Mutter, der Fau und den Kindern — hatte durch die Wiederholung nichts an Intensität und beflügelnder Kraft verloren.

Die durch die Ideologien des Nationalsozialismus und Faschismus in Verwirung geratenen Vorstellungen der Völker Zentral-

Europas machten eine gleichsam kommentarlose Rückkehr zu der von *Hitler* bzw. *Mussolini* gestörten Friedensordnung Mitteleuropas unmöglich. Eine Besinnung auf die Quellen der Staatsgewalt und ihres Rechtes sowie auf die Grenzen dieses Rechtes nach innen und außen drängte sich unabweisbar als Voraussetzung eines Kompasses für die Fahrt in die Zukunft auf. Als ein Beitrag zur Befriedigung dieses Bedürfnisses sind die sechs Vorträge und Reden entstanden, die ich in der 2. Hälfte des Jahres 45 und Anfang 46 in Marburg und anderswo gehalten und unter dem Titel »Zu Deutschlands Schicksalswende« im Frühjahr 46 (bei Vittorio Klostermann in 1. Auflage) veröffentlicht habe.

Sie beginnen mit einem Rundfunkvortrag über den »Nationalsozialismus und die Moral«, den ich Ende Mai/Anfang Juni 45 verfaßt und der im August innerhalb einer Reihe von Vorträgen Marburger Professoren durch Vermittlung der Amerikanischen Militärregierung über Radio Luxemburg gesendet worden ist. Das Ziel dieses Vortrages war die Desauvouierung der nationalsozialistischen Anmaßung, die das Wohlergehen der Deutschen an Stelle der Rechtsidee zum obersten inneren und äußeren Prinzip ihrer Gemeinschaft machen wollte. Mit der Rede »Neuer Staat und neue Hochschule« habe ich am 25. September 1945 die Universität Marburg eröffnet (s. o. S. 51). Sie handelte von den drei »Nebelbänken«, mit denen der Nationalsozialismus die Idee der Wissenschaft selber eingenebelt hatte und die es nun zu durchstoßen galt: von dem Nebel, der das Wohl des Deutschen Volkes zum Prinzip der Wissenschaft machen wollte, sie der internationalen Kontrollierbarkeit entziehen und ihr statt einer Feiheit »von« allem Zwang nur eine von vornherein an die Ziele des Nationalsozialismus gebundene Freiheit einräumen wollte.

Mit der Rede über »Einträchtige Zwietracht« (a.a.O., S. 32 ff). habe ich im Oktober desselben Jahres eine Konferenz der Vertreter der Deutschen Presse aus der Amerikanischen Besatzungszone in Marburg begrüßt, an der auch der spätere Bundespräsident Theodor Heuss — damals Redakteur einer württembergischen Zeitung — teilnahm. Freilich reagierte er nur kühl auf meinen Versuch, ein persönliches Gespräch mit ihm auf der Basis der Erinnerung an meine Kampfgemeinschaft mit seiner Gattin Elli in der Zeit der Berliner Revolution Ende 1918/Anfang 1919 in Gang zu bringen. Auch schien es mir, als ob ihn die von mir in meiner Eröffnungsrede zur Tagung der Presse zugeschriebene Aufgabe, ihre Leser zur Toleranz dem politischen Gegner gegenüber zu erziehen, nicht interessierte. Am Ende hatte er darin recht.

Im übrigen glaube ich heute selbst, Grund zu einer Korrektur des 4. meiner in Rede stehenden Vorträge aus dem Herbst 45 zu haben, des Vortrags nämlich mit der Überschrift: »Nationalsozialismus und Patriotismus«. Diesen hatte ich mit dem Vorschlag eröffnet, die Völker sollten ihre Bemühungen, sich miteinander zu verständigen, beginnen mit dem Bemühen um Verständnis für die Vorwürfe, die die anderen gegen sie auf dem Herzen haben, statt die eigenen Vorwürfe zum Ausgangspunkt ihrer Bemühungen um einen dauerhaften Frieden zu nehmen. In diesem Zusammenhange hatte ich auch die gewaltsamen Depossedierungen kritisch erwähnt, die mit der Bismarckschen Politik der Einigung Deutschlands verbunden waren und in denen ich nun einen Vorläufer der Hitlerschen Gewaltpolitik erblicken zu können glaubte, die zu der Katastrophe von 1945 geführt hatte. »Wenn die deutsche öffentliche Meinung die drohenden Gesten Wilhelms II. und die politischen Zynismen seiner Leutnants nicht allzu ernst nahm, waren nicht am Ende die wirklichen Gefahren für die Welt, die dahinter lauerten, größer als die diese öffentliche Meinung vertretenden Intellektuellen ahnten? Und ist es nicht eben die Tatsache, daß der Nationalsozialismus in Deutschland zur Herrschaft kommen konnte, die einen Beweis für die Realität dieser Gefahren geliefert hat?«

In engem sachlichen Zusammenhange mit der Rede über »Nationalsozialismus und Patriotismus« steht die Ansprache, die ich anläßlich der feierlichen Immatrikulation der neu aufzunehmenden Studenten am 17. Dezember 1945 gehalten und unter dem Titel »Jugend und Vaterland« innerhalb der Sammlung »Zu Deutschlands Schicksalswende« veröffentlicht habe.

Ihr Thema war die besondere Problematik, der die akademische Jugend unterworfen ist durch die unvermeidliche Disharmonie zwischen ihrer natürlichen Reife als Gattungswesen und ihrer durch die Notwendigkeit des Studiums verlängerten gesellschaftlichen Unreife. Die bis zum heutigen Tage bald da, bald dort aufflackernden »Studentenunruhen« — innerhalb der Bundesrepublik und außerhalb — erscheinen wie ein Symptom für die konstitutionelle Disharmonie, in die der Zustand der Studenten den Menschen zwischen Schule und Beruf hineinwirft.

Schon vor dieser kurz vor Weihnachten 45 gehaltenen Immatrikulationsrede hatte die gelinde Entrüstung zu verschwinden begonnen, die meine auf Grund des Besatzungsrechtes erzeugte Rektorwürde bei manchen meiner Kollegen bewirkt hatte. Selbst die finstere Drohung, man werde mich niemals mit der üblichen Anrede »Magnifizenz« beehren, habe ich — außer natürlich bei meinen persönlichen Freunden — nicht in Ausübung beobachten können. Natürlich wäre ohne die tatbereite Mithilfe der Kollegen die für die Wieder-in-Gang-Setzung der Universität notwendige Vorarbeit nicht zu leisten gewesen. Bis zum Tage meiner Ernennung zum Rektor hatte die rigorose Entfernung aller parteiangehörigen Beamten und Angestellten aus ihren Ämtern und Stellen sowohl das Rektorat wie das Kuratorium nahezu funktionsunfähig gemacht. Ich stand genau genommen mit dem parteilos gebliebenen Oberinspektor *Gatzert,* dem Vorsteher der Rektoratskanzlei, allein auf weiter Flur. In dieser Lage beschloß der Planungsausschuß den parteilosen und folglich im Amt gebliebenen Professor für Rechtsgeschichte *Hermann Conrad* um die Übernahme der Geschäfte des Kurators zu bitten. Dieser stellte sich bereitwillig zur Verfügung, und ermöglichte dadurch einen wenigstens provisorischen Wiederaufbau des verwaltungstechnisch unentbehrlichen Kuratoriums.

Mit Hilfe dieses sich langsam ergänzenden und konsolidierenden Provisoriums habe ich die meinem Rektorate noch verbleibenden ersten neun Monate des Jahres 46 hindurch sowohl die laufenden Geschäfte erledigen als auch die durch

den Umschwung der Dinge geforderten Maßnahmen treffen
können. Die eine von diesen letzteren war die Einrichtung der
Vorsemester, die sich mit Rücksicht auf die vielen während des
Krieges vor Ablegung der Reifeprüfung zur Wehrmacht einberufenen Primaner der Höheren Schulen oder auch für heim-
kehrende »Vollabiturienten mit mehr als einjährigem Abstand
vom Abitur« als notwendig erwies. In diesen Kursen wurde
für alle Teilnehmer philosophische Propädeutik, Latein,
Deutsch und Englisch gelehrt. Sie dauerten vom 20. Oktober
45 bis zum 20. März 46.

Das zweite aus dem Umschwung hervorgegangene Unternehmen waren die »Marburger Hochschulgespräche«, die vom
12. – 15. Juni 1946 in der Universität stattfanden. Ihr Initiator
war unser Universitätsoffizier *Dr. E. Y. Hartshorne*, der zehn
Jahre zuvor in Berlin studiert und damals einen Bericht über
die deutschen Universitäten und den Nationalsozialismus verfaßt hatte. Die Beteiligung an den Gesprächen war befriedi-
gend genug: 61 Hochschullehrer waren der Einladung der
Militärregierung gefolgt – darunter 16 Ausländer (8 Schweizer,
2 Italiener, 4 Nordamerikaner). So verständlich indessen das
Interesse, um nicht zu sagen die Neugierde der Amerikaner,
bzw. der Besatzungsmächte sein mochte zu hören, wie die
deutschen Professoren sich wohl äußern würden, wenn man
sie mit Bezug auf ihre künftige Lehrtätigkeit befragte, so
offenkundig war es doch, daß diese garnichts *Allgemeingültiges*
darüber sagen konnten, als daß sie ihrem Untericht die größt-
mögliche Zweckmäßigkeit geben würden mit Bezug auf die
Verständlichkeit, Übersichtlichkeit und Einprägsamkeit der
den Gegenstand dieses Unterichts bildenden wissenschaftlichen
Lehren.

Auch der »Internationale Ferienkurs«, zu dem wir im Herbst
46 durch Vermittlung der Besatzungsbehörde amerikanische
und englische, französische und italienische Kollegen einluden,
fanden damals ein starkes Echo. Die Ausländer kamen als
Lehrer, um in ihrer Sprache Vorlesungen und Übungen über
eben diese Sprache, über ihr Land und dessen Kultur und
jüngste Geschichte vor unsern deutschen Studenten abzuhalten.

Man sieht, das Ziel war, die deutsche studentische Jugend von den isolierenden Ketten, mit denen der Nationalsozialismus sie gefesselt hatte, zu befreien — und *nicht* der Wunsch normaler Zeiten, ausländischen Studenten mannigfacher Nationalität Gelegenheit zu geben, Bekanntschaft mit der deutschen Sprache und Kultur zu machen.

Bei dieser Gelegenheit waren die beiden italienischen Delegierten, Prof. *Castelli* und Prof. *Grassi*, mit einer Initiative des italienischen Unterichtsministers *Marazza* hervorgetreten, die auf eine Erneuerung der durch den Krieg gestörten internationalen Beziehungen zwischen den Philosophen zielte. Des näheren teilten sie mit, daß das Istituto di Studi filosofici mit Sitz in Rom, dessen Direktor Herr *Castelli* war, die Absicht habe, Ende September einen Philosophenkongreß in Mailand abzuhalten, und zwar mit den Themen: Historischer Materialismus — Existenzialismus — Wissenschaftslehre und Sprachanalyse. Die Themen reflektierten in etwa das, wovon damals unter Philosophen die Rede war, ohne freilich zu verraten, durch welche Idee sie zur Einheit möglicher Bestimmung von Gegenständen verbunden sein könnten.

In der Tat erhielt ich — wenn auch erst für November — zusammen mit den Professoren *Hallstein*, *Hartner* und *Deichmann* eine Einladung zu einem internationalen Kongreß, zwar nicht nach Mailand, wohl aber nach Rom. Die Eröffnung des Kongresses fand statt am Freitag den 15. November in dem prachtvollen Sitzungssaal des Senats der italienischen Republik im Palazzo Madama, in dessen Räumen sich überhaupt der ganze Kongreß unter Assistenz einer auf vollendete Höflichkeit getrimmten Dienerschaft abwickelte. Die drei Generalthemen wurden zunächst in je einer Plenarsitzung behandelt. Ab Montag den 18. November teilte sich der Kongreß bis zur Schlußsitzung den drei Hauptthemen gemäß in drei nebeneinander laufende Sektionen. Die Verhandlungsleitung in der ersten dieser Sektionen (Historischer Materialismus) war mir in Gemeinschaft mit Prof. *Carabellese*, Florenz, übertragen worden — auch dies ein Zeichen des Willens der Kongreßleitung, die deutschen Vertreter auf gleichem Fuße mit denen der anderen größeren Nationen zu behandeln.

In den letzten Tagen der damaligen Reise, die ich — schon umwittert von den Nebeln des Nordens — bei einem altertumskundigen Freunde in Basel im Gedanken an die römische Sonne verbrachte, fiel mir die Germania des Tacitus in die Hand. Im 2. Kapitel las ich dort: »Quis Asia aut Africa aut Italia relicta Germaniam peteret, informem terris, asperam caelo, tristem cultu adspectuque, nisi patria sit? (Wer wird Asien oder Afrika oder Italien verlassen und sich nach Deutschland wenden, wo das Land ungefüge, der Himmel rauh, der Boden schwer kultivierbar und die Ausblicke wenig erheiternd sind, wenn es nicht sein Vaterland ist?)« Zugegeben, daß dies das Urteil eines Mannes ist, der Deutschland nie gesehen hat. Aber wer will es einem im Jahre 1946 aus Italien heimkehrenden Deutschen verdanken, daß ihn ähnliche Stimmungen heimsuchten, *obwohl* Deutschland sein Vaterland war?

Ergebnis

Indessen ist es Zeit, die Frage zu stellen: wie stand es nun um die Philosophie selbst, nachdem die politische Tyrannei des Nationalsozialismus von ihr genommen war. Phänomenologie, Existenzialismus, Neukantianismus, zu schweigen vom Thomismus, kämpften um die Wette. Der letztere scheidet aus, da die Waffen zwischen ihm und seinen Gegnern zu ungleich sind. Der Neukantianismus in der von *Cohen* und *Natorp* dargebotenen Form der sogenannten Marburger Schule scheidet ebenfalls aus: der kantische Kritizismus stellt keine »Theorie der Erfahrung« dar, sondern die Möglichkeit der Erfahrung ist das, was nach *Kant* den Gegenstand möglicher Erkenntnis apriori bildet. (S. o. S. 27) Die Phänomenologie *Husserls* propagiert einen Intuitionismus, der in klarem Widerspruch zur Möglichkeit intellektueller Erkenntnis steht. Existenzialismus scheitert an dem Problem der Legitimation des Gedankens eines vom Denken unabhängigen Gedachten.

So bleibt die Lehre der Kritik der reinen Vernunft von *Kant* mit ihren auf die Bedingungen möglicher Erfahrung beschränkten Kategorien und ihren theoretischen und praktischen Ideen ein unangefochtenes Fundament der menschlichen Erkenntnis.

Vom Autor getroffene Auswahl seiner Veröffentlichungen

Relativer und absoluter Idealismus. Leipzig: Veit & Co., 1910.
Kants Lehre vom ewigen Frieden und die Kriegsschuldfrage (Philosophie u. Geschichte, Heft 23). Tübingen: Mohr, 1929.
Zu Deutschlands Schicksalswende. 2., vermehrte Aufl. Frankfurt: Klostermann, 1947.

Kantinterpretation und Kantkritik. Deutsche Vierteljahresschrift für Literaturwissenschaft und Geistesgeschichte, Bd. II, H. 1, 1924.
Über die Beschränkung unserer Erkenntnis auf die Attribute des Denkens und der Ausdehnung bei Spinoza. Den Haag: Nijhoff, 1933.
Über den Grund der Notwendigkeit der Ehe. Blätter f. deutsche Phil. Bd. X, H. 1—3, 1936.
Schulphilosophie und Menschenbildung im 19. Jahrhundert. 1943. Neudruck: Archiv f. Phil., Bd. III, H. 2, 1949.
Über die Idee der Toleranz. Eine staatsrechtliche und religionsphilosophische Untersuchung. Archiv für Philos., Bd. IV, H. 1, 1950.
Positivismus — Recht der Menschheit — Naturrecht — Staatsbürgerrecht. Archiv f. Phil., Bd. IV, H. 3, 1952.
Magdalena Aebi und Immanuel Kant. Archiv f. Phil. Bd. V, H. 1, 1954.
Kant und das 20. Jahrhundert. Studium generale, VII. Jahrg., H. 9, 1954.
Das Problem der Todesstrafe. Studium generale, VIII. Jahrg., H. 10, 1955.
Die Atombombe und die Zukunft des Menschen. Studium generale, X. Jahrg., H. 3, 1957.
Die Verantwortung der Physiker und die atomaren Waffen. Studium generale, X. Jahrg., H. 7, 1957.
Die Idee des Rechts. Zeitschr. f. philos. Forschung, Bd. XII, H. 1.
Die Formeln des kategorischen Imperativs und die Ableitung bestimmter Pflichten. Filosofia, Anno X, Suppl. al fascicolo IV, 1959; und Studi e ricerche di Storia della Filosofia, H. XXXII.
Das Kantische System der Rechte des Menschen und Bürgers in seiner geschichtlichen und aktuellen Bedeutung. Archiv f. Rechts- und Sozialphilosophie, Bd. 50, H. 1, 1964.
Streifzug durch die Existenzialphilosophie. Hamburger Akad. Rundschau, Bd. 3, H. 1, 1948.

Mensch und Ratio im Europa der Neuzeit. Europa. Frankfurt: Kerber, 1957.

John Locke: Brief über Toleranz, englisch-deutsch. Übersetzt, eingeleitet und in Anmerkungen erläutert von J. Ebbinghaus. 2., verbesserte Aufl. Hamburg: Meiner, 1966.

Wozu Rechtsphilosophie? Ein Fall ihrer Anwendung. (Demonstrationsrecht). Berlin/New York: De Gruyter, 1972.

Hans-Georg Gadamer   * 11. 2. 1900

Als ich im Jahre 1918 mit dem Reifezeugnis das Gymnasium zum Heiligen Geist in Breslau verließ und, noch im letzten Jahre des Ersten Weltkrieges, mich an der Breslauer Universität umzusehen begann, war es keineswegs entschieden, daß ich im akademischen Fach der Philosophie meinen Weg gehen würde.

Mein Vater war Naturforscher und allem Bücherwissen abhold, obwohl er seinen *Horaz* trefflich gelernt hatte. Er hatte daher während meiner Kindheit auf mannigfache Weise versucht, mich für die Naturwissenschaften zu interessieren, und war über seinen Mißerfolg recht enttäuscht. Denn daß ich es mit den ‚Schwätzprofessoren‘ halten würde, war vom Beginn meines Studiums an klar. Er ließ mich zwar gewähren, aber war zeit seines Lebens recht unzufrieden mit mir.

Studium damals war wie der Beginn einer langen Odyssee. Vieles zog einen an, von vielem kostete man etwas, und wenn am Ende nicht meine literaturwissenschaftlichen, historischen und kunstgeschichtlichen Neigungen die Oberhand behielten, sondern das philosophische Interesse, so war das weniger eine Abkehr von dem einen und eine Hinwendung zu dem anderen, als der Weg eines langsamen Eindringens in disziplinierte Arbeit überhaupt. In der Verwirrung, die der Erste Weltkrieg und sein Ende über die deutsche Szene gebracht hatte, war die fraglose Einformung in eine fortbestehende Tradition nicht mehr möglich. So wurde allein schon die Ratlosigkeit ein Antrieb zu philosophischem Fragen.

Auch im Bereich der Philosophie war freilich ein bloßes Fortsetzen dessen, was die ältere Generation geschaffen hatte, für uns Jüngere nicht mehr angängig. Der Neukantianismus, der bis dahin eine echte, wenn auch umstrittene Weltgeltung besaß, war in den Materialschlachten des Stellungskrieges ebenso zugrunde gegangen wie das stolze Kulturbewußtsein des liberalen Zeitalters und sein auf Wissenschaft gegründeter

Fortschrittsglaube. Wir, die wir damals jung waren, suchten eine neue Orientierung in einer desorientierten Welt. Dabei waren wir praktisch auf die innerdeutsche Szene beschränkt, in der Verbitterung und Neuerungssucht, Armut und Hoffnungslosigkeit und der ungebrochene Lebenswille der Jugend miteinander im Streite lagen. Ihr kultureller Ausdruck war eindeutig. Der Expressionismus in Leben und Kunst wurde die beherrschende Macht. Während die Naturwissenschaften ihren Aufschwung fortsetzten, der insbesondere in der Gestalt der Einsteinschen Relativitätstheorie von sich reden machte, war es in den weltanschaulich bedingten Gebieten des Schrifttums und der Wissenschaft eine wahre Katastrophenstimmung, die um sich griff und den Bruch mit den alten Traditionen betrieb. Der Zusammenbruch des deutschen Idealismus (so hieß ein damals oft zitiertes Buch von *Paul Ernst*) war nur die eine, die akademische Seite des neuen Zeitgefühls. Die andere weit umfassendere fand ihren Ausdruck in dem sensationellen Erfolg von *Oswald Spenglers* »Untergang des Abendlandes«, dieser Romanze aus Wissenschaft und welthistorischer Phantasie, »bewundert viel und viel gescholten« — und am Ende ebensosehr der Niederschlag einer welthistorischen Stimmung wie ein eigener Antrieb zur Infragestellung des neuzeitlichen Fortschrittsglaubens und seiner stolzen Leistungsideale. In dieser Lage tat auf mich eine ganz zweitrangige Schrift eine geradezu revolutionäre Wirkung. Es war das Buch von *Theodor Lessing* (der in späterer, noch mehr verwirrter Zeit einem Attentat von nationalistischer Seite zum Opfer fallen sollte) »Europa und Asien«, das das gesamte europäische Leistungsdenken von der Weisheit des Ostens her in Frage stellte. Erstmals relativierte sich mir damals der allumfassende Horizont, in den ich durch Herkunft, Erziehung, Schule und mich umgebende Welt hineingewachsen war. So etwas wie Denken begann. Bedeutende Schriftsteller stellten eine gewisse erste Anleitung dar. Ich erinnere mich des gewaltigen Eindrucks, den *Thomas Manns* »Betrachtungen eines Unpolitischen« schon auf den Primaner gemacht hatten. Die schwärmerische Entgegensetzung von Kunst und Leben, die aus Tonio Kröger sprach, rührte mich an und der schwermütige Klang in *Hermann Hesses* frühen Romanen bezauberte mich.

Eine erste Einführung in die Kunst des begrifflichen Denkens empfing ich von *Richard Hönigswald,* dessen wohlziselierte Dialektik mit Eleganz, wenn auch nicht ohne eine gewisse Eintönigkeit, die transzendental-idealistische Position des Neukantianismus gegen allen Psychologismus verteidigte. Seine Vorlesung über »Grundfragen der Erkenntnistheorie« stenographierte ich mit und übertrug sie dann: die beiden Hefte überließ ich inzwischen dem von *Hans Wagner* ins Leben gerufenen *Hönigswald*-Archiv. Sie waren eine gute Einführung in die Transzendentalphilosophie. So kam ich schon mit einer gewissen Vorbereitung im Jahre 1919 nach Marburg.

Dort sah ich mich bald mit neuen Studienerfahrungen konfrontiert. Denn anders als die Universitäten in den Großstädten führten die ‚kleinen‘ Universitäten damals noch ein wirkliches akademisches Leben, ein ‚Leben in Ideen‘ in *Humboldts* Sinne, und in der philosophischen Fakultät gab es überall, in jedem Fach, bei jedem Professor, einen ‚Kreis‘, so daß man in vielseitige Interessen hineingezogen wurde. Damals begann in Marburg die Kritik an der historischen Theologie, die im Anschluß an *Barths* Römerbrief-Kommentar durch die sogenannte dialektische Theologie vorgetragen wurde. Damals wurde mehr und mehr unter den jungen Leuten am Methodologismus der neukantianischen Schulen Kritik geübt und demgegenüber *Husserls* phänomenologische Deskriptionskunst gepriesen. Vor allem aber durchdrang die Lebensphilosophie, hinter der das europäische Ereignis *Friedrich Nietzsche* stand, unser ganzes Weltgefühl, und in Verbindung damit beschäftigte das Problem des historischen Relativismus, wie es von *Wilhelm Dilthey* und *Ernst Troeltsch* diskutiert wurde, die jungen Gemüter.

Dazu kam im besonderen, daß damals der Kreis um den Dichter *Stefan George* in die akademische Welt einzudringen begann. Es waren vor allem die höchst wirksamen und faszinierenden Bücher *Friedrich Gundolfs,* die eine neue kunstvolle Sinnlichkeit in den wissenschaftlichen Umgang mit Dichtung brachten. Überhaupt war alles, was aus diesem Kreise kam, *Gundolfs* Bücher so gut wie das *Nietzsche*-Buch von *Ernst Bertram, Wolters'* pamphletkundige Rhetorik, *Salins* kristallinische Feinheit und mit besonderer Ausdrücklichkeit der deklamatorische Angriff *Erich von Kahlers* auf *Max Webers* berühmte Rede über »Wissenschaft als Beruf«, eine einzige große Provokation. Es waren Stimmen einer entschlossenen Kulturkritik. Aber anders als ähnliche Klänge von anderen Seiten, die angesichts der typischen Unbefriedigung studentischer Anfänger, wie ich einer war, ein gewisses Gehör fanden, hatte man hier das Gefühl, daß etwas daran war. Eine Macht stand hinter den oft monotonen Deklamationen. Daß ein Dichter wie *George* mit dem magischen Klang seiner Verse und der Wucht seiner Person eine so gewaltige Formungswirkung auf Menschen ausübte, blieb dem nachdenklichen Gemüt eine bleibende Frage und stellte für das Begriffsspiel des philosophischen Studiums ein nie ganz vergessenes Korrektiv dar.

Überhaupt konnte ich mich dem nicht verschließen, daß die Erfahrung der Kunst die Philosophie etwas angeht. Daß die Kunst das wahre Organon der Philosophie sei, wenn nicht gar ihr überlegener Widerpart, das war eine Wahrheit, die der Philosophie der deutschen Romantik bis ans Ende der idealistischen Ära ihre umfassende Aufgabe gestellt hatte. Die Universitätsphilosophie der nachhegelschen Epoche hatte die Verkennung dieser Wahrheit mit ihrer eigenen Verödung zu bezahlen. Das galt und gilt für den Neukantianismus so gut wie für den neuen Positivismus bis heute. Diese Wahrheit wiederzugewinnen, wies uns unser geschichtliches Erbe an.

Gewiß war es keine befriedigende Auskunft, sich gegen die Zweifel des historischen Relativismus, die den begrifflichen Wahrheitsanspruch der Philosophie grundsätzlich in Frage stellten, auf die Wahrheit der Kunst zu berufen. Dies Zeugnis ist einerseits zu stark. Denn niemand wird den Fortschrittsglauben der Wissenschaft überhaupt je auf die Gipfel der Kunst ausdehnen wollen und etwa in *Shakespeare* einen Fortschritt über *Sophokles* oder in *Michelangelo* einen Fortschritt über *Phidias* sehen. Andererseits ist das Zeugnis der Kunst aber auch zu schwach, sofern das Kunstwerk die Wahrheit, die es verkörpert, dem Begriff vorenthält. In jedem Falle war die Bildungsgestalt des ästhetischen Bewußtseins ebensosehr im Verblassen wie die des historischen Bewußtseins und seines Denkens in ‚Weltanschauungen'. Das hieß aber nicht, daß die Kunst, auch nicht, daß die Begegnung mit geschichtlichen Denktraditionen ihre Faszination verlor. Im Gegenteil, die Aussage der Kunst wie die der großen Philosophen erhob nun erst recht einen verwirrenden, unabweisbaren Anspruch auf Wahrheit, der sich durch keine ‚Problemgeschichte' neutralisieren und unter die Gesetze strenger Wissenschaftlichkeit und methodischen Fortschritts beugen ließ. Unter dem Einfluß einer neuen *Kierkegaard*-Rezeption nannte sich das damals in Deutschland ‚existenziell'. Es ging um Wahrheit, die nicht so sehr in allgemeinen Aussagen oder Erkenntnissen als in der Unmittelbarkeit des eigenen Erlebens und in der Unvertretbarkeit der eigenen Existenz ihren Ausweis haben sollte. *Dostojewskij* vor allem schien uns davon zu wissen. Die roten Piper-Bände der Dostojewskijschen Romane flammten auf jedem Schreibtisch. Die Briefe *van Goghs, Kierkegaards* ‚Entweder-oder', das er *Hegel* entgegenhielt, zogen uns an, und hinter all den Kühnheiten und Gewagtheiten unseres existenziellen Engagements stand — eine noch kaum sichtbare Bedrohung des romantischen Traditionalismus unserer Bildungskultur — die Riesengestalt *Friedrich Nietzsches* mit seiner ekstatischen Kritik an allen, aber auch an allen Illusionen des Selbstbewußtseins. Wo war der Denker, dessen philosophische Kraft diesen Anstößen gewachsen war?

Auch in der Marburger Schule brach sich das neue Zeitgefühl Bahn. Der musische Enthusiasmus, mit dem der scharfe Methodologe der Marburger Schule, *Paul Natorp,* auf seine alten Tage in die mystische Unsagbarkeit des Urkonkreten eindringen suchte und außer *Platon* und *Dostojewskij, Beethoven* und *Rabindranath Tagore*, die mystische Tradition von *Plotin* und *Meister Eckart* — bis zu den Quäkern — beschwor, hinterließ seine Eindrücke, und nicht minder die wilde Dämonie, mit der *Max Scheler* — als Vortragsgast in Marburg — seine durchdringende phänomenologische Begabung demonstrierte, die er auf immer neuen, unerwarteten Feldern bewies. Dazu kam der kühle Scharfsinn, mit dem *Nicolai Hartmann* seine eigene idealistische Vergangenheit durch kritische Argumentation abzustreifen suchte, ein Denker und Lehrer von imponierender Beharrlichkeit. Als ich meine *Plato*-Dissertation schrieb und 1922 promoviert wurde, viel zu jung, stand ich vorwiegend unter dem Einfluß *Nicolai Hartmanns,* der zu *Natorps* Systematik idealistischen Stils in Opposition getreten war. Was in uns lebte, war die Erwartung einer philosophischen Neuorientierung, die sich insbesondere an das dunkle Zauberwort ‚Phänomenologie' knüpfte. Aber nachdem selbst *Husserl,* der mit all seinem analytischen Genie und seiner unermüdlichen deskriptiven Geduld stets auf letzte Evidenz drang, keine bessere philosophische Anlehnung gefunden hatte als die beim transzendentalen Idealismus neukantischer Prägung — von woher sollte Denkhilfe kommen? *Heidegger* brachte sie. Andere begriffen von ihm aus, was *Marx,* andere, was *Freud,* wir alle am Ende, was *Nietzsche* war. Mir selbst ging an *Heidegger* auf, daß wir jetzt erst das Philosophieren der *Griechen* ‚wiederholen' konnten, jetzt, nachdem die von *Hegel* geschriebene, von der Problemgeschichte des Neukantianismus ausgeschriebene Geschichte der Philosophie ihr fundamentum inconcussum, das Selbstbewußtsein, eingebüßt hatte.

Von nun hatte ich eine Ahnung von dem, was ich wollte — freilich ging es nicht um einen neuen, allumfassenden Systemgedanken. *Kierkegaards Hegel*-Kritik war nicht vergessen. Einen ersten Niederschlag fand die neue Reduktion der Philosophie auf tragende Grunderfahrungen der menschlichen Existenz, die es mir jenseits allen Historismus aufzuklären galt, in meinem Aufsatz in der Festschrift zu *Paul Natorps* 70. Geburtstag ‚Zur Systemidee in der Philosophie' (1924). Eine Art Dokument meiner Unreife, war es auch ein Zeugnis meines neuen Engagements und der Inspiration, die mir an *Heidegger* geworden war. Gelegentlich hat man diesen Aufsatz als eine Antizipation der Heideggerschen Wendung gegen den transzendentalen Idealismus gedeutet — im historischen Sinne ganz zu unrecht. Das Körnchen Wahrheit darin war höchstens, daß die paar Monate, die ich im Sommer 1923 in Freiburg bei Heidegger gewesen war, kaum zu solcher ‚Inspiration' geführt hätten, wenn nicht schon allerhand dafür bereitlag. Jedenfalls war es die Anlehnung an *Heidegger,* die mir gegenüber den Marburger Lehrern, *Natorps* umfassenden Systemkonstruktionen und dem naiven Objektivismus der Hartmannschen Kategorialforschung, Abstand zu gewinnen erlaubte. Aber der Aufsatz war recht vorlautes Zeug.

Ich habe erst, als ich mehr wußte, schweigen gelernt. Bei meiner Habilitation 1928 hatte ich außer dem genannten Aufsatz nur noch einen ebenso vorlauten Logos-Aufsatz von 1923 über *Hartmanns* ‚Metaphysik der Erkenntnis' als philosophische Publikation vorzulegen. Allerdings hatte ich inzwischen klassische Philologie studiert, und meine Aufnahmearbeit in das philologische Seminar *Paul Friedländers* ‚Der Aristotelische Protreptikos und die entwicklungsgeschichtliche Betrachtung der Aristotelischen Ethik' habe ich später zu einem Aufsatz ausgebaut, den *Richard Heinze* für den ‚Hermes' angenommen hatte — eine *Jaeger*-Kritik, deren später Erfolg mir schließlich im Kreise der Philologen Anerkennung verschaffte — und das, obwohl ich mich als Schüler *Heideggers* bekannte.

Was war es, was mich und andere an *Heidegger* so anzog? Natürlich wußte ich das damals nicht zu sagen. Heute stellt es sich mir so dar: Hier wurden die Gedankenbildungen der philosophischen Tradition lebendig, weil sie als Antworten auf wirkliche Fragen verstanden wurden. Die Aufdeckung ihrer Motivationsgeschichte verlieh diesen Fragen etwas Unausweichliches. Verstandene Fragen können nicht einfach zur Kenntnis genommen werden. Sie werden zu eigenen Fragen.

Es war zwar auch der Anspruch der neukantianischen Problemgeschichte gewesen, in den Problemen die eigenen Fragen wiederzuerkennen. Aber der Anspruch dieser überzeitlichen, ‚ewigen' Probleme, sich in immer neuen systematischen Zusammenhängen zu wiederholen, war unausgewiesen, und in Wahrheit waren diese ‚identischen' Probleme mit voller Naivität aus dem Baumaterial der idealistischen und neukantianischen Philosophie entwendet. Gegen solche angebliche Überzeitlichkeit war der Einwand der historisch-relativistischen Skepsis überzeugend und ließ sich nicht abwehren. Erst als ich an *Heidegger* lernte, das historische Denken in die Wiedergewinnung der Fragestellungen der Tradition einzubringen, machte das die alten Fragen so verständlich und lebendig, daß sie zu den eigenen wurden. Was ich damit beschreibe, ist die hermeneutische Grunderfahrung, wie ich das heute nennen würde.

Vor allem schlug uns die Intensität in ihren Bann, mit der *Heidegger* die griechische Philosophie beschwor. Daß sie mehr ein Gegenbild als ein Vorbild seines eigenen Fragens sein sollte, wurde uns kaum bewußt. *Heideggers* Destruktion der Metaphysik galt jedoch nicht nur dem Bewußtseinsidealismus der Neuzeit, sondern ebenso seinen Ursprüngen in der griechischen Metaphysik. Seine radikale Kritik stellte die Christlichkeit der Theologie wie die Wissenschaftlichkeit der Philosophie in Frage. Gegenüber der Blutlosigkeit akademischen Philosophierens, das sich in einer entfremdeten kantischen oder hegelschen Sprache bewegte und immer aufs neue den transzendentalen Idealismus zu vollenden oder zu überwinden strebte, erschienen *Plato* und *Aristoteles* mit einem Male als Eideshelfer des Philosophierens für jeden, dem die Systemspiele der akademischen Philosophie unglaubwürdig geworden waren — unglaubwürdig auch in der Form jenes offenen Systems der Probleme, Kategorien, Werte, auf das hin phänomenologische Wesensforschung oder problemgeschichtlich begründete Kategorialanalyse sich verstanden. An den Griechen ließ es sich lernen, daß das Denken der Philosophie nicht dem systematischen Leitgedanken einer Letztbegründung in einem obersten Grundsatz folgen muß, um Rechenschaft geben zu können, sondern immer schon unter einer Leitung steht: es hat im Weiterdenken ursprünglicher Welterfahrung die Begriffs- und Anschauungskraft der Sprache, in der wir leben, zu Ende zu denken. Das zu lehren, schien mir das Geheimnis des platonischen Dialogs.

Unter den deutschen Platoforschern war es damals vor allem *Julius Stenzel*, dessen Arbeiten in ähnliche Richtung wiesen, zumal, da er angesichts der Aporien des Selbstbewußtseins, in das sich der Idealismus und seine Kritiker in gleicher Weise verstrickt sahen, an den Griechen die ‚Abdämpfung der Subjektivität‘ beobachtete. Mir erschien dies gleichfalls, und selbst schon, bevor *Heidegger* mich zu belehren begann, als die rätselhafte Überlegenheit der Griechen, daß sie aus selbstvergessener Hingabe an das Denken sich der Bewegung des Gedankens in maßloser Unschuld überließen.

Schon früh hatte ich — aus dem gleichen Grunde — an *Hegel* Interesse gefaßt, soweit ich ihn verstand, und gerade weil ich ihn nur so weit verstand. Vor allem seine ‚Logik‘ hatte für mich wirklich etwas von griechischer Unschuld, und bot mir — ineins mit den genialen, nur leider miserabel edierten Vorlesungen zur Geschichte der Philosophie — die Brücke zu einem nichthistoristischen, sondern wahrhaft spekulativen Verständnis des platonischen und aristotelischen Denkens.

Das Wichtigste aber lernte ich von *Heidegger*. Da war vor allem das erste Seminar, an dem ich teilnahm. 1923, noch in Freiburg, über das sechste Buch der Nikomachischen Ethik. Damals wurde für mich die Phronesis, die Arete der ‚praktischen Vernunft‘, eines ἄλλο εἶδος γνώσεως, einer ‚anderen Art von Einsicht‘, ein wahres Zauberwort. Zwar forderte es einen unmittelbar heraus, als *Heidegger* eines Tages die Abgrenzung von Techne und Phronesis analysierte und bei dem Satz: φρονήσεως δὲ οὐκ ἔστι λήθη (In der Vernünftigkeit gibt es keine Vergeßlichkeit) erklärte: »Das ist das Gewissen.« Aber diese pädagogisch spontane Übertreibung visierte den entscheidenden Punkt an, von dem aus auch *Heidegger* selber später in ‚Sein und Zeit‘ die neue Stellung der Seinsfrage vorbereitet hat. Man denke an Wendungen wie ‚Gewissen-Habenwollen‘.

Mir war damals keineswegs klar, daß man *Heideggers* Bemerkung noch in ganz anderer Weise verstehen konnte, nämlich im Sinne einer geheimen Kritik an den Griechen. Dann hieß dieses Wort: Nur als eine von keinem Vergessen bedrohte Wissens-Gewißheit vermochte das griechische Denken das ursprünglich menschliche Phänomen des Gewissens zu denken. — Mir war durch *Heideggers* provokative Bemerkung jedenfalls ein Weg gezeigt worden, fremde Fragen zu eigenen werden zu lassen und sich zugleich die Vorgreiflichkeit von Begriffen bewußt zu machen.

Der zweite wesentliche Punkt der Belehrung war, daß *Heidegger* mir bei *Aristoteles* (in einigen privaten Zusammenkünften) am Text demonstrierte, wie haltlos der angebliche ‚Realismus' des *Aristoteles* war und daß *Aristoteles* auf dem gleichen Boden des Logos stand, den *Plato* mit seiner Sokratesnachfolge bereitet hatte. Jahre später hat uns *Heidegger* — im Anschluß an ein von mir gehaltenes Seminar-Referat — auseinandergesetzt, daß dieser *Plato* und *Aristoteles* gemeinsame neue Boden des dialektischen Philosophierens nicht nur die Kategorienlehre des *Aristoteles* trägt, sondern auch seine Begriffe von Dynamis und Energeia aufzuschlüsseln vermöge (was *Walter Bröcker* in seinem *Aristoteles*-Buch später durchgeführt hat).

So sah meine erste praktische Einführung in die Universalität der Hermeneutik aus.

Daß es das war, wurde mir freilich nicht sogleich klar. Erst langsam wuchs die Einsicht, daß der uns auf den Leib gerückte *Aristoteles,* dessen begriffliche Präzision auf ungeahnte Weise mit Anschauung, Erfahrung, Wirklichkeitsnähe bis an den Rand gefüllt war, nicht einfach das neue Denken selber aussprach. *Heidegger* folgte vielmehr dem Prinzip des Platonischen *Sophistes,* den Gegner stärker zu machen, so gut, daß er uns fast wie ein *Aristoteles redivivus* erschien, der durch Kraft der Anschauung und Kühnheit eigener originaler Begriffsbildung alles in seinen Bann schlug. Immerhin war diese Identifikation, zu der Heideggers Interpretationen uns verführten, für mich eine gewaltige Herausforderung. Ich wurde dessen inne, daß meine bisherigen Studien, die mich durch viele Gebiete, insbesondere Literaturwissenschaft und Kunstgeschichte, geführt hatten, selbst auf dem Felde der antiken Philosophie nichts taugten, auf dem ich meine Dissertation geschrieben hatte. So begann ich ein neues planmäßiges Studium der klassischen Philologie (unter der Leitung *Paul Friedländers*), bei dem mich neben den griechischen Philosophen vor allem der durch den damals neu zugänglich gewordenen *Hölderlin* angestrahlte *Pindar* anzog — und die Rhetorik, deren zur Philosophie komplementäre Funktion mir damals aufging und die mich bis in die Ausarbeitung meiner philosophischen Hermeneutik begleitet hat. Alles in allem verdanke ich diesen Studien, daß ich mir die kraftvolle Identifikation, zu der einen *Heideggers* Denken einlud, meinerseits immer schwerer machte. Im Innewerden der Andersheit der Griechen gleichwohl zu ihnen zu stehen, in ihrem Anderssein Wahrheiten zu entdecken, die vielleicht verschüttet, vielleicht aber heute noch in unbewältigter Weise wirksam waren, wurde das mir mehr oder minder bewußte Leitmotiv aller meiner Studien. Denn in *Heideggers* Deutung der Griechen lag ein Problem, das mich insbesondere nach ‚Sein und Zeit‘ nicht mehr losließ. Gewiß war es für *Heideggers* Absicht damals möglich, dem existenzialen Begriff von ‚Dasein‘ die pure Vorhandenheit als Gegenbegriff und äußerstes Derivat zuzuordnen, ohne zwischen dem griechischen Seinsverständnis und dem ‚Gegenstand der naturwissenschaftlichen Begriffsbildung‘ zu differenzieren. Aber auch darin lag eine Provokation, und ich folgte ihr so weit, daß ich mich auf *Heideggers* Anregung hin in die Aristotelische Physik und die Entstehung der modernen Wissenschaft, vor allem in *Galilei*, vertiefte. Teile eines unvollendeten Physik-Kommentars werden vielleicht noch einmal publiziert werden.

Die hermeneutische Situation, von der ich ausging, war durch das Scheitern des idealistisch-romantischen Restaurationsversuchs gegeben. Der Anspruch, in die Einheit der philosophischen Wissenschaften auch die empirischen Wissenschaften der Neuzeit zu integrieren, der in dem Begriff einer ‚spekulativen Physik‘ (im Titel einer Zeitschrift!) seinen Ausdruck fand, war unerfüllbar.

Es konnte nicht um eine Wiederholung dieses Versuchs gehen. Aber die Gründe dieser Unmöglichkeit klarer zu erkennen, mußte sowohl dem Wissenschaftsverständnis der Neuzeit ein schärferes Profil geben als auch dem griechischen Begriff von ‚Wissenschaft‘, den der deutsche Idealismus noch einmal zu erneuern unternommen hatte. Daß *Kants* ‚Kritik der Urteilskraft‘, insbesondere die der ‚teleologischen Urteilskraft‘, in diesem Problemzusammenhang bedeutsam wurde, versteht sich von selbst, und manche meiner Schüler haben später von da aus weitergearbeitet.

Für die griechische Wissenschaftsgeschichte gilt ja offenbar anderes als für die Geschichte der modernen Wissenschaft. Damals ist in platonischer Zeit der Versuch gelungen, den Weg der Aufklärung, der Forschung und der Welterklärung in die Traditionswelt griechischer Religion und griechischer Lebensanschauung zurückzubinden. *Plato* und *Aristoteles*, und nicht *Demokrit*, haben die Wissenschaftsgeschichte des späteren Altertums beherrscht, und diese war keineswegs die Geschichte eines wissenschaftlichen Niedergangs. Die hellenistische Fachwissenschaft, wie man das heute nennt, hat sich nicht gegen die ‚Philosophie‘ und ihre Voreingenommenheit wehren müssen, sondern hat eben durch die griechische Philosophie, durch den ‚Timaios‘ und die Aristotelische Physik, ihre Freigabe erfahren, wie ich kürzlich in einer Arbeit unter dem Titel ‚Gibt es die Materie?‘ zu zeigen versucht habe. In Wahrheit ist aber auch noch der Gegenentwurf der Galilei-Newtonschen Physik von dort her bestimmt. Eine Studie über ‚Antike Atomtheorie‘ (1934) war das einzige Stück aus diesem Studienkreis, das ich damals publiziert habe. Sie sollte die kindliche Voreingenommenheit korrigieren, die die moderne Wissenschaft für *Demokrit*, den großen Unbekannten, besitzt. Der Größe *Demokrits* geschieht damit nicht der geringste Abbruch.

Aber im Zentrum meiner Studien blieb *Plato*. Mein erstes *Plato*-Buch ‚Platos dialektische Ethik‘, aus meiner Habilitationsschrift hervorgegangen, war eigentlich ein steckengebliebenes *Aristoteles*-Buch. Mein Ausgangspunkt war die Dublette der beiden aristotelischen Abhandlungen über die ‚Lust‘ (Eth. Nic. H 10—13 und K 1—5). Unter genetischen Gesichtspunkten kaum lösbar, sollte das Problem auf phänomenologische Weise gefördert werden, das heißt, ich wollte dieses Nebeneinander, wenn auch nicht historisch-genetisch ‚erklären‘, so doch, womöglich, in seiner Berechtigung erweisen. Das konnte nicht geschehen, ohne beide Abhandlungen auf den Platonischen ‚Philebos‘ zu beziehen, und in dieser Absicht ging ich an eine phänomenologische Interpretation dieses Dialogs. Ich war damals noch nicht imstande, die universale Bedeutung des ‚Philebos‘ für die Platonische Zahlenlehre und überhaupt für das Problem des Verhältnisses von Idee und ‚Wirklichkeit‘ zu würdigen. Mir lag zweierlei am Herzen, beides unter dem gleichen methodischen Vorzeichen: die Funktion der Platonischen Dialektik von der Phänomenologie des Dialogs aus und die Lehre von der Lust und ihren Erscheinungsformen durch eine phänomenologische Analyse der wirklichen Lebensphänomene aufzuklären. Die phänomenologische Deskriptionskunst, die ich an *Husserl* (in Freiburg 1923) und an *Heidegger* zu lernen versucht hatte, sollte einer ‚an den Sachen selbst‘ orientierten Interpretation antiker Texte zugute kommen. Das ist ganz leidlich gelungen und fand Anerkennung, freilich nicht bei dem bloßen Historiker, der ja immer in dem Wahn lebt, es sei trivial zu verstehen, was dasteht. Es gelte zu erforschen, was dahinter ist. So konnte *Hans Leisegang* in seinem Bericht über die Platoforschung der Gegenwart (Archiv für Geschichte der Philosophie 1932) meinen Beitrag verächtlich beiseite schieben, indem er aus meinem eigenen Vorwort zu meiner Arbeit zitierte: »Ihr Verhältnis zur historischen Kritik ist schon dann ein positives, wenn diese — in der Meinung, keine Förderung durch sie zu finden — das, was sie sagt, für selbstverständlich befindet.«

In Wahrheit war ich inzwischen ein Stück klassischer Philologe geworden, schloß dieses Studium mit dem Staatsexamen ab (1927) und habilitierte mich bald darauf (1929). Worum es sich hier handelt, ist ein methodischer Gegensatz, den ich später in meinen hermeneutischen Analysen zu klären unternahm — freilich bei all denen ohne Erfolg, die zu Reflexionsarbeit nicht bereit sind, sondern nur das ‚positive‘ Forschung nennen, wobei etwas Neues herauskommt (auch wenn es ebenso unverstanden bleibt wie das Alte).

Immerhin war der Start gelungen. Als Lehrer der Philosophie lernte ich jedes Semester Neues, damals noch unter den kargen Bedingungen eines Stipendiaten oder Lehrbeauftragten, ,aber mein Lehren war dafür immerhin den eigenen Forschungsplänen ganz angepaßt. So war es vor allem *Plato,* in den ich tiefer eindrang, wobei mich insbesondere die Zusammenarbeit mit *J. Klein* in Richtung auf das Mathematische und Zahlentheoretische förderte. *Kleins* klassische Abhandlung ,Die griechische Logistik und die Entstehung der Algebra‘ (1936) ist damals entstanden.

Man wird nicht gerade sagen können, daß diese Studien, die sich über ein Jahrzehnt hinzogen, das Schauerspiel der Zeitereignisse bedeutungsvoll spiegeln. Höchstens indirekt, sofern ich nach 1933 eine größere Studie über sophistische und platonische Staatslehre vorsichtshalber abbrach, aus der ich nur zwei Teilaspekte publizierte: ,Plato und die Dichter‘ (1934) und ,Platos Staat der Erziehung‘ (1942).

Beides hatte seine Geschichte. Die erste kleine Schrift entwickelte die noch heute von mir für allein richtig gehaltene Deutung, daß der Platonische Idealstaat eine bewußte Utopie darstellt, die mehr mit *Swift* als mit ,politischer Wissenschaft‘ zu tun hat. Die Veröffentlichung dokumentierte zugleich meine Stellung zum Nationalsozialismus durch das vorangestellte Motto: »Wer philosophiert, ist mit den Vorstellungen seiner Zeit nicht einig.« Das war zwar wohlgetarnt, als ein Goethezitat, das mit *Goethes* Charakterisierung der Platonischen Schriften fortfuhr. Aber wenn man sich schon nicht zum Märtyrer machen oder freiwillig in die Emigration gehen wollte, stellte ein solches Motto für den verständigen Leser im Zeitalter der ,Gleichschaltung‘ immerhin eine Betonung der eigenen Identität dar — ähnlich wie *Karl Reinhardts* bekannte Unterzeichnung der Vorrede seines Sophokles-Buches: »Im Januar und September 1933«. Daß man die politisch relevanten Themen im übrigen fortan eifrig vermied (und überhaupt die Publikation außerhalb von Fachzeitschriften), entsprach dem gleichen Gesetz der Selbsterhaltung. Es bleibt bis zum heutigen Tage wahr, daß ein Staat, der in philosophischen Fragen von Staats wegen eine ,Lehre‘ als die ,richtige‘ auszeichnet, wissen

muß, daß seine besten Leute in andere Felder ausweichen, wo
sie nicht von Politikern — und das heißt von Laien — zensuriert
werden. Ob schwarz, ob rot, daran ändert kein Geschrei etwas.
— So arbeitete ich unbemerkt weiter und fand begabte Schüler,
von denen ich hier nur *Walter Schulz, Volkmann-Schluck* und
Arthur Henkel nenne. Zum Glück milderte damals die nationalsozialistische Politik — in der Vorbereitung des Krieges im
Osten — den Druck auf die Universitäten, und meine akademischen Chancen, die jahrelang gleich Null waren, besserten sich.
Ich erhielt — nach zehnjähriger Dozententätigkeit — endlich
den längst beantragten Professortitel. Ein Lehrstuhl für klassische Philologie in Halle winkte mir, und schließlich erhielt ich
1938 eine Berufung auf das philosophische Ordinariat in Leipzig, das mich vor neue Aufgaben stellte.

Das zweite Stück ‚Platos Staat der Erziehung‘ war auch eine
Art Alibi. Es war schon während des Krieges. Ein Professor
der technischen Hochschule Hannover namens *Osenberg* hatte
Hitler von der kriegsentscheidenden Rolle der Wissenschaft
überzeugt und dadurch Vollmachten zur Schonung und Pflege
der Naturwissenschaften und insbesondere ihres Nachwuchses
erwirkt. Diese sogenannte *Osenberg*-Aktion hat vielen jungen
Forschern das Leben gerettet. Sie erregte natürlich den Neid
der Geisteswissenschaften, bis schließlich ein findiger PG auf
die schöne Idee einer ‚Parallelaktion‘ kam, die *Musils* Erfindung Ehre machte. Es war ‚der Einsatz der Geisteswissenschaften für den Krieg‘. Daß es sich in Wahrheit um den Einsatz des
Krieges für die Geisteswissenschaften — und um nichts anderes — handelte, war nicht zu verkennen. Um nun einer Mit-
arbeit im philosophischen Sektor zu entgehen, wo so schöne
Themen wie ‚Die Juden und die Philosophie‘ oder ‚Das Deutsche in der Philosophie‘ auftauchten, wanderte ich in den Sektor der klassischen Philologie aus. Dort ging alles manierlich
zu, und unter dem Schutz von *Helmut Berve* entstand ein in-
teressantes Sammelwerk ‚Das Erbe der Antike‘, das nach dem
Kriege eine unveränderte zweite Auflage finden konnte. Mein
Beitrag, ‚Platos Staat der Erziehung‘, führte die Studie über
Plato und die Dichter weiter und wies immerhin auf die Rich-

tung meiner neueren Studien hin, wenn seine letzten Worte ‚die Zahl und das Sein‘ waren.

Eine einzige Monographie habe ich in der ganzen Zeit des Dritten Reiches veröffentlicht, ‚Volk und Geschichte im Denken Herders‘ (1942). In dieser Studie arbeitete ich vor allem die Rolle des Kraftbegriffs in *Herders* Geschichtsdenken heraus. Sie vermied jede Aktualität. Trotzdem erregte sie Anstoß, vor allem bei denen, die sich damals über ähnliche Themen hatten vernehmen lassen und geglaubt hatten, etwas mehr ‚Gleichschaltung‘ nicht vermeiden zu können. Mir war diese Arbeit aus einem bestimmten Grunde lieb. Ich hatte dieses Thema erstmals 1941 in einem Kriegsgefangenenlager französischer Offiziere in einem französischen Vortrag behandelt. In der Diskussion hatte sich eine Situation ergeben, in der ich sagte, ein Imperium, das sich über die Maßen ausdehne, sei ‚auprès de sa chute‘. Die französischen Offiziere sahen sich bedeutsam an und verstanden. (Ob ich in dieser makabren und irrealen Situation auf anonyme Weise dem einen oder anderen meiner späteren französischen Kollegen begegnet bin, von denen ja manche dabei gewesen sein könnten?) Der politische Funktionär, der mich begleitet hatte, war über diese Bemerkung seinerseits ganz begeistert. Solche geistige Klarheit und rückhaltlose Unbefangenheit spiegele unsere Siegesgewißheit besonders wirksam. (Ob er das glaubte oder ob er nur mitspielte, vermochte ich nicht zu entscheiden. Jedenfalls nahm er keinen Anstoß, und ich mußte meinen Vortrag sogar in Paris wiederholen.)

Im ganzen war es klüger, sich unauffällig zu verhalten. Die Resultate meiner Studien teilte ich nur in Vorlesungen mit. Da konnte man sich ungehindert und unbefangen bewegen. Selbst über *Husserl* habe ich in Leipzig ungestört Übungen abgehalten. Manches, was ich erarbeitet hatte, trat zuerst in Arbeiten meiner Schüler in die Öffentlichkeit, insbesondere in *Volkmann-Schlucks* ausgezeichneter Dissertation ‚Plotin als Interpret der Platonischen Ontologie‘ (1940).

Seit ich Professor in Leipzig war und dort — nach *Theodor Litts* Rücktritt — der einzige Fachvertreter, konnte ich meinen

Unterricht nicht mehr so gut den eigenen Forschungsplänen anpassen. Ich hatte neben den Griechen und ihrem spätesten und größten Nachfahren, *Hegel*, die ganze klassische Tradition, von *Augustin* und *Thomas* bis *Nietzsche*, *Husserl* und *Heidegger*, zu vermitteln — freilich, als der halbe Philologe, der ich war, jeweils am Text. Daneben behandelte ich in Seminaren auch schwierige poetische Texte von *Hölderlin*, *Goethe*, *Rilke* vor allem. Letzterer war, dank dem hochgezüchteten Manierismus seiner Sprache, damals der wahre Dichter der akademischen Résistance. Wer wie *Rilke* redete oder wie *Heidegger*, der *Hölderlin* auslegte, stand abseits und zog die Abseitsstehenden an.

Die letzten Kriegsjahre waren natürlich sehr gefährlich. Doch hatten die zahlreichen Bombenangriffe, die man zu überstehen hatte und die die Stadt Leipzig wie die Arbeitsmittel der Universität in Trümmer legten, auch ihr Gutes: der Parteiterror wurde durch die entstehenden Notstandssituationen anderweitig gebunden. Der Unterricht an der Universität, von einem Notraum in den andern wechselnd, wurde bis kurz vor Kriegsende fortgesetzt. Als die Amerikaner Leipzig besetzten, studierte ich gerade die neu erschienenen Bände 2 und 3 von *Werner Jaegers* ,Paideia' — auch ein seltsames Faktum, daß dieses Werk eines ,Emigranten' in deutscher Sprache, in einem deutschen Verlag, in den Jahren höchster Kriegsnot erscheinen konnte. Totaler Krieg?

Nach Kriegsende mußte ich — als Rektor der Universität Leipzig — andere Dinge tun. An Fortführung philosophischer Arbeit war jahrelang nicht zu denken. Jedoch entstand an den freien Wochenenden der Großteil der Dichtungsinterpretationen, die heute den zweiten Band meiner Kleinen Schriften bilden. Mir kam vor, ich hätte niemals so leicht gearbeitet und geschrieben wie in diesen karg zugemessenen Stunden, gewiß ein Ausdruck dessen, daß während der unproduktiven, politischen und administrativen Alltagsarbeit sich etwas anstaute, das sich so entlud. Sonst blieb mir das Schreiben auf lange hinaus eine rechte Qual. Immer hatte ich das verdammte Gefühl, *Heidegger* gucke mir dabei über die Schulter.

Herbst 1947, nach zweijähriger Rektoratstätigkeit, folgte ich einem Ruf nach Frankfurt am Main und kehrte damit voll und ganz in mein akademisches Lehramt und in die Forschungsarbeit zurück — so gut die Arbeitsverhältnisse es zuließen. In den zwei Jahren, die ich in Frankfurt tätig war, suchte ich der Notlage der Studenten Rechnung tragen, nicht nur durch intensiven Unterricht, sondern auch durch einige Publikationen, so von *Aristoteles* Metaphysik XII (griechisch und deutsch) und von *Diltheys* Grundriß einer Geschichte der Philosophie, die beide der Klostermann-Verlag damals rasch herausbrachte. Wichtig war auch der große Kongreß in Mendoza (Argentinien) im Februar 1949, bei dem wir einerseits mit alten jüdischen Freunden, andererseits mit den Philosophen anderer Länder (Italien, Frankreich, Spanien, Südamerika) zu erstem Kontakt gelangten.

Daß ich 1949 den Ruf auf die Nachfolge von *Karl Jaspers* annahm, bedeutete den neuen Beginn einer ‚akademischen‘ Tätigkeit in einer akademischen ‚Welt‘. Wie ich zwanzig Jahre in Marburg Student und Dozent gewesen war, sollte ich von nun an über ein Vierteljahrhundert in Heidelberg tätig sein, und trotz der Vielfalt der Aufgaben des Wiederaufbaus, die uns alle in Anspruch nahmen, war es mir möglich, mich erneut von der Politik und Hochschulpolitik weitgehend zu entlasten und mich auf die eigenen Arbeitspläne zu konzentrieren, die endlich 1960 in ‚Wahrheit und Methode‘ zu einem ersten Abschluß gelangten.

Daß ich überhaupt, bei meinem passionierten Engagement als Lehrer, zu der Abfassung eines größeren Buches kam, verdankte ich dem natürlichen Bedürfnis, darüber nachzudenken, wie sich all die verschiedenen Wege des Philosophierens, denen man im Unterricht zu folgen hatte, von der philosophischen Situation der Gegenwart aus zu wirklicher Aktualität erheben ließen. Die Einordnung in einen apriori konstruierten Geschichtsgang (*Hegel*) schien mir ebenso unbefriedigend wie die relativistische Neutralität des Historismus. Ich hielt es mit *Leibniz*, der von sich gesagt hat, er billige fast alles, was er lese. Aber anders als dieser große Denker empfand ich in dieser Erfahrung nicht einen Stimulus zum Entwurf einer großen Synthese. Vielmehr begann ich mich zu fragen, ob Philosophie sich unter solche synthetische Aufgabe überhaupt noch stellen dürfe und sich nicht vielmehr für den Fortgang hermeneutischer Erfahrung auf radikale Weise offen halten müsse, eingenommen von dem je Einleuchtenden und sich aller Wiederverdunkelung des Eingesehenen nach Kräften widersetzend ... Philosophie ist Aufklärung, aber gerade auch Aufklärung gegen den Dogmatismus ihrer selbst.

Tatsächlich ist die Entstehung meiner ,hermeneutischen Philosophie' im Grunde nichts anderes als der Versuch, über den Stil meiner Studien und meines Unterrichts theoretisch Rechenschaft zu geben. Die Praxis war das erste. Von jeher war ich fast ängstlich bemüht, nur nicht zu viel zu sagen und mich nicht in theoretische Konstruktionen zu versteigen, die nicht voll von der Erfahrung eingelöst wurden. Da ich fortfuhr, als Lehrer mein Eigentliches zu geben und insbesondere mit meinen engeren Schülern intensiven Kontakt zu pflegen, blieben für die Arbeit an dem Buch nur die Ferien. Fast 10 Jahre nahm diese Arbeit in Anspruch, und in dieser Zeit vermied ich möglichst jede Ablenkung. Als das Buch erschien — erst während des Druckes war mir der Titel ,Wahrheit und Methode' dazu eingefallen —, war ich mir gar nicht sicher, ob es nicht zu spät kam und eigentlich überflüssig war. Denn daß eine neue Generation heranrückte, die teils technologischen Erwartungen, teils ideologiekritischen Affekten verfallen war, konnte man bereits ahnen.

Die Sache mit dem Titel des Buches war schwierig genug. Meine Fachgenossen im In- und Ausland erwarteten es als eine philosophische Hermeneutik. Aber als ich dies als Titel vorschlug, fragte der Verleger zurück: Was ist das? In der Tat war es besser, damals das noch fremde Wort in den Untertitel zu verbannen.

Im übrigen trug die beharrlich fortgesetzte akademische Lehrtätigkeit zunehmend mehr ihre Früchte. Mein alter Freund *Karl Löwith* kehrte aus der Fremde zurück und lehrte neben mir in Heidelberg, eine gesunde Spannung schaffend. Einige

Jahre höchst fruchtbarer Wechselwirkung gab es mit *Jürgen Habermas*, den wir als jungen Extraordinarius zu uns beriefen, nachdem ich erfahren hatte, daß es zwischen *Horkheimer* und *Adorno* seinetwegen zu einem Gegensatz gekommen sei. Wer Max und Teddy auch nur ein wenig in ihrer geistigen Waffenbrüderschaft auseinanderzubringen vermocht hatte, mußte schon etwas sein, und in der Tat bestätigte das eingeforderte Manuskript das Talent des jungen Forschers, das mir schon längst aufgefallen war. — Aber es fanden sich auch leidenschaftlich der Philosophie ergebene Schüler, von denen ich hier nur einige nenne, die im akademischen Fach der Philosophie inzwischen als Lehrer tätig sind. Von Frankfurt hatte ich eine große Gruppe von Studenten mitgebracht, zu denen *Dieter Henrich* gehörte, der vom Marburger Erzkantianismus *Ebbinghaus'* und *Klaus Reichs* seine erste Prägung erfahren hatte. In Heidelberg fanden sich manche andere dazu. Ich nenne wieder nur diejenigen, die als Forscher oder Lehrer im Fach der Philosophie tätig sind: *Wolfgang Bartuschat, Rüdiger Bubner, Theo Ebert, Heinz Kimmerle, Wolfgang Künne, Ruprecht Pflaumer, J. H. Trede, Wolfgang Wieland.* Einige kamen später erneut von Frankfurt, wo *Wolfgang Cramer* — abseits von der spektakulären Frankfurter Schule — eine intensive Wirkung übte, so *Konrad Cramer, Friedrich Fulda, Reiner Wiehl.* Mehr und mehr kamen auch Ausländer und fügten sich in den Kreis meiner Schüler ein, insbesondere aus Italien *Valerio Verra* und *G. Vattimo*, aus Spanien *E. Lledo*, und eine größere Zahl von Amerikanern, von denen ich manchem bei Amerikareisen in den letzten Jahren in Amt und Würden wiederbegegnet bin.

Was ich lehrte, war vor allem hermeneutische Praxis. Hermeneutik ist vor allem eine Praxis, die Kunst des Verstehens und des Verständlichmachens. Sie ist die Seele allen Unterrichts, der Philosophieren lehren will. Was es dabei vor allem zu üben gilt, ist das Ohr, die Sensibilität für die in Begriffen liegenden Vorbestimmtheiten, Vorgreiflichkeiten, Vorprägungen. So galt ein gut Stück meiner Bemühungen der Begriffsgeschichte. Mit Hilfe der Deutschen Forschungsgemeinschaft habe ich eine Reihe begriffsgeschichtlicher Kolloquien veranstaltet und darüber auch berichtet, die inzwischen vielfache ähnliche Bestrebungen ausgelöst haben. Die Gewissenhaftigkeit im Gebrauch von Begriffen verlangt begriffsgeschichtliche Bewußtheit, damit man nicht der Willkür des Definierens anheimfällt oder der Illusion, man könne verbindliches philosophisches Sprechen normieren. Begriffsgeschichtliche Bewußtheit wird zur kritischen Pflicht. Auf andere Weise suchte ich diesen Aufgaben zu dienen, indem ich eine ganz der Kritik gewidmete Zeitschrift, die »Philosophische Rundschau« ins Leben rief, gemeinsam mit *Helmut Kuhn*, dessen kritisches Talent ich schon früh, vor 1933, an den letzten Jahrgängen der alten Kantstudien bewundern gelernt hatte. Unter der straffen Führung von Frau *Käte Gadamer-Lekebusch* sind zwanzig Jahrgänge dieser Zeitschrift herausgekommen, bis wir sie neuerdings jüngeren Händen anvertrauten.

Aber im Mittelpunkt meiner Tätigkeit stand nach wie vor der akademische Unterricht in Heidelberg. Erst nach meiner Emeritierung (1968) habe ich in größerem Umfang meine Ideen zur Hermeneutik, die auf breites Interesse stießen, auch im Ausland zu vertreten versucht, mittlerweile vor allem auch in Amerika.

Hermeneutik und griechische Philosophie blieben die beiden Schwerpunkte meiner Arbeit. Ich darf den inneren Zusammenhang, der meine Gedanken bewegt, kurz zur Darstellung bringen.

Da war zunächst die in »Wahrheit und Methode« entwickelte Hermeneutik.

Was war diese philosophische Hermeneutik? Wie unterschied sie sich von der romantischen Tradition, die mit *Schleiermacher*, der eine alte theologische Disziplin vertiefte, anhob, in *Diltheys* geisteswissenschaftlicher Hermeneutik gipfelte und als eine Methodenlehre der Geisteswissenschaften gemeint war? Mit welchem Recht konnte mein eigener Versuch eine ‚philosophische‘ Hermeneutik heißen?

Es ist leider nicht überflüssig, auf diese Frage einzugehen. Denn viele sahen und sehen in dieser hermeneutischen Philosophie eine Absage an methodische Rationalität. Viele andere, insbesondere seit Hermeneutik ein Modewort geworden ist und eine jegliche ‚Interpretation‘ sich Hermeneutik nennen möchte, mißbrauchen das Wort und die Sache, für die ich das Wort ergriffen hatte, umgekehrt derart, daß sie darin eine neue Methodenlehre sehen, mit der sie in Wahrheit methodische Unklarheit oder ideologische Bemäntelung legitimieren. Wieder andere, die dem Lager der Ideologiekritik angehören, erkennen darin zwar Wahrheit, aber nur die halbe Wahrheit. Es sei gut und schön, daß Tradition in ihrer vorgreiflichen Bedeutung erkannt werde, aber es fehle das Entscheidende dabei, die kritische und emanzipatorische Reflexion, die von ihr befreie.

Vielleicht hilft es der Klärung, wenn ich die Motivation meiner Fragestellung so darlege, wie sie mir tatsächlich erwachsen ist. Es könnte dadurch deutlich werden, daß es die Methodenfanatiker so gut wie die radikalen Ideologiekritiker sind, die in Wahrheit nicht genug reflektieren. Die einen behandeln die — unbestrittene — Rationalität von ‚trial and error‘ wie die ultima ratio menschlicher Vernünftigkeit, die anderen erkennen zwar die ideologische Voreingenommenheit solcher Rationalität, geben aber über die eigenen ideologischen Implikationen ihrer Ideologiekritik nicht genügend Rechenschaft.

Wenn ich eine philosophische Hermeneutik versuchte, so ergab es sich aus der Vorgeschichte der Hermeneutik von selbst, daß die »verstehenden« Wissenschaften den Ausgangspunkt bildeten. Aber zu ihnen trat noch eine bisher unbeachtet gebliebene Ergänzung. Ich meine die Erfahrung der Kunst. Denn beides, die Kunst wie die geschichtlichen Wissenschaften, sind Erfahrungsweisen, in denen unser eigenes Daseinsverständnis unmittelbar ins Spiel kommt. Die begriffliche Hilfe für die so in die rechte Weite gestellte Problematik des ‚Verstehens‘ bot sich in *Heideggers* Entfaltung der existentialen Struktur des Verstehens, die er ehedem ‚Hermeneutik der Faktizität‘, Selbstauslegung des faktischen, das heißt, des sich vorfindlichen menschlichen Daseins genannt hatte. Mein Ausgangspunkt war also die Kritik des Idealismus und seiner romantischen Traditionen. Es war mir klar, daß die Bewußtseinsgestalten unserer ererbten und erworbenen geschichtlichen Bildung, das ästhetische Bewußtsein und das historische Bewußtsein, entfremdete Gestalten unseres wahren geschichtlichen Seins darstellen und daß die ursprünglichen Erfahrungen, die durch Kunst und Geschichte vermittelt werden, nicht von da aus zu begreifen sind. Die beruhigte Distanz, in der ein bürgerliches Bildungsbewußtsein seinen Bildungsbesitz genoß, verkannte, wie sehr wir dabei selber im Spiele sind und auf dem Spiele stehen. So versuchte ich vom Begriff des Spieles aus die Illusionen des Selbstbewußtseins und die Vorurteile des Bewußtseinsidealismus zu überwinden. Spiel ist ja niemals ein bloßes Objekt, sondern hat sein Dasein für den, der es mitspielt, und sei es auch nur in der Weise des Zuschauers. Die Unangemessenheit der Begriffe Subjekt und Objekt, die *Heidegger* schon in seiner Exposition der Seinsfrage in ‚Sein und Zeit‘ erwiesen hatte, ließ sich hier in concreto demonstrieren. Was *Heidegger* in seinem Denken dann zur ‚Kehre‘ geführt hat, versuchte ich meinerseits als eine Grenzerfahrung unseres Selbstverständnisses zu beschreiben: als das wirkungsgeschichtliche Bewußtsein, das mehr Sein als Bewußtsein ist. Was ich damit formulierte, war weniger eine Aufgabe für die methodische Praxis der Kunst- und Geschichtswissenschaft, ja es galt auch nicht in erster Linie dem Methodenbewußtsein dieser Wissenschaften, sondern ausschließlich oder vorrangig dem philosophischen Gedanken der Rechenschaftsgabe. Wie weit ist Methode ein Garant für Wahrheit? Die Philosophie muß von Wissenschaft und Methode fordern, daß sie ihre Partikularität im Ganzen der menschlichen Existenz und ihrer Vernünftigkeit erkennen.

Am Ende war das Unternehmen selbstverständlich selber wirkungsgeschichtlich bedingt und wurzelte in einer ganz bestimmten deutschen philosophischen und kulturellen Überlieferung. Die sogenannten Geisteswissenschaften hatten wohl nirgends so stark wie in Deutschland wissenschaftliche und weltanschauliche Funktionen in sich vereint — oder besser: sich die weltanschauliche, ideologische Bestimmtheit ihrer Interessenahme so konsequent hinter dem Methodenbewußtsein ihres wissenschaftlichen Verfahrens verborgen. Die unauflösliche Einheit aller menschlichen Selbsterkenntnis drückte sich anderswo klarer aus, in Frankreich in dem weiten Begriff der ‚lettres‘, im Englischen in dem neu eingebürgerten Begriff der ‚humanities‘. Mit der Anerkennung des wirkungsgeschichtlichen Bewußtseins war daher vor allem eine Berichtigung der Selbstauffassung der historischen Geisteswissenschaften, die auch die Kunstwissenschaften einschließen, impliziert.

Die Problemdimension ist damit aber keineswegs voll ausgemessen. Auch in den Naturwissenschaften gibt es so etwas wie eine hermeneutische Problematik. Auch ihr Weg ist nicht einfach der des methodischen Fortschritts, wie inzwischen etwa durch *Thomas Kuhn* gezeigt worden ist und was in Wahrheit zu den Einsichten zusammenstimmt, die vor allem *Heidegger* in ‚Die Zeit des Weltbildes‘ und in seiner Interpretation der Aristotelischen Physik (Phys. B 1) impliziert hatte. Das ‚Paradigma‘ ist für den Einsatz wie für die Deutung methodischer Forschung entscheidend und ist offenkundig nicht selbst das einfache Resultat einer solchen. ‚Mente concipio‘ hatte schon *Galilei* gesagt.

Dahinter tut sich indes eine noch viel weitere Dimension auf, die in der prinzipiellen Sprachlichkeit oder Sprachbezogenheit gelegen ist. In aller Welterkenntnis und Weltorientierung ist das Moment des Verstehens herauszuarbeiten — und damit die Universalität der Hermeneutik zu erweisen. Natürlich kann mit der prinzipiellen Sprachlichkeit des Verstehens nicht gemeint sein, daß alle Welterfahrung sich nur als Sprechen und im Sprechen vollzöge. Allzu bekannt sind all jene vorsprachlichen und übersprachlichen Innewerdungen, Stummheiten, Schweigsamkeiten, in denen sich unmittelbare Weltbetroffenheit ausdrückt — und wer wird leugnen, daß es reale Bedingungen menschlichen Lebens, daß es Hunger und Liebe, Arbeit und Herrschaft gibt, die nicht selber Rede und Sprache sind, sondern ihrerseits den Raum bemessen, innerhalb dessen Miteinander-Reden und Aufeinander-Hören statthaben kann. Das ist so wenig strittig, daß es vielmehr gerade solche Vorgeformtheiten menschlichen Meinens und Redens sind, die die hermeneutische Reflexion erforderlich machen. Einer am sokratischen Gespräch orientierten Hermeneutik muß nicht erst entgegengehalten werden, daß Doxa nicht Wissen, daß das scheinhafte Einverständnis, in dem man so daherlebt und daherredet, kein wirkliches Einverständnis ist. Aber selbst noch die Aufdeckung des Scheinhaften, wie sie das sokratische Gespräch leistet, vollzieht sich im Element der Sprachlichkeit. Das Gespräch läßt uns sogar im Scheitern der Verständigung, im Mißverständnis und in dem berühmten Eingeständnis des Nichtwissens möglichen Einverständnisses gewiß sein. Die Gemeinsamkeit, die wir menschlich nennen, beruht auf der sprachlichen Verfaßtheit unserer Lebenswelt. Noch jeder Versuch, Verzerrungen zwischenmenschlicher Verständigung durch kritische Reflexion und Argumentation einzuklagen, bestätigt diese Gemeinsamkeit.

Der hermeneutische Aspekt kann also nicht auf die hermeneutischen Wissenschaften von Kunst und Geschichte, nicht auf den Umgang mit ‚Texten‘, aber auch nicht, in Erweiterung, auf die Erfahrung der Kunst selbst beschränkt bleiben. Die Universalität des hermeneutischen Problems, die schon *Schleiermacher* erkannt hatte, geht auf das All des Vernünftigen, das heißt auf all das, worüber man sich zu verständigen suchen kann. Wo Verständigung unmöglich scheint, weil man ‚verschiedene Sprachen spricht‘, ist die Hermeneutik nicht etwa am Ende. Dort stellt sich die hermeneutische Aufgabe vielmehr gerade in ihrem vollen Ernst, nämlich als die Aufgabe, die gemeinsame Sprache zu finden. Die gemeinsame Sprache ist aber nie schon eine feste Gegebenheit. Sie ist zwischen Sprechenden spielende Sprache, die sich so einspielen muß, daß Verständigung beginnen kann, und das selbst da, wo verschiedene ‚Ansichten‘ sich unversöhnbar entgegenstehen. Die Verständigungsmöglichkeit kann zwischen vernünftigen Wesen nie verneint werden. Selbst der Relativismus, der in der Vielfalt menschlicher Sprachen zu liegen scheint, ist keine Schranke für die Vernunft, deren Wort allen gemeinsam ist, wie schon *Heraklit* gewußt hat. Das Lernen fremder Sprachen und ebenso das Sprechenlernen des Kindes bedeutet eben nicht allein die Aneignung von Verständigungsmitteln. Dieses Lernen stellt vielmehr eine Art Vorschematisierung möglicher Erfahrung und ihren ersten Erwerb dar. Das Hereinwachsen in eine Sprache ist ein Weg der Welterkenntnis. Nicht nur solches ‚Lernen‘ — alle Erfahrung vollzieht sich in beständiger kommunikativer Fortbildung unserer Weltkenntnis. In einem viel tieferen und allgemeineren Sinne, als die von *August Boeckh* für das Geschäft des Philologen geprägte Formel es meinte, ist Erfahrung immer ‚Erkenntnis von Erkanntem‘. Wir leben in Überlieferungen, und diese sind nicht ein Teilbereich unserer Welterfahrung, nicht eine sogenannte kulturelle Überlieferung, die allein aus Texten und Denkmälern bestünde und einen sprachlich verfaßten und geschichtlich dokumentierten Sinn weitervermittelte. Vielmehr ist es die Welt selbst, die kommunikativ erfahren und als eine ins Unendliche offene Aufgabe uns beständig übergeben wird (traditur). Sie ist nie die Welt eines ersten Tages, sondern immer schon uns überkommen. Überall da, wo etwas erfahren, wo Unvertrautheit aufgehoben wird, wo Einleuchten, Einsehen, Aneignung erfolgt, vollzieht sich der hermeneutische Prozeß der Einbringung in das Wort und in das gemeinsame Bewußtsein. Selbst die monologische Sprache der modernen Wissenschaft gewinnt gesellschaftliche Realität nur auf diesem Wege. Hier scheint mir die Universalität der Hermeneutik, die etwa *Habermas* so entschieden bestreitet, wohlbegründet. *Habermas* ist, so meine ich, nie über ein idealistisches Verständnis des hermeneutischen Problems hinausgekommen und engt mich zu Unrecht auf ‚kulturelle Überlieferung‘ im Sinne *Theodor Litts* ein. Die ausgedehnte Diskussion dieser Frage hat in dem Suhrkampband ‚Hermeneutik und Ideologiekritik‘ ihre Dokumentation gefunden.

Unserer philosophischen Tradition gegenüber haben wir es mit der gleichen hermeneutischen Aufgabe zu tun. Philosophieren fängt nicht mit Null an, sondern hat die Sprache, die wir sprechen, weiterzudenken und weiterzusprechen, und wie in den Tagen der antiken Sophistik heißt das auch heute, die ihrem ursprünglichen Sagesinn entfremdete Sprache der Philosophie auf das Sagen des Gemeinten und auf die unser Sprechen tragenden Gemeinsamkeiten zurückzuführen.

Wir sind durch die moderne Wissenschaft und ihre philoso-

phische Generalisierung für diese Aufgabe mehr oder minder
blind geworden. Im Platonischen ‚Phaidon‘ stellt *Sokrates* die
Forderung auf, er möchte den Weltenbau und das Naturgesche-
hen so verstehen, wie er verstehe, warum er hier im Gefängnis
sitze und nicht das ihm gemachte Fluchtangebot angenommen
habe —, nämlich weil er es für gut hielt, auch einen ungerech-
ten Urteilsspruch auf sich zu nehmen. Die Natur so zu verstehen, wie *Sokrates* sich hier selbst versteht, ist eine Forderung, die durch die Aristotelische Physik auf ihre Weise erfüllt
worden ist. Mit dem, was Wissenschaft seit dem 17. Jahrhundert ist und was erst wirklich Wissenschaft von der Natur und
wissenschaftlich gegründete Beherrschung der Natur ermöglicht
hat, ist diese Forderung aber nicht mehr vereinbar. Genau das
ist der Grund, warum die Hermeneutik und ihre methodischen
Konsequenzen aus der Theorie der modernen Wissenschaft
nicht so viel zu lernen haben wie aus älteren Traditionen, an
die es sich zu erinnern gilt.

Die eine ist die Tradition der Rhetorik, wie sie als letzter
Vico mit methodischer Bewußtheit gegen die moderne Wissenschaft, die er Critica nannte, verteidigt hat. Schon in meinen
klassischen Studien hatte ich die Rhetorik, die Redekunst wie
ihre Theorie, besonders bevorzugt. Zumal die Rhetorik in einer
noch lange nicht genug beachteten Weise auch der Träger der
älteren Tradition der ästhetischen Begriffe gewesen ist, wie
noch an *Baumgartens* Bestimmung der Ästhetik deutlich wird.
Man muß es heute mit Nachdruck sagen: Die Rationalität der
rhetorischen Argumentationsweise, die zwar ‚Affekte‘ ins Spiel
zu bringen sucht, aber grundsätzlich Argumente geltend macht
und mit Wahrscheinlichkeiten arbeitet, ist und bleibt ein weit-
aus stärkerer gesellschaftlicher Bestimmungsfaktor als die Gewißheit der Wissenschaft. So habe ich mich in ‚Wahrheit und
Methode‘ ausdrücklich auf die Rhetorik bezogen und von mancher Seite, insbesondere in den Arbeiten von *Ch. Perelman*,
der von der Rechtspraxis ausgeht, dafür Bestätigung gefunden.
Es heißt nicht die Bedeutung der modernen Wissenschaft und
ihrer Anwendung für die technische Zivilisation von heute verkennen, wenn man darauf besteht. Im Gegenteil. Es sind gewiß

ganz neue Probleme der Vermittlung, die die moderne Zivilisation aufwirft. Aber die Lage hat sich dadurch nicht im Prinzip verändert. Die ‚hermeneutische‘ Aufgabe der Integration der Monologik der Wissenschaften in das kommunikative Bewußtsein, und das schließt ein: die Aufgabe, praktisch, sozial, politisch Vernünftigkeit zu üben, ist dadurch nur um so dringlicher geworden.

In Wahrheit ist es ein altes Problem, das wir seit *Plato* kennen. *Sokrates* hat alle, die sich auf ihr Wissen beriefen, Staatsmänner, Dichter, aber auch die wirklichen Könner ihrer handwerklichen Kunst, dessen überführt, daß sie das ‚Gute‘ nicht wissen. *Aristoteles* hat den strukturellen Unterschied, der hier vorliegt, durch die Scheidung von Techne und Phronesis bestimmt. Das läßt sich nicht wegdiskutieren. Auch wenn sich diese Unterscheidung mißbrauchen läßt und etwa die Berufung auf das ‚Gewissen‘ oft undurchschaute ideologische Abhängigkeiten verschleiern mag, ist es doch ein Mißverständnis dessen, was Vernunft und Vernünftigkeit sind, wenn man sie nur in der anonymen Wissenschaft und als Wissenschaft anerkennen will. So ist es mir für meine eigene hermeneutische Theorienbildung überzeugend geworden, daß wir dieses sokratische Vermächtnis einer ‚menschlichen Weisheit‘, die gemessen an der göttergleichen Unfehlbarkeit des von der Wissenschaft Gewußten Unwissenheit ist, wieder aufnehmen müssen. Dafür kann uns die von *Aristoteles* entwickelte ‚praktische Philosophie‘ als Modell gelten. Das ist die zweite Traditionslinie, die es zu erneuern gilt.

Das aristotelische Programm einer praktischen Wissenschaft scheint mir das einzige wissenschaftstheoretische Vorbild darzustellen, nach dem die ‚verstehenden‘ Wissenschaften gedacht werden können. Denn in der hermeneutischen Reflexion auf die Bedingungen des Verstehens kommt heraus, daß dessen Möglichkeiten sich in einer sich sprachlich formulierenden, nie mit Null anfangenden, nie mit Unendlich endenden Besinnung artikulieren. *Aristoteles* zeigt, daß praktische Vernunft und praktische Einsicht nicht die Lehrbarkeit von Wissenschaft besitzen, sondern selber in Praxis, und das heißt in der inneren

Bindung an Ethos, ihre Möglichkeit gewinnen. Daran gilt es sich zu erinnern. Das Vorbild der praktischen Philosophie muß an die Stelle jener ‚Theoria‘ treten, deren ontologische Legitimation allein in einem Intellectus infinitus gefunden werden könnte, von dem unsere auf keine Offenbarung gestützte Daseinserfahrung nichts weiß. Dies Vorbild muß aber auch all denen entgegengehalten werden, die menschliche Vernünftigkeit unter den Methodengedanken der ‚anonymen‘ Wissenschaft beugen. Der Perfektionierung des logischen Selbstverständnisses der Wissenschaft gegenüber scheint mir dies als die eigentliche Aufgabe der Philosophie, auch und gerade angesichts der praktischen Bedeutung der Wissenschaft für unser Leben und Überleben.

Die ‚praktische Philosophie‘ bedeutet aber noch mehr als ein bloßes methodisches Vorbild für die ‚hermeneutischen‘ Wissenschaften. Sie ist auch so etwas wie ihre sachliche Grundlage. Die methodische Sonderart der praktischen Philosophie ist nur die Folge der durch *Aristoteles* in ihrer begrifflichen Eigenart herausgearbeiteten ‚praktischen Vernünftigkeit‘. Deren Struktur läßt sich vom modernen Wissenschaftsbegriff aus überhaupt nicht fassen. Selbst die dialektische Verflüssigung, die den traditionellen Begriffen durch *Hegel* abgewonnen worden ist und manche alten Wahrheiten der ‚praktischen‘ Philosophie erneuert hat, droht einen neuen undurchschauten Dogmatismus der Reflexion. Der Reflexionsbegriff, der der Ideologiekritik zugrunde liegt, impliziert nämlich einen abstrakten Begriff von zwangsfreiem Diskurs, der die eigentlichen Bedingungen menschlicher Praxis aus dem Auge verliert. Ich mußte das als eine illegitime Übertragung der therapeutischen Situation der Psychoanalyse zurückweisen. Es gibt im Felde der praktischen Vernunft keine Analogie für den ‚wissenden‘ Analysten, der die produktive Reflexionsleistung des Analysanden leitet. In der Frage der Reflexion scheint mir *Brentanos* auf *Aristoteles* zurückgehende Unterscheidung des reflexiven Inneseins von der objektivierenden Reflexion dem Erbe des deutschen Idealismus überlegen. Das gilt in meinen Augen selbst noch gegenüber der transzendentalen Reflexionsforderung, die von *Apel* und anderen an die Hermeneutik gerichtet worden ist. Das alles ist in dem vielgelesenen Band ‚Hermeneutik und Ideologiekritik‘ (Suhrkamp) wohl dokumentiert.

So haben mich mehr als die großen Denker des deutschen Idealismus die Platonischen Dialoge geprägt, indem sie mich ständig begleiteten. Sie sind ein einzigartiger Umgang. Wenn immer sonst wir, durch *Nietzsche*, durch *Heidegger* belehrt, die Vorgreiflichkeit der griechischen Begrifflichkeit, von *Aristoteles* bis *Hegel* und bis zur modernen Logik, als eine Grenze empfinden mögen, jenseits derer unsere eigenen Fragen ohne Antwort und unsere Intentionen unbefriedigt bleiben — *Platos* Dialogkunst ist auch noch dieser Scheinüberlegenheit, die wir als Erben der judäo-christlichen Überlieferung zu besitzen meinen, zuvorgekommen. Gewiß hat gerade er, mit der Ideenlehre, mit der Dialektik der Ideen, mit der Mathematisierung der Physik und mit der Intellektuierung dessen, was wir ‚Ethik‘ nennen würden, den Grund zu der metaphysischen Begrifflichkeit unserer Tradition gelegt. Aber er hat zugleich alle seine Aussagen mimetisch begrenzt, und wie *Sokrates* es mit seiner gewohnten Ironie bei seinen Gesprächspartnern zu erreichen wußte, so beraubt auch *Plato* durch seine Kunst der Dialogdichtung seinen Leser seiner vermeintlichen Überlegenheit. Mit *Plato* philosophieren, nicht: *Plato* kritisieren, ist die Aufgabe. *Plato* kritisieren ist vielleicht ebenso einfältig, wie *Sophokles* vorzuhalten, daß er nicht *Shakespeare* ist. Das klingt paradox, aber nur für den, der gegen die philosophische Relevanz der poetischen Imagination *Platos* blind ist.

Freilich muß man es erst lernen, *Plato* wirklich mimetisch zu lesen. In unserem Jahrhundert ist dafür einiges geschehen, insbesondere durch *Paul Friedländer*, aber auch durch manche inspirierte, wenn auch nicht so gründlich fundierte Bücher aus dem Kreis des Dichters *Stefan George* (*Friedemann, Singer, Hildebrandt*) sowie durch die Arbeiten von *Leo Strauss* und seinen Freunden und Schülern. Die Aufgabe ist aber noch weit von ihrer Lösung. Sie besteht darin, die begrifflichen Aussagen, die im Gespräch begegnen, mit Genauigkeit auf die dialogische Wirklichkeit zu beziehen, aus der sie erwachsen. Da gibt es eine ‚dorische Harmonie‘ von Tat und Rede, Ergon und Logos, von der bei *Plato* nicht nur mit Worten die Rede ist. Sie ist vielmehr das eigentliche Lebensgesetz der Sokratischen Dialoge. Sie sind im wörtlichen Sinne ‚hinführende Reden‘. Erst von ihr her schließt sich auf, was die oft sophistisch wirkende und tatsächlich oft die schlimmste Verwirrung betreibende Widerlegungskunst des *Sokrates* in Wahrheit intendiert. Ja, wenn menschliche Weisheit so wäre, daß sie von einem zu dem anderen übergehen könnte, wie Wasser von einem Gefäß zum anderen an einem Wollfaden herübergeleitet werden kann ... (Symp. 175 d) Aber so ist menschliche Weisheit nicht. Sie ist das Wissen des Nichtwissens. An ihr wird der andere, mit dem *Sokrates* das Gespräch führt, seines eigenen Nichtwissens überführt —, und das bedeutet: es geht ihm etwas über sich selbst auf und sein Leben in Vermeintlichkeiten. Oder, um es mit einer kühnen Wendung aus *Platos* 7. Brief zu sagen: Nicht seine These allein, sondern seine Seele wird widerlegt. Das gilt sowohl von den Knaben, die sich Freunde glauben und doch noch gar nicht wissen, was Freundschaft ist (Lysis), wie von den berühmten Feldherren, die glauben, die Tugend des Soldaten in sich zu verkörpern (Laches), oder von den ehrgeizigen Staatsmännern, die ein allem anderen Wissen überlegenes Wissen zu besitzen meinen (Charmides), — es gilt ebenso von all denen, die den professionellen Lehrern der Weisheit folgen, und am Ende gilt es von dem einfachsten Bürger selbst, der von sich glauben muß und glauben machen muß, daß er ‚gerecht‘ ist, als Kaufmann, Händler, Bankier so gut wie als Handwerker usw. Aber offenkundig ist es nicht Fach-Wissen, auf das es dabei ankommt, sondern eine andere Art von Wissen jenseits aller speziellen Ansprüche und Kompetenzen wissender Überlegenheit, jenseits aller sonst bekannten Technai und Epistemai. Dies andere Wissen meint die ‚Wendung zur Idee‘, die hinter allen Bloßstellungen der vermeintlich Wissenden liegt.

Aber auch das heißt nicht, daß *Plato* am Ende eine Lehre hat, die man von ihm lernen kann: die ‚Ideenlehre‘. Und wenn er diese ‚Lehre‘ in seinem Parmenidesdialog kritisiert, heißt das erst recht nicht, daß er damals an ihr irre geworden ist. Es heißt vielmehr, daß die Annahme von ‚Ideen‘ nicht so sehr eine ‚Lehre‘ war, sondern eine Fragerichtung bezeichnet, deren Implikationen zu entwickeln und zu diskutieren die Aufgabe der Philosophie, das heißt der Platonischen Dialektik, war. Dialektik ist die Kunst, ein Gespräch zu führen, und das schließt die Kunst ein, dies Gespräch mit sich selbst zu führen und der Verständigung mit sich selbst nachzugehen. Sie ist die Kunst des Denkens. Das aber bedeutet die Kunst, nach dem zu fragen, was man eigentlich mit dem meint, was man denkt und sagt. Man begibt sich damit auf einen Weg. Besser: man ist damit auf einem Wege. Denn es gibt so etwas wie eine ‚Naturanlage des Menschen zur Philosophie‘. Unser Denken bleibt nicht stehen bei dem, was einer mit diesem oder mit jenem meint. Denken weist stets über sich hinaus. Das Platonische Dialogwerk hat dafür seinen Ausdruck — es weist auf das Eine, das Sein, das ‚Gute‘, das sich in der Ordnung der Seele, der Stadtverfassung wie des Weltenbaues darstellt.

Wenn *Heidegger* die Annahme der Ideen als den Anfang der Seinsvergessenheit interpretiert, die in der bloßen Vorgestelltheit und der Objektivierung gipfelt, in die die technologische Ära des universal gewordenen Willens zur Macht ausläuft, und wenn er konsequent genug ist, auch das früheste griechische Seinsdenken als die Vorbereitung dieser in der Metaphysik sich ereignenden Seinsvergessenheit zu verstehen, so bedeutet demgegenüber die eigentliche Dimension der Platonischen Dialektik der Ideen im Grunde etwas anderes. Der ihr zugrunde liegende Überschritt auf das Jenseits alles Seienden hin ist ein Schritt über die ‚einfältige‘ Annahme der Ideen hinaus und in letzter Konsequenz eine Gegenbewegung gegen die metaphysische Auslegung des Seins als des Seins des Seienden.

Tatsächlich ließe sich die Geschichte der Metaphysik auch als eine Geschichte des Platonismus schreiben. Ihre Stationen wären etwa *Plotin* und *Augustin, Meister Eckhart* und *Nikolaus von Kues, Leibniz, Kant* und *Hegel,* das heißt aber: alle jene Denkanstrengungen des Abendlandes, die hinter das substantiale Sein der Idee und überhaupt hinter die Substanzlehre der metaphysischen Tradition zurückfragen. Der erste Platoniker in dieser Reihe aber wäre kein anderer als *Aristoteles* selbst. Das glaubhaft zu machen, und zwar sowohl gegen die Instanz der Aristotelischen Kritik an der Ideenlehre als auch gegen die Substanzmetaphysik der abendländischen Tradition, wäre das Ziel meiner Studien auf diesem Felde. Ich stünde damit übrigens nicht ganz allein. Es hat *Hegel* gegeben.

Es wäre auch kein bloß ‚historisches‘ Unternehmen. Denn dahinter stünde durchaus nicht die Absicht, die von *Heidegger* entworfene Geschichte der wachsenden Seinsvergessenheit durch eine Geschichte der Seinserinnerung zu ergänzen. Das wäre nicht sinnvoll. Wohl ist es angemessen, von wachsender Vergessenheit zu sprechen. So bestand *Heideggers* große Leistung in meinen Augen gerade darin, uns aus einer geradezu völligen Vergessenheit aufzurütteln, indem er uns lehrte, im Ernste zu fragen: Was ist das, das ‚Sein‘? Ich erinnere mich, wie im Jahre 1924 *Heidegger* in einem Seminar über *Cajetans* ‚De nominum analogia‘ eine Diskussion mit der Frage beendete: Was ist das, das Sein?, und wie wir uns über der Absurdität dieser Frage kopfschüttelnd ansahen. Inzwischen sind wir alle in gewissem Sinne an die Seinsfrage erinnert worden. Auch die Verteidiger der traditionellen metaphysischen Tradition, die Kritiker *Heideggers* sein wollen, sind nicht mehr in der Selbstverständlichkeit befangen, mit der das in der metaphysischen Tradition begründete Verständnis von Sein fraglos galt. Sie verteidigen vielmehr die klassische Antwort als eine Antwort, das heißt aber, sie haben die Frage als Frage wiedergewonnen.

Überall, wo Philosophieren versucht wird, geschieht in dieser Weise Seins-Erinnerung. Trotzdem gibt es, wie mir scheint, keine Geschichte der Seinserinnerung. Erinnerung hat keine Geschichte. Es gibt nicht in derselben Weise, wie es wachsende Vergessenheit gibt, eine wachsende Erinnerung. Erinnerung ist immer das, was einem kommt, was über einen kommt, so daß ein Wiedervergegenwärtigtes dem Vergehen und Vergessen eine Weile Halt gebietet. Seinserinnerung aber ist obendrein nicht Erinnerung an etwas vordem Gewußtes und jetzt Vergegenwärtigtes, sondern Erinnerung an vordem Gefragtes, ist Erinnerung an eine verschollene Frage. Alle Frage aber, die als Frage gefragt wird, ist nicht länger erinnerte. Als Erinnerung an das damals Gefragte ist sie das jetzt Gefragte. So hebt das Fragen die Geschichtlichkeit unseres Denkens und Erkennens auf. Philosophie hat keine Geschichte. Der erste, der eine Geschichte der Philosophie schrieb, die wirklich eine solche war, war auch der letzte: *Hegel.* In ihm hob sich Geschichte in die Gegenwart des absoluten Geistes auf.

Aber ist das unsere Gegenwart? Ist auch nur *Hegel* für uns diese Gegenwart? Gewiß soll man *Hegel* nicht dogmatisch einengen. Wenn er vom Ende der Geschichte sprach, die mit der Freiheit aller erreicht sei, so hieß das, daß die Geschichte nur in dem Sinne zu Ende sei, daß kein höheres Prinzip als die Freiheit aller aufgestellt werden könne. Die steigende Unfreiheit aller, die sich als das vielleicht unausweichliche Schicksal der Weltzivilisation abzuzeichnen begonnen hat, wäre in seinen Augen kein Einwand gegen das Prinzip. Es wäre nur »schlimm für die Tatsachen«. Gleichwohl fragen wir gegen *Hegel:* Ist das Prinzip, das erste und letzte, worin der philosophische Gedanke des Seins endet, ‚Geist‘? Dagegen hat die Kritik der Junghegelianer sich polemisch orientiert, und nach meiner Überzeugung ist *Heidegger* es gewesen, der als erster eine positive Möglichkeit freilegte, die über die bloße dialektische Umkehrung hinausging. Denn das ist sein Punkt: ‚Wahrheit‘ ist nicht die volle Unverborgenheit, deren ideale Erfüllung am Ende die Selbstgegenwart des absoluten Geistes bliebe. Er lehrte uns vielmehr, Wahrheit als Entbergung und Verbergung zugleich zu denken. Die großen Denkversuche der Tradition, in denen wir uns immer wieder wie mitausgesprochen wissen, stehen alle in dieser Spannung. Was ausgesagt ist, ist nicht alles. Das Ungesagte erst macht das Gesagte zum Wort, das uns erreichen kann. Das scheint mir von zwingender Richtigkeit. Die Begriffe, in denen sich Denken formuliert, stehen gleichsam gegen eine Wand von Dunkelheiten. Sie wirken einseitig, festlegend, vorurteilsvoll. Man denke etwa an den griechischen Intellektualismus oder an die Willensmetaphysik des deutschen Idealismus oder an den Methodologismus der Neukantianer und Neupositivisten. Sie sagen sich auf ihre Weise aus, aber nicht ohne sich für sich selbst dabei unkenntlich zu werden. Sie sind in der Vorgreiflichkeit ihrer Begriffe befangen.

Aus diesem Grunde ist jeder Dialog mit dem Denken eines Denkers, den wir zu führen suchen, indem wir ihn zu verstehen trachten, ein in sich unendliches Gespräch. Ein wirkliches Gespräch, in dem wir ‚unsere‘ Sprache zu finden suchen — als die gemeinsame. Die historische Abstandnahme, und gar die Placierung des Partners in einem historisch überschaubar gemachten Ablauf, bleiben untergeordnete Momente unseres Verständigungsversuchs, in Wahrheit Formen der Selbstvergewisserung, mit denen wir uns gegen den Partner verschließen. Im Gespräch aber versuchen wir uns für ihn zu öffnen, das heißt die gemeinsame Sache festzuhalten, in der wir zusammen stehen.

Wenn das so ist, dann steht es freilich schlecht mit einer eigenen Position. Bedeutet solche dialogische Unendlichkeit nicht in letzter Radikalität einen völligen Relativismus? Aber wäre das nicht selbst wieder eine solche Position und obendrein eine, die sich in bekannter Weise in Selbstwiderspruch verstrickte? Am Ende ist es so wie beim Erwerb von Lebenserfahrung auch: Eine Fülle von Erfahrungen, Begegnungen, Belehrungen, Enttäuschungen mündet nicht darin, daß man am Ende alles weiß, sondern daß man Bescheid weiß und Bescheidenheit gelernt hat. In einem zentralen Kapitel meines Buches ‚Wahrheit und Methode‘ habe ich diesen ‚personalen‘ Begriff von Erfahrung gegen die Verdeckung verteidigt, die er durch den institutionalisierten Prozeß der Erfahrungswissenschaften erlitten hat und empfinde mich darin *M. Polanyi* verwandt. Die ‚hermeneutische‘ Philosophie versteht sich von da aus nicht als eine ‚absolute‘ Position, sondern als ein Weg der Erfahrung. Sie besteht darauf, daß es kein höheres Prinzip gibt als dies, sich dem Gespräch offenzuhalten. Das aber heißt stets, das mögliche Recht, ja die Überlegenheit des Gesprächspartners im voraus anzuerkennen. Ist das zu wenig? Es scheint mir die Art Redlichkeit, die man von einem Professor der

Philosophie allein verlangen kann —, die man aber auch verlangen sollte.

Es scheint mir evident, daß der Rückgang auf die ursprüngliche Dialogik menschlicher Welthabe nicht hintergehbar ist. Das gilt auch dann, wenn letzte Rechenschaftsgabe, ‚Letztbegründung‘ gefordert oder ‚Selbstverwirklichung des Geistes‘ gelehrt wird. So mußte vor allem *Hegels* Denkweg erneut befragt werden. *Heidegger* hat die griechischen Hintergründe der Tradition der Metaphysik aufgedeckt und in *Hegels* dialektischer Auflösung der traditionellen Begrifflichkeit in seiner ‚Wissenschaft der Logik‘ die radikalste Gefolgschaft gegenüber den Griechen erkannt. Aber seine Destruktion der Metaphysik hat dieselbe doch nicht ihres Sinnes beraubt. Insbesondere machte sich *Hegels* kunstvolle spekulative Überschreitung der Subjektivität des subjektiven Geistes geltend und bot sich als ein eigener Lösungsweg gegenüber dem neuzeitlichen Subjektivismus an. War hier die Intention nicht die gleiche wie in *Heideggers* Abkehr von der transzendentalen Selbstauffassung im Denken der ‚Kehre‘? War nicht auch *Hegels* Intention, die Orientierung am Selbstbewußtsein und an der Subjekt-Objekt-Spaltung der Bewußtseinsphilosophie hinter sich zu lassen? Oder sind da noch Unterschiede? Bedeutet die Orientierung an der Universalität der ‚Sprache‘, das Bestehen auf der Sprachlichkeit unseres Weltzuganges, das wir mit *Heidegger* teilen, gar einen Schritt über *Hegel* hinaus, einen Schritt hinter *Hegel* zurück?

Zu einer ersten Ortsbestimmung meines eigenen Denkversuches könnte ich in der Tat sagen, daß ich die Ehrenrettung der ‚schlechten Unendlichkeit‘ auf mich genommen habe. Freilich mit einer in meinen Augen entscheidenden Modifikation. Denn der unendliche Dialog der Seele mit sich selber, der das Denken ist, ist nicht zu charakterisieren als eine endlose Fortbestimmung der zu erkennenden Gegenstandswelt, weder im neukantianischen Sinne der unendlichen Aufgabe noch im dialektischen Sinne des denkenden Hinaus-Seins über jede jeweilige Grenze. Hier hat für mich *Heidegger* einen neuen Weg gewiesen, indem er die Kritik an der metaphysischen Tradition in die Vorbereitung wendete, die Frage nach dem Sein auf neue Weise zu stellen, und sich dabei ‚unterwegs zur Sprache‘ fand. Es ist der Weg der Sprache, die nicht in der Urteilsaussage und ihrem gegenständlichen Geltungsanspruch aufgeht, sondern die sich stets an das Ganze des Seins hält. Totalität ist nicht eine zu bestimmende Gegenständlichkeit. *Kants* Kritik an den Antinomien der reinen Vernunft scheint mir insofern gegen *Hegel* recht zu behalten. Totalität ist nicht Gegenstand, sondern der Welthorizont, der uns umschließt, und in den wir hineinleben.

Ich brauchte nicht erst *Heidegger* zu folgen, der *Hölderlin* gegen *Hegel* aufbaute und das Werk der Kunst als ein ursprüngliches Wahrheitsgeschehen deutete, um im dichterischen Werk ein Korrektiv für das Ideal objektiver Bestimmtheit und für die Hybris der Begriffe anzuerkennen. Das war mir vielmehr von meinen allerersten eigenen Denkversuchen her gewiß. Es sollte meiner eigenen hermeneutischen Orientierung beständig zu denken geben. Der hermeneutische Versuch, Sprache vom Dialog aus zu denken — ein für einen lebenslangen Schüler *Platos* unausweichlicher Versuch —, bedeutete letzten Endes die Überholbarkeit jeder Fixierung durch den Fortgang des Gesprächs. So wird die terminologische Fixierung, die im konstruktiven Bereich der modernen Wissenschaft und ihrer Verfügbarmachung des Wissens für jedermann ganz angemessen ist, im Felde der Bewegung des philosophischen Gedankens eigentümlich verdächtig. Die großen griechischen Denker wahrten sich die Beweglichkeit der eigenen Sprache auch dort, wo sie — in thematischer Analyse — gelegentlich begriffliche Fixierungen vornahmen. Es gibt aber Scholastik, antike, mittelalterliche, neue und neueste. Sie begleitet die Philosophie wie ihr Schatten. Daher wird der Rang eines Denkens fast dadurch bestimmbar, wie weit es die Versteinerungen aufzubrechen vermag, die der überlieferte philosophische Sprachgebrauch darstellt. *Hegels* programmatischer Versuch, den er als seine dialektische Methode handhabte, hat im Grunde viele Vorgänger. Selbst ein so zeremoniell gesinnter Denker wie *Kant,* der die lateinische Schulsprache stets mit im

Sinne hatte, fand seine ‚eigene' Sprache, die zwar Neubildungen vermied, aber den traditionellen Begriffen viele neue Wendungen abgewann. Auch *Husserls* Rang bestimmt sich gegenüber dem zeitgenössischen und älteren Neukantianismus gerade dadurch, daß seine geistige Anschauungskraft überlieferte Kunstausdrücke und die deskriptive Geschmeidigkeit seines sprachlichen Vokabulars zur Einheit eines Stils verschmolz. *Heidegger* vollends berief sich geradezu auf das Vorbild *Platos* und *Aristoteles'*, um die Neuartigkeit seines Sprachgebarens zu rechtfertigen, und man ist ihm dabei weit mehr gefolgt, als die erste provokatorische Wirkung und Verblüffung erwarten ließ. Die Philosophie befindet sich eben, im Unterschied zu den Wissenschaften und der Lebenspraxis, in einer eigentümlichen Schwierigkeit. Die Sprache, die wir sprechen, ist nicht für die Absichten des Philosophierens geschaffen. Philosophie verstrickt sich in einer konstitutiven Sprachnot, und diese Sprachnot wird um so fühlbarer, je kühner ein Philosophierender vorausdenkt. Im allgemeinen ist es das Kennzeichen des Dilettanten, daß er willkürlich Begriffe ‚bildet' und eifrig seine Begriffe ‚definiert'. Der Philosoph weckt die Anschauungskraft der Sprache, und jede sprachliche Kühnheit und Gewaltsamkeit kann am Platze sein, wenn sie es nur erreicht, daß sie in die Sprache derer eingeht, die mitdenken und weiterdenken, und das heißt, wenn sie nur den Horizont der Verständigung fortbewegt, ausdehnt, lichtet.

Es ist unvermeidlich, daß die Sprache der Philosophie, die ihren Gegenstand niemals vorfindet, sondern selbst erst aufbaut, sich nicht in Satzsystemen bewegt, deren logische Formalisierung und kritische Überprüfung auf Schlüssigkeit und Eindeutigkeit hin die Einsichten der Philosophie vertiefen könnte. Diese Tatsache wird keine ‚Revolution', auch nicht die durch die analysis of ordinary language proklamierte, aus der Welt schaffen. Um es am Beispiel zu illustrieren: Es kann einen Gewinn an Klarheit bringen, wenn man die in einem Platonischen Dialog begegnenden Argumentationen mit logischen Mitteln analysiert, Inkohärenzen aufweist, Sprünge ausfüllt, Fehlschlüsse entlarvt usw. Aber lernt man so *Plato* lesen?

Seine Fragen zu den eigenen zu machen? Gelingt es, an ihm zu lernen, statt sich eigene Überlegenheit zu bestätigen? Was für *Plato* gilt, gilt aber mutatis mutandis für alle Philosophie. *Plato* hat das in seinem 7. Brief, wie mir scheint, ein für allemal richtig beschrieben: Die Mittel des Philosophierens sind nicht es selbst. Plane logische Schlüssigkeit ist noch nicht alles. Nicht als ob die Logik nicht ihre evidente Gültigkeit hätte. Aber die Thematisierung des Logischen beschränkt den Fragehorizont auf formale Überprüfbarkeit und verstellt damit die Weltöffnung, die in unserer sprachlich ausgelegten Welterfahrung geschieht. Das ist eine hermeneutische Feststellung, bei der ich am Ende mit dem späten *Wittgenstein* eine gewisse Konvergenz zu bemerken meine. Er revidierte dort die nominalistischen Vorurteile seines ‚Traktats‘ zu Gunsten einer Zurückführung alles Sprechens auf Zusammenhänge der Lebenspraxis. Freilich blieb ihm der Ertrag dieser Reduktion auch weiterhin negativ. Er bestand für ihn in der Abweisung der unausweisbaren Fragen der Metaphysik und nicht darin, die unabweisbaren Fragen der Metaphysik — so unausweisbar sie sein mögen — wiederzugewinnen, indem man sie aus der Sprachverfaßtheit unseres In-der-Welt-Seins heraushört. Hierfür ist weit mehr als von *Wittgenstein* von dem Worte der Dichter zu lernen.

Da ist es genau so und niemand bestreitet es dort, daß es so ist: die begriffliche Explikation vermag den Gehalt eines dichterischen Gebildes nicht auszuschöpfen. Das ist mindestens seit *Kant* anerkannt, wenn nicht gar schon seit *Baumgartens* Entdeckung der ästhetischen Wahrheit (cognitio sensitiva). Aber unter hermeneutischem Aspekt muß das besonders interessieren. Der Dichtung gegenüber genügt nicht die bloße Scheidung des Ästhetischen vom Theoretischen und seine Befreiung vom Druck der Regeln oder des Begriffes. Auch Dichtung bleibt noch eine Gestalt der Rede, in der Begriffe zueinander in Beziehung treten. So besteht die hermeneutische Aufgabe darin, den besonderen Ort der Dichtung im Zusammenhang der Verbindlichkeit der Sprache, in der immer Begriffliches im Spiele ist, bestimmen zu lernen. Auf welche

Weise wird Sprache zur Kunst? Diese Frage stellt sich hier nicht nur, weil es sich bei der Kunst der Interpretation immer um Formen von Rede und Text handelt, und weil es sich bei der Dichtung auch um sprachliche Gebilde, um Texte handelt. Dichterische Gebilde sind in einem neuartigen Sinne ‚Gebilde‘, sie sind in eminenter Weise ‚Texte‘. Sprache tritt hier in ihrer vollendeten Autonomie heraus. Sie steht für sich und bringt sich zum Stehen, während sonst Worte durch die Intentionsrichtung der Rede überholt werden, die sie hinter sich läßt.

Hier steckt ein hermeneutisches Problem von eigener Schwierigkeit. Es ist eine besondere Art von Kommunikation, die bei Dichtungen vor sich geht. Mit wem findet sie statt? Mit dem Leser? Mit welchem Leser? Hier gewinnt die Dialektik von Frage und Antwort, die dem hermeneutischen Prozeß immer zugrunde liegt und dem Grundschema des Dialogischen entspringt, eine besondere Modifikation. Aufnahme und Interpretation von Dichtung scheint ein dialogisches Verhältnis eigener Art zu implizieren.

Das tritt besonders hervor, wenn man die verschiedenen Weisen des Sprechens in ihrer Sonderart studiert. Es ist nicht nur das dichterische Wort, das eine reiche Skala von Differenzierungen aufweist, z. B. episch, dramatisch, lyrisch. Es gibt offenbar auch andere Weisen des Sprechens, in denen sich das hermeneutische Grundverhältnis von Frage und Antwort eigentümlich modifiziert. Ich denke an die verschiedenen Formen des religiösen Sprechens, wie Verkündigung, Gebet, Predigt, Segnung. Ich nenne die mythische ‚Sage‘, den Rechtstext, und eben auch die mehr oder minder stammelnde Sprache der Philosophie. Sie bilden eine hermeneutische Anwendungsproblematik, der ich mich seit dem Erscheinen von ‚Wahrheit und Methode‘ zunehmend mehr gewidmet habe. Von zwei Seiten aus glaube ich der Sache nähergekommen zu sein, einmal von meinen Studien zu *Hegel* her, in denen ich die Rolle des Sprachlichen in seinem Zusammenhang mit dem Logischen verfolge, und sodann von moderner hermetischer Dichtung her, wie ich sie in einem Kommentar zu *Paul Celans* ‚Atemkristall‘ zum Gegenstand gemacht habe. Das Verhältnis von Philosophie und Poesie steht im Zentrum dieser Untersuchungen. Das Nachdenken darüber dient mir dazu, und kann uns allen dazu dienen, sich beständig daran zu erinnern, daß *Plato* kein Platoniker war und Philosophie nicht Scholastik ist.

Vom Autor getroffene Auswahl seiner Veröffentlichungen

Platos dialektische Ethik. 2. Auflage 1968, Felix Meiner, Hamburg.

Wahrheit und Methode. Grundzüge einer philosophischen Hermeneutik. 4. Auflage 1975, J. C. B. Mohr (P. Siebeck), Tübingen.

Kleine Schriften I: Philosophie. Hermeneutik. 1967; II: Interpretationen. 1967; III: Idee und Sprache; Platon, Husserl, Heidegger. 1972 (mit ausführlicher Bibliographie); IV: Variationen. 1977. J. C. B. Mohr (P. Siebeck), Tübingen.

Zur Begriffswelt der Vorsokratiker. 1968, Wissenschaftl. Buchgesellschaft, Darmstadt.

Hegels Dialektik. Fünf hermeneutische Studien. 1971, J. C. B. Mohr (P. Siebeck), Tübingen.

Wer bin ich und wer bist du? Ein Kommentar zu Paul Celans »Atemkristall«. 1973, Suhrkamp, Frankfurt a. M.

Vernunft im Zeitalter der Wissenschaft. Aufsätze. 1976. Suhrkamp, Frankfurt a. M.

Herausgeber von »Neue Anthropologie«. Eine Intregration der Wissenschaft vom Menschen. Thieme Verlag/DTV-Verlag Bd. 1—3, 1972; Bd. 4 u. 5, 1973; Bd. 6 u. 7, 1975; mit einem eigenen Beitrag als Einführung und einem Schlußbericht.

Gibt es die Materie? Eine Studie zur Begriffsbildung in Philosophie und Wissenschaft. In: Convivium Cosmologicum. H. Hönl z. 70. Geb. Hrsg. v. A. Giannarás. 1973, Schwabe, Basel.

Die Unsterblichkeitsbeweise in Platons »Phaidon«. In: Wirklichkeit und Reflexion. W. Schulz z. 60. Geb. Hrsg. v. H. Fahrenbach. 1973, Neske, Pfullingen.

Hegels Dialektik des Selbstbewußtseins. In: Materialien zu Hegels »Phänomenologie des Geistes«. Hrsg. v. H. F. Fulda u. D. Henrich. 1973, Suhrkamp Taschenbücher Wissenschaft, Frankfurt a. M.

Idee und Wirklichkeit in Platos Timaios. 1974, Winter, Heidelberg (Sitzungsberichte d. Heidelberger Akademie d. Wissenschaften).

Vom Anfang bei Heraklit. In: Sein und Geschichtlichkeit. K.-H. Volkmann-Schluck z. 60. Geb. Hrsg. v. I. Schüßler u. W. Janke. 1974, Klostermann, Frankfurt.

Kunst als Spiel, Symbol und Fest. In: Kunst heute. Hrsg. v. A. Paus (Vorlesung der Salzburger Hochschulwochen 1974). 1975, Styria, Graz. / 1977, Reclam, Stuttgart.

Poetica. Ausgewählte Essays. 1977, Insel, Frankfurt a. M.

Heinz Heimsoeth 12. 8. 1886 — 10. 9. 1975

Rückbesinnen in hohem Alter läßt den eigenen Gang mit dem, was sich da in Denkformung und Werkgestalt bringen ließ, als einen in Wandlungen und Neuansätzen stetig durchlaufenden Wirkfaden im überwältigend vielfachen Geflecht einer die Generationen übergreifenden Epochendynamik vorstellig werden. Zu deren Schilderung kann Selbstdarstellung auch vom Personalen her ein Beitrag sein.

Von der Philosophie als geistiger, lebensbestimmender Macht betroffen wurde ich zuerst durch Auftreffen auf die nach der Jahrhundertwende im Buchhandel sukzessiv erscheinenden Nachlaß-Bände der ersten großen Nietzsche-Ausgabe. Das Ethos der in unerhörten Spannungen sich aufrecht bis zum Untergang erhaltenden Persönlichkeit und das unendlichvolle Chaos der Erfrageweisen denkerischer Rückschau und Vorausentwürfe blieb von da immer, auch in Abkehrzeiten, ein Sternbild für Ernst und Anstrengung geistigen Sich-Versuchens in verstehendem Erfahren dessen, was da ist und was man ist.

Noch in den gleichen Schülerjahren fand ich im überkommenen Bücherschrank meines Urgroßvaters Ludolf Camphausen zwischen den Reihen der großen Historiker des 19. Jahrhunderts und denen der Klassiker deutscher Dichtung einen als altehrwürdig sich abhebenden Pappband mit dem Sachtitel: Kritik der reinen Vernunft; von da an hat das Bemühen, vom Sinnverstehen dieses »System«-Denkens aus philosophieren zu lernen, mein Leben (und späteres Lehren) stetig zu eigenen Aufgaben geführt. Erste Nöte des Hineinwachsens in die Begriffssprache *Kants* und solcher, die wie *Schopenhauer* (damals vielgelesen, viel bekämpft) sich auf ihn beriefen, fanden in einem Großen Brockhaus der neunziger Jahre ein zunächst dauernd verwendbares Werkzeugarsenal. Abendvorträge des (damals) Bonner Philosophen *Benno Erdmann* über Geschichte der Philosophie an der Kölner Handelshochschule bestärkten den Primaner im herangereiften Hinstreben auf akademisches Studium der Philosophie.

Der Beginn in Heidelberg, noch zu Lebzeiten *Kuno Fischers*, dessen Lehrstuhl nun *Windelband* mit eigener Ausstrahlungs- und Fortbildungskraft innehatte, erregte vor allem philosophiehistorische Interessen; im Seminar über die Kritik d. r. V. glänzte als ein Vorbild der um vier Semester ältere *Richard Kroner*, welcher später zu einem führenden Kopf in der vom Altmeister noch akzeptierten »Erneuerung des Hegelianismus« werden sollte. Prägende Kraft auch im Systematischen ging von dem eben erst habilitierten Privatdozenten *Emil Lask* aus, in dessen engerem Kreis *Fichtes* Kritik seines Zeitalters durchdiskutiert wurde; — neben *Kroner* wurde mir da besonders noch *Hans Pichler* wichtig, der bald dann eine so gar nicht neukantisch gerichtete Dissertation »Über die Arten des Seins« *Windelband* vorlegte, Vorklang für spätere Vorstöße auf Gegenstandstheorie und Ontologie hin.

Im letzten von drei Berliner Semestern, deren philosophische Führungsgestalten *W. Dilthey*, dann besonders eindrucksvoll durch Gedankenreichtum *G. Simmel*, auch noch *A. Riehl* waren, geriet ich in das Erstseminar des soeben gegen Widerstände habilitierten *Ernst Cassirer;* ein Referat über das »Stille Jahrzehnt« vor Niederschrift der Ersten Kritik wurde dem schon in *B. Erdmanns* Herausgabe kantischer Nachlaß-»Reflexionen« sich versuchenden Anfänger im Forschen anvertraut; — von da spann sich, verstärkte sich ständig in Jahrzehnten ein Lebensfaden. *Cassirer* gab Mut zum Weg nach Marburg, zu *H. Cohen* und *P. Natorp.*

Hineinwachsen in die streng sich abschließende Schule, Rezeption und mitarbeitende Gefolgschaft im Rahmen dieser Systematik einer primär auf die exakten Wissenschaften ausgerichteten Erkenntnistheorie und Bewußtseinslehre nach »transzendentaler Methode« war erste Aufgabe und Forderung. Um die allseits verehrten beiden Meister scharte sich ein engerer Kreis von teilweise weitgereiften, hochbegabten Anwärtern auf eigenes Schaffen, von denen viele vom Ausland Zugekommene, Russen, Polen, Spanier (unter diesen *Ortega y*

Gasset), in Seminaren und abendlichen Diskussionszusammen-künften hervorragten. Sehr bald schon galt mir als systematisch stärkste Potenz von vorbildlichem Forschungsethos der damals 25jährige *Nicolai Hartmann* — als Balte und von Petersburg Gekommener von Mitstudenten unter die »Russen« gerechnet. Aus weitgespannten Gesprächsfolgen entstand, primär von den Sachen her, eine das ganze Leben durchgehaltene persönliche Freundschaft, die für mein Fortarbeiten tiefbestimmend geworden ist.

Aus einem für mein damaliges Können und Wissen allzuweit und -hoch gespannten Arbeitsplan: »Leibniz' Kritik an Descartes« (als großes Thema magistral und überschauend durchdacht jetzt in einem französischen Werk von *Yvon Belaval,* Paris 1960) spaltete sich in den Marburger Semestern zunächst die Promotionsschrift ab: »Descartes' Methode der klaren und deutlichen Erkenntnis« — thematisch und im Leitinteresse durchweg bestimmt von der Schulposition her, vorbezogen auf *Kants* spätere Werkbezeichnung als »Traktat von der Methode«; Methodenfragen überhaupt verstanden als »das schöpferische Motiv für den systematischen Aufbau der Prinzipien«, wie es zum Anfang wie als unmittelbar einsichtig heißt.

Den stärksten nachhaltigen Einfluß übte, nach erfolgter Promotion, Persönlichkeit und Lehre *Henri Bergsons* auf mich aus. Ein Jahr Nach-Studium in Paris, Seite an Seite mit dem aus »Marburg« mitkommenden, dort mit einer Aristoteles-Untersuchung promovierten *Wladyslav Tatarkiewicz* (der später ein hervorragender Kenner der Geschichte der Ästhetik werden sollte), brachte erste Absetzungstendenzen vom bloßen Transzendentalismus der Kant-Schulen und ihrer »Idealismus«-Positionen mit sich, samt positiver Zuwendung zu Sachthemen der »Metaphysik« im Sinne philosophischer Realitätserschließung von Lebens- und Wissenschaftserfahrungen in deren engem Miteinander her. »Organismus und Freiheit«, seitdem und besonders jetzt wieder, in der heutigen Situation, vordringliches Anliegen ebenso der Anthropologie wie der Naturphilosophie geworden, dies große Thema brachte für mich zugleich Anstoß zu veränderten Perspektiven auf Systemgestalten der Vergangenheit mit sich: zunächst auf *Leibniz,* dessen Kritik an *Descartes* im Inhaltlichen ja doch gerade von einem Kontinuitätsdenken in Sachen der Lebensspontaneität und menschlicher Freiheit ausging. Auch für den unter damaligen Interpreten *Kants* so besonders gegnerisch umstrittenen Begriff vom »Ding an sich« (z. B. *Cohen — Natorp* gegenüber *Alois Riehl*) ergaben sich mit *Bergsons* realistischer Erkenntnistheorie und Seinslehre Sachargumente ebenso vom Organismus-Thema wie vom Problem unseres inneren Spontaneitäts- und Handelnsbewußtseins aus. — Im gleichen Jahr vertiefter Rezeption von Neubildungen in der französischen Philosophie wurde bestimmend für mein systematisches Fortdenken das vorbildhaft kurzgedrängte Hauptwerk *Emile Boutroux':* De la contingence des lois de la nature — als Entwurf einer Stufenordnung von Realitätsregionen mit je eigenen Gesetzlichkeiten und Gefügen, vom Mathematischen und Anorganisch-Materiellen bis zur Freiheit und Spiritualität im Menschsein (abwägende Erörterung von *Boutroux'* und *Bergsons* Freiheitslehren diente später als Probevorlesung vor der Marburger Fakultät).

Vor der Habilitationsphase lag dann noch ein Münchener Semester. Vorlesungen *Alexander Pfänders* und Seminare bei *Moritz Geiger* lehrten, Husserl-Folger der realistischen Ausrichtung (psychische Realität, Thema des »Unbewußten« auf anderer Basis als bei *Leibniz*) eindringlicher verstehen. Zugleich aber ergaben sich, ganz außerhalb des universitären Bereichs, erste persönliche Begegnungen mit *Max Scheler* und dem überwältigenden Reichtum seiner jeweiligen gedanklichen Einfälle und Perspektiven, der systematischen und gegenwartsbezogenen ebenso wie der geistes- und philosophiegeschichtlichen. Besonders erregend und antreibend für erworbene eigene Lern- und Such-Erfahrungen **damals, vor Erscheinen** der großen Werkefolge, war *Schelers* mit *Nietzsches* Konzeption des »Lebens« und der Wertbewegungen sich tiefgründig verbindende Aufgeschlossenheit für das Neue, was aus *Bergsons* Lehrsphäre vom dritten Hauptwerk an zu vernehmen

war — dies zugleich mit produktivem Ausgreifen auf die von
Dilthey (und auch in *R. Euckens* Noologie) in Sicht gebrachte
Verstehens- und Realitätsform gesellschaftlich-geschichtlichen,
insbesondere geistigen »Lebens«.

Zur Habilitation im alten, doch schon seit *Cohens*, des
70jährigen Altmeisters, Wegzug nach Berlin sich deutlich und
stetig in den philosophischen Bereichen verändernden Marburg
konnte ich die inzwischen verfaßte Leibniz-Untersuchung vorlegen: die in ihrem ersten Teil, vorplangemäß, thematisch an
die Promotionsschrift über *Descartes*, mit der entsprechenden
Gegenüber- und Entgegenstellung sich anschließend, noch ganz
im Duktus des Methodenprimats der Schule stand. Der zweite
Teil dagegen (Erkenntnislehre und Monadologie) geht von der
Überzeugung aus, daß diese Denk- und Erkenntnisauffassung
»in allem wesentlichen metaphysisch fundiert« ist und es sein
will; die Intention der Arbeit steht in bewußtem Gegensatz zu
den klassischen Leibniz-Werken von *Couturat* und *B. Russell*,
aber auch zu *Cassirers* bedeutendem Erstlingswerk von 1902
über »Leibniz' System in seinen wissenschaftlichen Grundlagen« mit seiner panmethodistischen Sichtweise. Promotionsschrift und Habilitationsarbeit sind zusammen unter dem
Gesamttitel: »Die Methode der Erkenntnis bei Descartes und
Leibniz« im VI. Band der Marburger Reihe Philosophischer
Arbeiten erschienen.[1] In vier Jahren universitäts- und biblio-
theksferner Militärzeit entstand nur, aus weiterführender
Besinnung auf Grundhaltung und Gesamtsinn der Monadologie, die Jubiläumsstudie für 1916: »Leibniz' Weltanschauung
als Ursprung seiner Gedankenwelt«.[2] In der Titelfassung
deutet sich eine neue Wendung im Duktus des Aufsuchens an:
ansetzend beim erkenntnismetaphysischen Paradoxon, wonach
jede Menschenseele als Monade nur Einen unmittelbaren
Gegenstandsbezug hat, dies bekräftigt durch das Wort d'une
très sainte personne (*Therese von Avila*), sowie von den

----

[1]   Gießen, Töpelmann 1912, 1914.
[2]   In: Kant-Studien 21 (1917); jetzt in: H. Heimsoeth: Studien
zur Philosophiegeschichte. Ges. Abhandlungen, Bd. II, Köln 1961.

merkwürdigen, in deutscher Sprache abgefaßten Aphorismen »Von der wahren Theologia Mystica« aus. Geistig-geschichtliches Verstehenwollen von »Wirkungszusammenhängen« nach dem Vorbild *Diltheys* und auch Einflüsse von *Schelers* Augustinismus-Rezeption her wiesen von *Leibnizens* Position zurück und auf eine ganz andere Tradition spekulativen Sinnens und Zusammendenkens, als es die der an mathematischen Evidenzen und Analysen orientierten und einer neuen Physik zugewandten Systemphilosophen wie *Descartes* oder *Hobbes* war: auf spätmittelalterliche und nachmittelalterliche Mystik — samt der in Wechselbezügen damit sich herausbildenden Naturphilosophie von der Art des *Paracelsus.*

In jenen Jahren war ein neues und lebhaft-allgemeineres Interesse für den im 19. Jahrhundert erst so recht wiederentdeckten Meister *Eckehart* aufgekommen, das später dann auch zum Planen der großen, noch jetzt laufenden Editionen und zu vielfältigen neuen Forschungsansätzen geführt hat. Schon mit dem ersten Eindringen in die Sprache und die darin sich bildende Weise von Begrifflichkeit der von *F. Pfeiffer* gesammelten Traktate und Predigten ergaben sich Bezüge auf historisch so viel Späteres und in anderen Gefügen Gewachsenes — über *Leibniz* und die von ihm genannten Denker wie *Böhme* oder die beiden *van Helmont* hinweg zu *Fichte;* aus den durch *Denifle* bekanntgewordenen Stücken aus dem lateinischen Schriftwerk war Zugehöriges zu entnehmen (wenn auch noch nichts von der Art des heute vielzitierten Satzes in den erst 1926 aufgefundenen Pariser Quaestionen, wonach das intelligere dem esse in Gott voranliegt, Fundament in der Identität). Mit *Eckehart* und seiner Auswirkung in den ersten neuzeitlichen Jahrhunderten kam mir ein weites noch zu wenig bearbeitetes Feld philosophisch bedeutsamer Geistesgeschichte in Sicht; erst nach und mit der Wiederaufnahme der akademischen Wirksamkeit und ihrer Forschungszusammenhänge hat einiges Spruchreife den Niederschlag in einem Buch gefunden, von dem noch die Rede sein wird.

Aus ersten Nachkriegsstudien in Lehrzusammenhängen (des nunmehr wieder Marburger Privatdozenten), mit Studien zur

Weltanschauung, in Sonderheit auch zur Ästhetik und Kunst-
philosophie der hohen Zeit um und nach 1800 (umgreifend
und den bloßen »Idealismus«-Titel vermeidend »Deutsche Bewegung« genannt von der Dilthey-Schule), spaltete zum Druck
sich nur eine Gelegenheitsschrift zum 17. 8. 1920 ab: »Hegel.
Ein Wort der Erinnerung«.[3] Diese mehr preisende und Ver-
kennungsweisen gegenüber auf Neuauswertung drängende als
untersuchende Broschüre erschien als Beiheft einer neuen Zeitschrift: »Beiträge zur Philosophie des Deutschen Idealismus«
(später wurde daraus: »Blätter für deutsche Philosophie«,
deren Schriftleitung mir für ein Jahrzehnt zufiel). Der End-
gedanke weist auf *Hegels* Werdenslogik, verstanden als
Wiederaufnahme antiker Kinesis-Ontologie im Dienst der
Problematik neuzeitlicher Naturphilosophie und, ineins damit,
des Entwicklungsdenkens im Weltgeschehen geschichtlich-
objektiven Geistes. — Das Schriftchen veranlaßte damals persönliche Begegnung mit einem letzten Hegelepigonen, im Sinne
noch lebenden Fortbestandes jenes Systembewußtseins absoluter Wahrheit: mit dem greisen holländischen Hegelianer
Bolland. (In späterer Lebensphase wurde ich, viele Jahre hindurch, von der Deutschen Forschungsgemeinschaft mit dem
Unternehmen der großen neuen Gesamtausgabe und dem sich
bildenden Hegel-Archiv befaßt.)[4]

Entscheidend für Festigung und wissenschaftliche Durch-
bildung meiner systematischen Position wurde, in fünf neuen
Marburger Jahren, das Wiederzusammensein in Gespräch und
Diskussion mit *N. Hartmann,* welcher nunmehr an stetige
Ausarbeitung seiner »Grundzüge einer Metaphysik der Er-
kenntnis« (erschienen zuerst 1921) herangehen und das, in
Zusammenhang damit lang vorbedachte, Thema des vom
»Logischen« (im umgreifenden Sinn der Marburger Schule)
sich absetzenden, auf neue Art zum Forschungsgegenstand zu
machenden »Ontologischen« weiterentwickeln konnte. Das ge-

---

[3]   Erfurt 1920.
[4]   Die Hegel-Ausgabe der Deutschen Forschungsgemeinschaft, in:
Kant-Studien Bd. 51, 1959/60. In den »Hegel-Studien« 2 (1963) des
Archivs erschien meine Abhandlung: Hegels Philosophie der Musik.

schah Schritt für Schritt in Auseinandersetzung mit großen klassischen System- und Schulbildungen der Vergangenheit, in neuer Aufnahme zunächst antiker Fragestellungen, vor allem vieler des am Ort durchaus im Schatten *Platons* gestandenen *Aristoteles,* — und dann in kritischer Durchleuchtung neuer Spekulation, besonders des »Idealismus«-Ausgangs von *Hegels* Logik und Kategorienlehre: Erste Überschau in der systematisch wie historisch gleich lehrreichen Abhandlung: »Wie ist kritische Ontologie überhaupt möglich?« (erschienen erst 1924). Was von diesem großen, mit kaum je ermüdender Kraft des Prüfens und Entwerfens die eigene Position in einer eisernen »Anstrengung des Begriffs« aufbauenden Denker, welcher, in jeder Phase auf Einwände begierig, Diskussion wünschte und herausforderte, zu lernen war, kann mancher wohl heute noch aus seinen frühen Druckwerken, wie allen späteren, herausspüren.

Mein eigenstes Interesse und Wirken wandte sich immer stärker dem Geschichtsgang der Philosophie im Großen zu, dabei besonders den Ursprüngen der System- und der Begriffsprägungen in Geistesverfassungen allgemein-weltanschaulicher Art. Von den Gegenwartsweisen erkenntnis- und bewußtseinstheoretischen »Idealismus« mit ihrer jeweils einschränkenden, ausklammernden Methodik ging der abkunftsuchende Blick zurück auf die spekulativen und auf ihre Art spiritualistischen Systemkonzeptionen der Neuzeit, ihre religiösen Untergründe und Filiationen — so vom Realidealismus *Schellings* über *Giordano Bruno* auf den wahren Urheber der Koinzidenz- und kosmologischen Unendlichkeitslehre: *Nicolaus von Kues.* Wenn dieser erst in den Jahrzehnten um die Jahrhundertwende in seiner philosophischen Größe und Bedeutung recht erkannte Denker in *H. Cohens* »Logik« (in Vorlesungen) als »Begründer der deutschen Philosophie« erkannt und gepriesen wurde, so ging es da um den »Platonischen Weg zur Mathematik« — in Richtung zuletzt auf den zu *Newton* hin verstandenen *Kant.* Für mein Fortsuchen in schon neuer Zeitlage trat der Rückbezug auf *Eckehart* in den Werken des Cusaners in die Mitte.

Das Neue in den Denkimpulsen beider mußte im Abheben

von den großen Traditionen der Scholastik und von Wandlungen in dieser, zunächst in der Zeit darum und vorher, erkannt werden. Dabei ergab sich, daß im Werk des früh ver-
storbenen, in den Darstellungen der »Hochscholastik« ange-
reihten *Duns Scotus* (welcher ja ein, sogar jüngerer, Zeitge-
nosse *Eckeharts* war) Neuprägungen aufgekommen waren,
welche ihrerseits auf Hochbedeutendes im Rahmen der Neuzeit
vorausweisen konnten: so auf *Leibnizens* Individualitäts- und
Infinitätslehre. Im Weitergang historischen Lernens, Suchens
und Zusammendenkens wurden dann ähnlich bedeutende Bezüge bei anderen Denkern und auf anderen Problemfeldern
greifbar, welche ihrerseits wiederum vorauswiesen auf Systemkonzeptionen in der Neuzeit, noch bis auf *Schopenhauer* und
selbst *Nietzsche* hin — zugleich aber, nach Aufkommen und
Sichabsetzen von anderen Positionen, weiter und weiter zurück ins Mittelalter, in philosophische Prägungen der Patristik
zu verfolgen und schließlich mit den originären Denkansätzen
der griechischen Philosophie zu konfrontieren waren. Aus
solchen Studien entstand ein Buch von konspektiv-entwerfen-
der Art, dem ich den etwas umständlichen Titel gab: »Die
sechs großen Themen der abendländischen Metaphysik und der
Ausgang des Mittelalters«. Das nicht gar umfängliche Werk,
gedacht als Anregung zu Forschungen in einer von den überkommenen Lehrbuch-Dispositionen abweichenden historischen
Sicht, hat, nach anfänglicher Verborgenheit, seinen Weg gemacht bis zum Zeitpunkt dieser Niederschrift; und der im
Rahmen von *Ortega y Gassets* Revista de Occidente noch im
Jahrzehnt der Erstauflage erschienenen Übersetzung ins Spanische ist analoger Fortgang beschieden gewesen.[5]
Die leitenden Gedanken dieser Aufreihung von Problem-
fassungen der europäischen Metaphysik in Längsschnitten des
Geschichtsgangs, anhand einiger aus den System- oder Summen-
komplexen herausgehobener Kernthemen, lassen sich in aller

---

[5] ¹1922, ⁶Darmstadt, Wissenschaftliche Buchgesellschaft 1974.
Neuerdings auch Übersetzungen ins Holländische (Utrecht 1965)
und ins Italienische (Milano 1973).

Kürze so charakterisieren: Der Einsatz des Neuen, von dem aus es zu den großen Gestalten und Gefügen der Neuzeit gekommen ist, liegt lange vor dem sogenannten Zeitalter »der Renaissance und Reformation«; das mit diesem allzu selbstverständlich gewordenen Titel den Darstellungen immer schon vorgegebene, auch auf die Akzente und Sachfassungen einwirkende Schema sollte, auf neuen Forschungswegen, zunächst einzelne Gedankenzüge verfolgend, durchbrochen werden. Die großen Philosophiehistoriker des 19. Jahrhunderts samt späteren sind weitgehend dem Aufriß von *Hegels* Vorlesungen zur Geschichte der Philosophie gefolgt, wonach die Neuzeit, mit *Baco von Verulam* sich programmatisch ankündigend, ihre Grundlegung in *Descartes'* Voranstellung des Themas der Subjektivität gefunden hat; daneben waren (bis heute noch) wie vergessen Gesamtsichten von der Art des (der Schleiermacher-Schule zugehörigen) *Heinrich Ritter*, der schon sehr früh in dem Cusaner die große Wendung zu fassen suchte. Zugleich stellte sich die Aufgabe, entgegen der mit dem kulturgeschichtlichen Begriff von Renaissance als Wiedergeburt antiker Hochleistungen verbundenen Alleingeltung der philosophischen Bezüge von der griechischen Klassik zur »wissenschaftlichen« Philosophie der Neuzeit, die Eigenbedeutung der mittelalterlichen Gedankenfügungen in der dort auf so anderem Boden wachsenden und sich verwandelnden Begriffsbildung herauszustellen: im Hinblick auf die Metaphysik, in Sonderheit die Onto-Theologie der Neuzeit — bis zu *Hegel* und dem späten *Schelling.* Damit galt es dann auch, entgegenzuwirken der in den ersten Jahrzehnten unseres Jahrhunderts noch weithin maßgebenden Spaltung unter den Schulen und Forschern: einerseits die von der neuzeitlichen Wissenschafts- und Erkenntnistheorie her vordringende Berufung auf Übereinstimmung mit antiken Ansätzen, vor allem in der Ideen- und Epistemelehre *Platons* (so etwa im Marburger Neukantianismus) — und auf der anderen Seite das Lager der Neuthomisten mit ihrer bedeutenden Arbeit am mittelalterlichen Lehrgut, für welche dann aber etwa *Kant* und ebenso die ganze Folge der noch unsere Gegenwart überschattenden großen neukantischen

Systembildungen ein fremdbleibendes, nur etwa gegnerisch
anzugehendes Spekulationsfeld war, wozu u. a. der von *Dilthey*
geprägte Titel eines »entwicklungsgeschichtlichen Pantheismus«, als Schema akzeptiert, nicht wenig Anlaß gab. An vielen
»großen Themen« der Überlieferung, wo es nicht primär um
Wissen und Gewißheit und Bewußtsein, sondern um Sein,
Weltbau und Weltgrund ging, schien sich eine alle Differenzen
mittelalterlicher und neuzeitlicher Formgebilde übergreifende
Kontinuität des Werdens und Herausarbeitens zu erhellen, die
nicht aus weltanschaulich-religiösem Anspruch und Impulsen
ihre Kräfte der Bewahrung und Fortsetzung schöpfte. Einer
Generation, deren erste philosophische Empfangens- und Er-
fragungserfahrung, im ersten Jahrzehnt unseres Jahrhunderts,
unter dem Eindruck von *Fr. Nietzsches* radikaler Infragestellung des Christentums stand, und zwar einer solchen
gerade auch in der Form rückstrahlender Problemsicht auf den
Gesamtgang europäischer Philosophie, stellte sich, wo es um
das historische Verstehen von Hochformen metaphysischer
Spekulation ging, in neuer Art und Dringlichkeit die Aufgabe,
jene Anspruchs- und Impulsmotivationen der Begriffe und
Begriffswandlungen in den Blick zu nehmen. Meine Überlegungen dazu führten, an einzelnen Themen zunächst, dahin,
mehr das Trennende und Gegensätzliche des Werdegangs von
der Patristik bis zu den Gipfelbildungen der »deutschen Bewegung« gegenüber dem Seins- und Weltdenken der griechischen und römischen Antike herauszustellen als die faktische
Abkunft und Abhängigkeit alles Philosophierens im europäischen Sinne vom griechischen Ursprung in Frühzeit und
Klassik. Für eines der herausdestillierten »Themen«, welches
im zweiten Kapitel unter dem Titel: »Unendlichkeit im Endlichen« behandelt wird (Rückschau von *Hegel* über *Leibniz*
und *Cusanus* in mittelalterliche Ursprünge und Entgegenstellung zum antiken Finitismus), war aus dem damals neue
Geschichtsperspektiven setzenden Vorstoß *O. Spenglers* die
Kontrastierung neuzeitlichen Infinitäts- und Funktionsdenkens
mit der antiken Geometrie anschaulicher Gestalten ein mit-
wirkender Antrieb. Andere Themenfassungen waren zunächst

von Nietzsche-Positionen her bestimmt, so besonders das abschließende Kapitel »Verstand und Wille«: Rückverfolgung des metaphysischen Willensprimats über *Schopenhauer* und *Schelling* zu *Duns Scotus* und schließlich zu *Augustins* Neueinsatz gegen den Vorrang des Nous in der antiken Onto-Theologie und Seelenlehre. In all diesen mir vordringlich gewordenen Problembereichen stellte sich dem historischen Aufsuchen von Zusammenhängen wie der Gegensätzlichkeiten die ganze Spätscholastik (welche eben auch nicht mehr so unmittelbar im Duktus zu bewältigender Aristoteles-Rezeption stand, wie noch *Albert* und *Thomas*) nicht — wie in der »Renaissance«-Akzentuierung — als »Verfall«, sondern als eine Zeit hoher Reife dar: in welcher eben die im christlichen Lebensverständnis und Traditionsgut vorgegebenen und fortwirkenden Denkanstöße erst so recht ihre philosophisch begriffliche Ausformung erfahren hatten — ein Vorgang, welcher dann im Übergang samt Absprung zur sich verselbständigenden Philosophie der Neuzeit und in der Folge ihrer metaphysischen Systeme bis in die Hochblüte transzendentaler und dialektischer Spekulation sich fortsetzte. —

In den Jahren der Ausarbeitung dieser thematischen Längsschnitte durch die Metaphysikgeschichte trat an mich die Aufforderung heran, in einer vom »Weltbild der Primitiven« bis zur »Philosophie der neuesten Zeit« geplanten Monographienreihe den Band über *J. G. Fichte* zu übernehmen. Das lag nun eben ganz in der Linie meiner Interessen, ebenso von *Hegel* wie von *Eckehart* her; was sich denn auch in besonders eingehender Berücksichtigung des letzteren im Rahmen jenes Buches ausgewirkt hat. Der für die Sonderdarstellung vorgeschriebene Umfang zwang, zumal die Bände auch Einführungscharakter haben sollten, zu entschiedener Bevorzugung der Anfänge und der Jenenser Zeit bis zum Atheismus-Streit; das spätere Werk von dem für die Geschichte der »Metaphysik« in diesen Jahrzehnten der großen neuen Spekulation nach *Kant* so hoch bedeutenden, doch schon von *Hegel* und auch *Schelling* nicht recht wahrgenommenen Vorstoß auf das von neuem in den Blick genommene Thema: »Synthesis der Geisterwelt« an bis zu den religiös-metaphysischen Begriffen des absoluten »Seins« und »Lebens« konnte nur allzu summarisch nach Hauptintentionen dargestellt werden. — Aus dem dann 1923 erschienenen Buche[6], in welchem die Darstellung der Ersten Wissenschaftslehre wesentlich mitbestimmt war durch den handschriftlichen Nachschrift-Text der Neufassung dieser transzendentalen Methodik in der Vorlesung 1797/98[7] möchte ich, von später und jetzt her, nur ein Eigenthema hervorheben, welches sich mir von der Transzendental-Philosophie aus wie von dem Werdegang der neueren Philosophie seit *Descartes'* Entgegenstellung von Ich und »Außenwelt« her besonders nahelegte. Entscheidenden Anstoß dafür gab *Max Schelers* systematisches Anliegen des Problems vom »fremden Ich« im Anhang seines noch vor dem ersten Hauptwerk herausgekommenen Buches Zur Phänomenologie und Theorie der Sympathiegefühle (1912). *Fichte,* so fand ich, hat dieses Problem als erster unter allen neueren, von jenem Cogito-Ausgang bestimmten, Philosophen wahrhaft gesehen und für die seelisch-geistige Beziehung vom Freiheits-Ich zu anderen Freiheitswesen als Fundamentalbegriff den der »Aufforderung« geprägt. Wobei dann aber auch reine Bewußtseinsanalytik zwangsläufig über sich hinausgedrängt wird in eine Seinslehre — wie sich das ja auch aus dem bloßen weiteren Titelbegriff herausspüren läßt: »Synthesis« von der kantischen Transzendental-Philosophie her, »Geisterwelt« aber (nicht nur der damaligen Wortwahl nach) ein metaphysischer Begriff. (Später ist mir, in Seminarübungen über »Fichte und Husserl«, der gleiche Duktus in den »Cartesianischen Meditationen« des letzteren begegnet — auch da als Übergang noch innerhalb transzendentaler Fragestellung gemeint, in Wahrheit aber eine andere Dimension voraussetzend.) Auf das im Rahmen der »Grundlage des Naturrechts« 1796 von *Fichte* wegweisend

---

[6] Geschichte der Philosophie in Einzeldarstellungen, Bd. 29, Verlag Ernst Reinhardt, München, Hrsg. G. Kafka.

[7] 15 Jahre später ist diese lichtvolle Darlegung erstmalig gedruckt worden, Verlag Junker und Dünnhaupt, Berlin 1937, hrsg. von Hans Jacob.

Erkannte bin ich später noch einmal in einer Sonderpublikation zurückgekommen.[8]

Das Jahr 1923 brachte für mich den Absprung und Abschied von Marburg und erneute Arbeiten auf *Kant* hin mit sich: Berufung auf philosophisches Ordinariat der Albertus-Universität zu Königsberg i. Pr. — wo schon die Vorbereitungen für das Jubiläumsjahr 1924 im Gange waren. Vorher schon war Anstoß für Wiederzuwendung gegeben worden: der damalige Herausgeber der »Kant-Studien«, *Max Frischeisen-Köhler*, Verfasser eines von *Dilthey*, aber auch von den Naturwissenschaften her zum Realitätsthema drängenden Buches »Wissenschaft und Wirklichkeit« (1912) legte mir nahe, für das geplante Jubiläums-Doppelheft eine Abhandlung über den Königsberger Philosophen von der Sichtweise des Sechs-Themen-Buches zu verfassen. Inzwischen waren auch wieder neue Text-Dokumente zugänglich geworden, so die in *Erich Adikes'* Buch über das Opus postumum (1920) enthaltenen. Erneuter Rückgang von der Transzendental-Philosophie der Kritiken auf Entwicklungs- und Entdeckungsimpulse im Werdegang des Denkers sowie Weiterverfolgung bis in die Spätentwürfe ergab — schon rein immanent — andere Sichtweisen der Interpretation, als sie für mich in ersten Versuchen, schon bei *Cassirer* und dann während der Marburger Schulzugehörigkeit, noch leitend gewesen waren, andere auch als in von *Windelband* und *Lask* empfangenen Anstößen. Die neuen Überlegungen von der Metaphysikgeschichte her gewannen Boden u. a. auch aus ersten Auswertungsbemühungen an Nachschrift-Dokumenten, von denen immerhin »Kants Vorlesungen über Metaphysik«, von *Pölitz* herausgegeben, schon seit einem Jahrhundert im Druck zugänglich, doch wenig benutzt waren. In die Mitte der Überlegungen trat das alte große Streit-Thema der Kant-Nachfolger und -Interpreten: der »Ding an sich«-Begriff: von den Marburgern als bloßes X in den Prozeß-leistungen wissenschaftlicher Denkvollzüge angesehen, von

---

[8] J. G. Fichtes Aufschließung der gesellschaftlichen Welt, Edizioni di »Filosofia« (Studi e ricerche de storia della filosofia 50), Torino 1962.

Fichte aus vermeintlich unvermeidlicher Konsequenz eines »transzendentalen Idealismus« radikal, als Unbegriff, verworfen. Eine Globalsicht auf *Kants* Welt- und Selbstverständnis, neben und noch vor aller Ausdeutung der vielartigen Textstellen zum Realitäts-Thema gab, schien mir, eigene Anweisung zum Verstehen des genuin kantischen Begriffsverhältnisses von »Erscheinung« und »Ansichsein«: allein schon die Sicht von dem großen Kosmologie-Entwurf der Frühzeit her samt allen dazugehörigen Gedanken in der Phase der Kritiken und wieder in den Spätentwürfen. Die Weisung konnte gerade aus einer historisch-systematischen Kontrastierung zum Welt- und Selbstverständnis *Fichtes* Erhellungskraft nehmen: für welchen etwa jene im »Beschluß«-Passus der Zweiten Kritik zu höchstem Ausdruck kommende »Bewunderung und Ehrfurcht« nicht auf Zwei »Dinge«, in eigentümlicher Verschränkung der Bezüge auf den Menschen, ging — sondern allein und einzig-ursprünglich auf Freiheit und Ichheit, wobei denn eben alle Natur, Welt der Natur ins Große wie ins Kleine, nicht mehr sein konnte als Nicht-Ich-Sphäre, Zubewältigendes für den Tatwillen. Wo ferner die gesamte Region der »Wunder« des Organischen, welche für *Kant* nicht anders als für *Leibniz* (oder *Bergson*) ein Thema erster Ordnung war durchs ganze Leben — von *Fichtes* Position her nur eben noch in der transzendentalistischen »Deduktion« des Ich-Leibes anzugehen war. — Von Überlegungen dieser Art aus konnte weder der »Idealismus« der neukantischen Schulen noch auch die positive Aufnahme des Dingansich-Gedankens seitens der bloßen, angeblich voraussetzungslosen Erkenntnistheorie, wie in *A. Riehls* »Kritizismus« oder im zeitgenössischen »kritischen Realismus« (etwa *O. Külpes*) allein maßgebend bleiben.

So kam es dann zu der ersten eigenen Kant-Abhandlung: »Metaphysische Motive in der Ausbildung des kritischen Idealismus«.[9] Das Titelwort: Motive will darauf hinweisen, daß

---

[9] Kant-Studien, Bd. XXIX, Heft 1/2, Jubil.-Heft 1924; wieder abgedruckt nach Jahrzehnten im Ersten Bande meiner Gesammelten Abhandlungen: Studien zur Philosophie I. Kants I, Metaphysische Ursprünge und ontologische Grundlagen, [2]1971, Bouvier-Verlag Bonn.

Kants Entscheidungen im System der Kritiken samt ihren Argumentationen sachlich wie genetisch herauswachsen aus einer im Wandel sich klärenden Sicht auf Welt, Gott und den Menschen in der Welt; zugleich wird schon im Titel die Aufgabe angedeutet, den »Kritizismus« wie auch die spezifische Weise von »Idealismus«, welche *Kant* als seine Position bezeichnet (mit eingefügter, mehrfach umformulierter »Widerlegung des Idealismus« anderer Herkunft und Intention), nicht bloß von Wissenschaftskritik und Bewußtseinsdeskription her zu durchleuchten, sondern als Ergebnis oder Stufe einer Gesamtentwicklung durch Jahrzehnte und von darin liegenden Konsequenzen aus zu verstehen. — Vom Inhaltlichen sei, im Rückblicken, nur eins und das andere herausgehoben als weiterhin das erstrebte Kant-Verständnis bestimmend. Entgegen der in Marburg, so bei *Cohen* wie bei *Natorp,* erfolgten und systematisch geforderten Rückdrängung des Anschauungs- (wie des »Affektions«-)Begriffs zugunsten der von *Kant* auf neue Art entdeckten Denk- und Erkenntnis-Spontaneität legte diese Abhandlung entschiedenes Gewicht auf die genuin kantische Voranstellung der »Rezeptivität«: welche ihrerseits verstanden werden muß als eine Grundvoraussetzung kantischer »Metaphysik der Erkenntnis« (Titelbegriff von *N. Hartmanns* erstem Systemwerk 1921) im Rahmen und Umbruch seiner Zeit. Ebenso wie der Diskursivitätscharakter »unseres« Denkens ist auch das Angewiesensein endlicher Wesen »überhaupt« auf andersher Gegebenes, sich als seiend (»Ding«, ens) Ankündigendes — auf welche Art auch immer — für *Kant* Sache von ontologischer Notwendigkeit. — Ferner: die Grundlehre der transzendentalen Ästhetik von der »Idealität« der uns vorgegebenen Anschauungsformen hat ihre Ursprünge nicht nur in dem, was in den Argumentationen sich ausspricht und zur Grundlegung der Wissenschaftsprinzipien hinführt, sondern primär im Weltanschauungskampf des Denkers gegen neu in der Neuzeit aufgekommene und weithin bodengewinnende Weisen von Naturalismus und auch Pantheismus — wobei als Streitwaffe entscheidend wird die naturphilosophische Einsicht, daß alle Bewegungsfeststellungen im Raumzeit-System,

und so alle Kausaldeterminationen, im Relationalen bleiben.
Die Fragestellung des Interpreten darf nicht lauten: warum hat
Kant »außer« den Gegenständen der Erfahrung, d. h. also der
Erscheinungswirklichkeit, noch so etwas wie Dinge an sich
»angenommen«? sondern umgekehrt: was waren die noch vor
allen Sonderaufgaben von Wissenschaftslehre und Erkenntnistheorie wirksamen und bis in sie hineinwirkenden Motive, den
Raumzeit-Gefügen den Charakter des selbst und an sich
Seienden abzusprechen? Und dies im Unterschied zu den
Kategorien, welche für jedes diskursive Erfassen und Bedenken
endlicher Wesen gelten sollen — daher denn auch ihre »Denk«-
Geltung da, wo »für uns« stringente, durch Grundsätze-Kriterien
abgesicherte Erkenntnis nicht mehr möglich ist, behalten sollen
— schon im fragenden Erwägen über die Erscheinungswelt hinaus? Soweit die Fragestellung des neuen Interpretationsan-
satzes in Richtung auf *Kants* metaphysischen Weltbegriff.

Mit dem Beginn der Lehrtätigkeit in Königsberg kam gleich
auch die Aufgabe an mich, der dort vorbereiteten Kant-Fest-
schrift der Universität noch einen Beitrag einzufügen. Ich gab
der so entstehenden Abhandlung den Titel: »Persönlichkeit und
Ding an sich in der kantischen Philosophie«.[10] Daraus geht
schon hervor, daß es jetzt um den Seinscharakter des Anderen
jener »Zwei Dinge« geht: nicht mehr Weltgröße in kosmisch-
»äußeren« Gestaltordnungen, welche, da von uns als unab-
sehbar un-endliche Prozeßgefüge raumzeitlicher Art rezipiert
und ehrfürchtig bedacht, in Forschungen aufgeschlossen werden — sondern um Person als Existenz des sich als Selbst
Bestimmenden in sittlich-praktischen Entscheidungen der
»Welt«-Auswirkung. — Das Thema war für den Verfasser
damals nicht nur im Fortgang vom ersten Interpretationsansatz
notwendig geworden und als Ausgangsbasis für das, was in
der Spätzeit dann *Kant* seine praktisch-dogmatische Metaphysik
genannt hat, sondern auch systematisch von neuer Aktualität:

---

[10] *I. Kant,* Festschrift zur zweiten Jahrhundertfeier seines Geburtstages, hrsg. von der Albertus-Universität in Königsberg i. Pr.
1924. Dieterich'sche Verlagsbuchhandlung Leipzig. Wieder abgedruckt im ersten Bande meiner Gesammelten Kant-Abhandlungen.

vom Studium der Akt- und Vernunft-Phänomenologie *Husserls*, insbesondere aber dann unter dem Eindruck von deren Auswirkung und Umbildung in *Schelers* Lehreinsätzen zum Thema der Person: diese verstanden als Seiendes von wesenhaft ungegenständlicher Art in je besonderem Verhältnis zum Bewußtsein und zur Welt, das sich zugleich als individuelles Wertwesen unter anderen Personenwesen weiß. Das war eine Gegenwartskonzeption (zuerst 1916 im Druck auftretend, bedeutend sogleich auch in der Fortwirkung), welche auf neue Art *Bergsons* Fragen nach dem Unmittelbaren im Bewußtsein und der Ursprünglichkeit von Freiheit im Vollzug anging — im übrigen aber faktisch sehr viel mehr an genuiner Kant-Position enthielt, als dem im Jahrzehnt des transzendental-methodologischen Neukantianismus gereiften und eben davon sich absetzenden Verfasser der »Formalismus«-Kritik bewußt war. In der Kant-Deutung stellte sich die Aufgabe, das einheitlich zu denken, was transzendentale Kritik von zwei Zugangswegen und Frageweisen alter philosophischer Tradition her analytisch angegangen hatte: das denkend-»bestimmende« Selbst und Subjekt denkenden Erfassens und fragenden Hinausdenkens über alles Erfahrbare und das Selbst, welches seine eigene Gesinnung und Tat in autonomer Beurteilung prüft und sich verantwortlich entscheiden muß. Die Frage nach dem Ansichsein betrifft hier ein ens oder eine res (»Sache an sich selbst«), welches, schon vom Rechtlich-Sittlichen her gesehen, von völlig anderer Art ist, als alle »Sachen«. Hier kann es denn auch in keiner Weise um ein bloßes X der Forschung gehen; vielmehr gilt es, das jedem Forschenden und Handelnden im Vollzug selber Präsente, nicht aber als gegenständliche Realität Bestimmbare philosophisch als Eigen-Seiendes zu umreißen. Das hieß vor allem, kritischen Abstand zu nehmen vom bloßen »Wir«-Verständnis abstrakt erkenntnistheoretischer Kant-Auslegung, in welchem nicht einmal das Wir als Mitvollzug und Kommunikation von Einzelnen zu Wort und Realitätsbeachtung kam — wo gleichlaufend aber auch die Autonomie allein als solche »der« Vernunft herausgehoben war, so daß die von *Kant* eindringlich gelehrte Selbstfindung und

Selbstsetzung eines jeden Freiheitswesens wie im Schatten stand. Was sich dann positiv ergab aus neu hervorzuhebenden und aufeinander zu beziehenden Text-Aussagen des Denkers, auch hier unter Beiziehung der Vorstadien in *Kants* Entwicklung und der Spätzeit sowie von Vorlesungsnotizen, die erst zu erschließen waren, soll hier nicht weiter referiert werden, auch nicht die von da sich ergebenden Vorbezüge auf *Kants* »Metaphysik« im Sinne seines Übergangs zur Transzendenz-Thematik der abendländischen Tradition.

An die Königsberger Kant-Feier im April 1924 darf hier, ohne nur-persönlichen Bezug, eigens erinnert werden: als eine Zeitbegebenheit auf dem akademischen Felde, welche damals für alle Beteiligten und davon Erfahrenden ein prägendes Signum des Wiederauflebens und Wiederverstandenwerdens vom Geistigen her und durch Kräfte der Überlieferung wurde — einer der ersten Lichtpunkte im zögernden Beginnen der »Zwanziger Jahre« nach den Phasen des Unglücks, der Wirren, der ausufernden Depression in so vielen Bereichen des öffentlichen und privaten Daseins. Etwas von der alten schon zu *Kants* Altersjahren sich zeigenden Ausstrahlungskraft neu formender Sinnprägungen, wie sie gleichzeitig auch *Hamann* und dann *Herder* in das neue Jahrhundert damals eingebracht hatten, verband sich jetzt mit einem Erkennen und Erfahrenwollen, welches auch aus anderen Weltgegenden sich meldete, neue Wechselbezüge in sich wandelnden Weltsichten und Daseinsentwürfen ermöglichend. Für den genius loci und das Land wurde dann, mit und nach der neuen »Welt«-Erfahrung dieser Tage, ihre alte Universität wieder ein eigener Bewegungsantrieb für neue Aufgaben und Einrichtungen, zumal diese Albertina viel Zuzug an jüngeren Lehrkräften gewann. Zusammenschlüsse von daher führten sehr bald auch zur Gründung einer Art Akademie der Wissenschaften am Orte, mit rasch sich einspielenden interdisziplinären Aussprache- und Arbeitsmöglichkeiten der Forschung.

Für die Schriftenreihe dieser »Königsberger Gelehrten Gesellschaft« habe ich dann, in jenen ersten Jahren der neuen Lehrwirksamkeit, eine Untersuchung verfaßt zur spannungs-

reichen Systematik eines Philosophen, welcher in *Kants* Werdegang eine bedeutsame Rolle gespielt, aber dann in dem neuen
Jahrhundert fast unbekannt geworden und auch später von
der Philosophiehistorie nicht zureichend in seiner Eigenbedeutsamkeit verstanden und gewürdigt war.[11] Das leitende
Interesse war in dieser Arbeit, vom Systematischen her, die
Aufgabe der Ontologie: so wie diese einerseits von *Kants*
Ausgangsbasis in seiner Lehrtätigkeit und Lehre-Herkunft her
— und andererseits jetzt durch die nunmehr in Ausarbeitung
befindliche »kritisch«-analytische Ontologie *N. Hartmanns* mir
nahegerückt war. Auch bei *Crusius* und seinem damals folgenreichen Einsatz für die Willensfreiheit des Menschen, im Streit
mit einer kausaldeterministisch sich auswirkenden Allgeltung
des Leibniz-Prinzips vom zureichenden Grunde, war eine
Grundspannung aufzuzeigen zwischen metaphysisch-theologischen Einsichtsansprüchen und solchen Kriterien unseres Erkennens, welche der Reflexion auf Natur- und Wissenschaftserfahrungen sich entnehmen ließen. Die überkommene Voraussetzung ewiger »Wesens«-Formen und -Gesetze aller Realität,
und dies mit Evidenzanspruch für unser Wissen (vergleichbar
für gegenwärtiges Durchdenken mit *Schelers* Ansatz, von sehr
anderer Methodik her), bleibt, wie sich zeigen ließ, bei *Crusius*
selbst unausgewogen mit der Konstatierung von nicht mehr
hinterfragbaren »Grundkräften« außer und in uns; eine da
herausgearbeitete Schichtung der Kriterien läßt die Dogmatik
etwa seiner unbefangen-finitistischen Kosmologie oder der
Raumzeit-Ontologie — beides für *Kant* der große Anstoß —
unangefochten.

Diesem monographischen Rückgang von *Kants* Werden und
Werk auf einen Denker, welcher seinem Reifen zur eigenen
Position vor- wie gegenbildlich immer vor Augen stand, habe

---

[11] Metaphysik und Kritik bei Chr. A. Crusius, Ein Beitrag zur
ontologischen Vorgeschichte der Kritik d. r. V. im 18. Jahrhundert.
Schriften der Königsberger Gelehrten Gesellschaft, g.-w. Klasse,
Jg. III, H. 3. Deutsche Verlagsanstalt für Politik und Geschichte
1926. Wieder abgedruckt im schon genannten I. Bde. meiner Studien zur Philosophie I. Kants, ²1966.

122   Heinz Heimsoeth

ich — drei Jahrzehnte später, ich greife vor — eine Studie über
die Ontologie *Chr. Wolffs* zur Seite gestellt, auch sie mit *Kants*
Gefügen von Fundamentalbegriffen konfrontierend in kritisch-
vergleichenden Überlegungen von Gegenwartsbezügen her.
Mitwirkend war die Vorschau auf ein philosophiehistorisches
Desideratum von, wie mir scheint, bedeutsamem Sachwert für
gegenwärtige und weiter zu entwickelnde Realitätserschließung
im ständigen Zusammengehen mit den Natur- und Geisteswissenschaften (Aufgabe für ein Forscherleben!): Geschichte
der Kategorienordnungen im Rahmen der europäischen Seins-,
Wissens- und Wissenschaftslehren. In der Mitte der Wolff-
Studien stehen, auch schon im Vordenken auf *Hegels* »Wissenschaft der Logik« hin, diejenigen Seinscharaktere, welche erst
Kant unter den Kategorien-Titel gestellt hat.[12]

Ein enzyklopädisches »Handbuch«-Unternehmen für Systematik und Geschichte der Philosophie in gegenwärtiger Sicht
gab Anlaß und Ansporn, die »Metaphysik der Neuzeit« nach
der Abfolge der Systemgefüge mit ihren Wandlungen und
Wirkungen darzustellen. Vorangegangen war eine Sonder-
studie zu dem seit der Naturphilosophie der Renaissancezeit
und der neuen Wissenschaftsentwicklung so vordringlich gewordenen Thema des Raumes, seiner Seinsweise und Realitäts-
bedeutung — Wechsel und Streit der Positionen bis zu *Kants*
Frühkosmologie.[13]

Das Buch dann[14] entstand in einer für sein Thema sehr ge-
wandelten Zeitsituation, verglichen mit der Jahrhundertwende,

---

[12] Chr. Wolffs Ontologie und die Prinzipienforschung I. Kants.
Ein Beitrag zur Geschichte der Kategorienlehre. — Die Arbeit sollte
als einführend-neues Forschungsstück dienen für den genannten
ersten Band meiner Gesammelten Kant-Abhandlungen 1956, ²1971
(s. Anm. 9).
[13] Der Kampf um den Raum in der Metaphysik der Neuzeit, in:
Philosophischer Anzeiger, hrsg. v. H. Plessner, 1. Halbbd., Verlag
Fr. Cohen, Bonn 1925.
[14] Metaphysik der Neuzeit, in: Handbuch der Philosophie, hrsg.
v. A. Baeumler u. M. Schröter, Bd. I Die Grunddisziplinen, Beitrag
F. 1927—29, auch in Sonderausgabe München 1929, Verlag R. Oldenbourg, unveränderterNeudruck 1967. Auch dieses Buch erschien,
von José Gars ins Spanische übersetzt, im Rahmen der Revista de
Occidente, zuerst 1932.

wo *E. v. Hartmanns* bedeutendes Gesamtwerk zur Geschichte der Metaphysik erschienen war. Diese Darstellung eines späten Nachfahren der großen Tradition, deren prägende Wirkung mit dem Tode *Schellings* und *Schopenhauers* zu Ende ging, wußte oder sah sich noch in einem ungebrochenen Fortgang spekulativen Eindringens in das All und den Urgrund der Realität samt der Daseinsverfassung des Menschseins — trotz vielfältig wahrgenommener Einbrüche von Kritik, Skepsis, Historismus. Dagegen hatte sich ja in den ersten zwei Jahrzehnten unseres Saeculums der Gesamtduktus und die Schulbildungen des Philosophierens von allem direkten Zugang zu dem, was da ist und wirkt, abgekehrt zugunsten angeblich voraussetzungsloser, analytisch-reduktiver Weisen von Bewußtseinstheorie, mit je eigenem »System«- oder »Methoden«-Anspruch. Die Krise der Metaphysik schien sich zu vollenden. — Dagegen nun war anzugehen; es galt, mit der Rückschau auf vermeintlich nur ideen- und geistesgeschichtlich uns noch Angehendes von den neuen Impulsen gegenwärtigen Auftreffens und Verarbeitens der Wirklichkeitsbereiche her, das Interesse für neue Verbindungs- und Zugangswege zu beleben, wie sie nun eben in den Sicht- und Einsichtenkreis des Autors vor und in diesem Jahrzehnt eingetreten waren. Zielgedanke bei allen Darlegungen von Überliefertem und Neuaufkommendem war, herauszustellen, was in den jeweiligen Konzeptionen neu entdeckt und so für unser Zusammendenken aufgegeben war, seien es nun Aufweise und Perspektiven, welche weiter zu betätigen waren oder tiefer dringende Erregungen und Ausweitungen unseres sinnsuchend-sinngebenden Fragevermögens — Metaphysik in *diesem* Sinne.

Zu einigen der im »Handbuch«-Rahmen dargestellten Gestalten und Vorgänge sind späterhin noch Sonderstudien publiziert worden. Ich nenne davon zwei Abhandlungen zu *G. Brunos* neuzeitlichem Philosophenethos sowie zur Unendlichkeit- und Koinzidenzkosmologie des Nolaners, im Vor- und Rückbezug zu *Schelling* und *Hegel.* Und dann eine Untersuchung zum Durchbruch des neuzeitlichen Bewußtseins — Idealismus aufgrund metaphysisch-spiritualistischer Glaubens-

voraussetzungen — gedacht auch als ein Beispiel für Entdek-
kung des Eigenseins von Realitätssphären aus der Negation
von »Selbstverständlichem«.[15]

Der Übergang zu den dreißiger Jahren brachte für meinen
Lebens- und Berufsweg eine nachhaltige Wendung: Rückkehr
in die Vaterstadt Köln. Aus der vertrauten Handelshochschule,
deren Abendvorträge dem Gymnasiasten einst erstmalig Eindrücke von philosophiegeschichtlicher Forschung und Lehre
vermittelt hatten, war mit den zwanziger Jahren eine sehr rasch
aufblühende und sich ausweitende (alt-)neue Universität hervorgegangen, in deren Philosophie-Bereich Systematiker wie
H. Driesch, M. Scheler und *N. Hartmann* nach- und miteinander gewirkt hatten, in dem einen Jahrzehnt; und dessen
Seminar-Bibliothek als Grundstock den gesamten Büchernach-
laß *B. Erdmanns* enthielt mit seiner Sammlung von Werken
und Studien zu *Kant.*

Neue Aufgaben neben der Lehrtätigkeit blieben nicht aus;
die bedrängendste und zugleich für mich unabweisbare: dem
seit drei Jahrzehnten so weithin, auch im Ausland, lehrwirkend
und forschungsbelebend gewordenen »Lehrbuch der Geschichte
der Philosophie« von *W. Windelband,* welches ja denn auch
für meine eigenen Lern- und Lehrjahre seit dem Heidelberger
Erstsemester viel bedeutet hatte, einen kurzen Abschnitt über
Philosophie der Gegenwart einzufügen — dies bei streng be-
wahrtem Textbestand, so wie er in der 12. Auflage vorgegeben
war. Die gleichfalls als Neudruck einzufügende »Übersicht
über den Stand der philosophiegeschichtlichen Forschung«,
welche über die vorhandenen Literaturangaben hinaus als
Ratgeber dienen sollte, entstand in Zusammenarbeit mit
Joachim Ritter, der ein Jahrzehnt vorher als junger Student

---

[15] Das Ethos der »Eroici furori«, in: Concordia decenalis. Köln
1941; G. Bruno und die deutsche Philosophie; in: Blätter für deutsche Philosophie, 15, 1941/42; A. Colliers Universaler Schlüssel und
der Durchbruch des neuzeitlichen Bewußtseinsidealismus, in: Erkenntnis und Verantwortung. Festschrift f. Th. Litt. Düsseldorf 1960.
Wieder abgedruckt alle 3 Aufsätze in H. Heimsoeth, Studien zur
Philosophiegeschichte, Ges. Abhandlungen Bd. II, Köln, Universi-
täts-Verlag 1961.

dem Marburger Privatdozenten begegnet und in lebhaftem
Mitdenken wert geworden war — viel später dann, nach neuen
Vor- und Weltkriegsjahren, mich belehrend durch seine ein-
dringlichen Forschungen zu Aristoteles- und Hegel-Themen.
Diese »Übersicht« habe ich in weiteren Auflagen, zuletzt 1956,
noch ergänzen können; dagegen mußte ich das ins »XX. Jahrhundert« einführende Textstück, zusammenfassend, was mir
bis dahin (1931/32) zugänglich geworden war und bedeutend
für neue Wege erschien, im wesentlichen nach Form und Gehalt belassen beim Weitergang des Lehrbuchs durch die neuen
Auflagen und Nachdrucke: zehn Jahre schwer verringerter
Erfahrungsmöglichkeiten von außerdeutschen Vorgängen in
der Philosophie sind dem Erscheinen jener 13. Auflage gefolgt;
und was dann noch zu übersehen und zu bewerten war, hätte
eine umfängliche Eigendarstellung verlangt, weit mehr als die
vorgezeichneten 2½ Druckbogen jetzt.[16]
Das Lehrbuch war, entstanden gegen Ende des 19. Jahrhunderts, ein erster Vorstoß auf die Geschichte »der Probleme und
der Begriffe« hin, damit sich abhebend ebenso von den System-
und Schuldarstellungen der Hegel- und Schleiermacher-Tradi-
tion bis zu *Kuno Fischers* Monographienfolge wie von den seit
Dilthey überallhin vordringenden Weisen ideen- und geistes-
geschichtlicher Darlegung philosophischer Vorgänge und Welt-
anschauungswandlungen. Jene neuen Darstellungs- und For-
schungstendenzen sind seitdem zu breiten Strömungen im Fortgang der Philosophie geworden: Problemgeschichte, für ihre
Aufgaben sich abkehrend von dem Streit um Konsistenz oder
»Widersprüche« in den »Systemen« bei den Autoren selbst
und ihren Nachfahren, gab neue Möglichkeiten, das Gegenwärtige mit den Sachen oder Fragen selbst zu konfrontieren,
in Rück- und Vorgriff; und Begriffsgeschichte hat sich zu vielen

---

[16] Wilhelm Windelband, Lehrbuch der Geschichte der Philosophie, mit einem Schlußkapitel: Die Philosophie des XX. Jahrhunderts und einer Übersicht über den Stand der philosophiegeschichtlichen Forschung hrsg. von Heinz Heimsoeth, 13. Aufl., Verlag
J. C. B. Mohr (Siebeck), Tübingen 1934. — Als Sonderausgabe ist
mein Textstück dann, von Prof. Cabral de Moncada ins Portugiesi-
sche übersetzt, 1937, ⁴1964, in Coimbra erschienen, bei A. Adamo.

Bildungen und Organisationsformen ausgewachsen, welche ihrerseits das systematische Durchdenken bedeutend fördern — ich nenne jetzt nur das von *E. Rothacker* begründete »Archiv für Begriffsgeschichte« und das große, schon bis zum III. Bd. gediehene, von *J. Ritter* herausgegebene »Historische Wörterbuch der Philosophie«. — Mein Beitrag, mit kurzer Schilderung der neuen Zeitlage im Abstand vom 19. Jahrhundert anhebend, ohne auf das vom Denker einer älteren Generation nicht mehr recht in seiner vorweisenden Bedeutung Wahrgenommene (z. B. *Nietzsche*) eingehen zu können, sieht als die neuen Themen des Zeitalters vor sich: unter »Probleme des Erkennens« die Forschungswege der Phänomenologie, die Theorien des geschichtlichen Verstehens und des Zusammenhangs von »Leben« und Erkennen; unter »Die Regionen der Realität« das Aufkommen einer neuen, die Seinsarten differenzierenden erfahrungsanalytischen Ontologie, mit Gewicht auf veränderten Fassungen des Organischen sowie der psychischen Realität und auf dem Eigensein des Geschichtlich-Geistigen; unter »Mensch und Geschichte« die Problemlage in den Themen der Freiheit, der Person und der Existenz, und der Gesellschaft, abschließend mit der neu ins Universalhistorische ausgreifenden Geschichtsphilosophie und Zeitkritik.

Geschichtsphilosophie, seit *Hegel* zu einem vordringlichen Seins- und Daseinsbereich in allen Weisen von Metaphysik geworden, war ja denn überhaupt wieder auf neue Art akutes Anliegen für diese Generation: von den »Welt«-Vorgängen des zweiten Jahrzehnts samt allen schon sichtbar gewordenen Folgen auch für die geistige Verfassung der europäischen Völker her wie, in der Theorien-Ebene durch *O. Spenglers* »Morphologie« mit ihren »Kreislauf«- und Untergangsaspekten, jetzt aber dann in einer rasch aufkommenden Realsituation unabsehbarer Wirren im zunächst engeren, dem eigenen Lebensbereich des »Abendlandes«, wo wiederum, nach jenem Wort, das Schicksal als Politik auftreten sollte. Im eigenen Sinn- und Sachsuchen von historisch vorgegebenen Gesamtkonzeptionen her ging der Ausblick zunächst auf *Hegel* hin, der ein so tiefes und ernstes Erfahren vom Leiden und Untergang der Völker und Kulturen mit einer Geschichtstheodizee verbinden zu können geglaubt hatte — im Sinnthema eines in ungeheurer Arbeit menschlich-geistigen Veränderungs- und Tatwillens sich realisierenden Bewußtseins der dem Menschsein vorgegebenen und aufgegebenen Freiheit. Die Studie »Politik und Moral in Hegels Geschichtsphilosophie«[17] verband mit den Verstehensbemühungen um den Begriffs- und Lebenssinn von Staat als sittlicher Substanz und von der Ambivalenz der geschichtlich Handelnden eine Hervorkehrung des in der Gegenwartsvorstellung von *Hegels* Metaphysik wie verschwundenen Einsatzes für die in sich selbst »unendliche« Substantialität des Einzelnen im Handelns- und Erleidensursprung des Gewissens — ihrer »absoluten« Berechtigung, die entnommen bleibe dem »lauten Lärm der Weltgeschichte«, auch allen den Veränderungen, welche die ihrerseits »absolute« Notwendigkeit des Freiheitsbegriffs selbst mit sich bringt. — Eine danach versuchte Kurzfassung von »Nietzsches Idee der Geschichte«[18] geht dem Entwicklungsgang dieses im Thema geistiger Eigenschöpfungen des Menschenwesens und der Zeitalter verwurzelten Problemdenkers vom radikalen Geschichts- und Staatenpessimismus der Frühzeit entlang bis zur späteren Konzeption von Geschichte als einer großen »Versuchsanstalt« mit unübersehbar vielen Möglichkeiten, deren eigentliche Durchführung immer wieder der Zufall unterbricht: Auseinanderfall, der wiederum Aufgabenstellung auf Erhöhung des kulturellen Lebens herausfordert und vom Philosophieren (auf nach-platonische Weisen) verlangt, bewußte Weisheit des Regierens vorzubereiten. — Einen aus Vorlesungen abgespaltenen Abriß über Hauptprobleme der Geschichtsphilosophie in heutiger Sicht habe ich später noch für den von *N. Hartmann* herausgegebenen, sechs Themenkreise zueinanderfügenden Sammelband: »Systematische Philosophie« verfaßt.[19]

---

[17] 1934 erschienen in Blätter der Deutschen Philosophie, 8. Jg.; wieder abgedr. in meinen »Studien zur Philosophiegeschichte«, Köln 1961.

[18] in: Philosophie und Geschichte, Nr. 65, Verlag J. C. B. Mohr (Siebeck) Tübingen 1938.

[19] Systematische Philosophie, hrsg. von N. Hartmann, Kohlhammer Verlag, Stuttgart und Berlin 1942.

Die einmal übernommene philosophische Zeitschrift im Grundcharakter zu bewahren, auch nicht preiszugeben in einem Jahrzehnt bedrängend und bedrohlich anschwellender Gleichschaltungstendenzen aus Machtzentren von wissenschaftsfremder und -feindlicher Art, die sich selber unter dem Signum einer »Weltanschauung« sahen, war eine Aufgabe für sich. Was ich in diese »Blätter«, außer Berichten und Besprechungen, aus Eigenem einfügen konnte, waren neben Historischem zwei Abhandlungen von systematischer Intention, womit auch von der eigenen Entwicklung her Einiges zum Ausdruck kam. Die erste: »Lebensphilosophie und Metaphysik« wollte dem großen Neueinsatz der ersteren mit ihren fruchtbaren Auswirkungen (wozu auch die Daseins-Analytik *Heideggers* gehört) gegenüber die bedenkliche Verkürzungs- oder Verstellungsgefahr betonen, welche in der zwangsläufigen Abkehr vom Eigensein der Welt, im kosmischen, von einer Geschichtlichkeit unseres Daseins wie von Vital- und Willensmächten unbetroffenen, Sinne liegt, und ebenso in der ihrem neuen »Heraklitismus« und Zeitlichkeitsverständnis so naheliegenden Verkennung des Einschlags von Un- oder Überzeitlichem im geistigen Erschließen der Natur wie im Verstehenszugang zum Dasein anderer und fremder Menschenarten und Zeiten. — Die zweite: »Zur Ontologie der Realitätsschichten in der französischen Philosophie« (als Vortrag noch im letzten Vorkriegsjahr im Rahmen der Sorbonne formuliert), zieht eine Linie von Sacherschließungen, die mit dem Cartesianischen Dualismus nach seiner bleibenden Bedeutung als Klärung heterogener Realitätsverfassungen beginnt und über *A. Comtes,* auf die »Phänomene« des Realgegebenen sich beziehende Wissenschaften-Theorie, welche faktisch eine auf neue Art hierarchische Ontologie eröffnet, zur »Kontingenz«-Metaphysik *E. Boutroux'* hinführt — wo aber dann der Ausweis von Realitätsschichten samt darin wurzelnder Theorie der Freiheit wieder überdeckt wird von Voraussetzungen der Tradition des französischen Spiritualismus im 19. Jahrhundert. Die Abhandlung war von der Absicht getragen, Verständniswege zu den Überformungs- und Überbauungsanalysen in *N. Hartmanns* Lehre vom Aufbau der realen

Welt aufzuzeigen. — Systematische Erwägungen im Menschheitsthema der Moral, welches für unsere Generation auf ganz neue Weise philosophisch bedrängend geworden war, zuerst von *Nietzsches* Kritik und »Genealogie«-Versuch her und zugleich von der Aufgabe, ohne Ausgriff auf Transzendenz Bestand und Wandel des »kategorischen« Forderungscharakters zu verstehen gegen alle historischen und soziologischen Wegerklärungen, schlugen sich in einer, erst sehr viel später publizierten Abhandlung: »Zur Frage nach Grund und Herkunft der Moral«[20] nieder, deren Leitgedanke ist, daß auch auf diesem Felde gesellschaftlich-geschichtlichen Lebens echte Entdeckungen von Sinngebilden und -notwendigkeiten sich ereignen, und eben darin auch ein Fortschreiten im Wandel — bei allen Abstürzen der real dargelegten Moralität —, und damit ein schöpferisches Sichausweiten des Lebens in seinen aktiv vorwärts drängenden Menschengruppen — ein spontanes Aufkommen lebendigen Verständnisses für hohe Lebensmöglichkeiten.

Es folgten dann Jahre des Durchbestehens und Durchhaltens der Lehr- und Herausgabeverpflichtungen ohne Aufkommen neuer Forschungsinitiativen, Jahre in vielfach wechselnden Kriegszeit- und Nachkriegslagen (darunter auch noch einmal eine Phase Lehrtätigkeit im alten Marburg). Dann das beglükkende Erfahren und Mittun im jähen Wiederaufstieg des akademischen Lebens, mit einer Bereitschaft zu geistigem Erfassen und Selbstwerden, das an die fruchttragenden Studienbewegtheiten nach 1918/19 erinnern konnte, ja sie, nicht nur an Extensität der Zuströmenden, sondern an Leidenschaft für freies Sachen- und Sinnsuchen, noch zu übertreffen schien. Und dann kam eine neue Aufgabe auf mich zu: Gastprofessur an der zur Universität Istanbul gehörenden Edebyat-Fakültesi, wo vorher *E. von Aster*, viele Jahre durch, gewirkt hatte; ich meinerseits wollte nicht länger als zwei Jahre die Kölner Aufgaben und

---

[20] in: Konkrete Vernunft, Festschrift für E. Rothacker. Bonn, Bouvier Verlag 1958; wieder abgedruckt in meinen Studien zur Philosophiegeschichte, Köln 1961.

Absichten zurücklassen. Neue Lehraufgaben, in so veränderter
Situation, Seminartätigkeit, Betreuung des neu gegründeten
Felsefe Arkivi, zusammen mit türkischen Kollegen, welche ihre
philosophische Ausbildung in Deutschland (*Spranger, Hartmann, Rothacker*) gewonnen hatten. Eine meiner Vorlesungen
dort, über Die Grunddisziplinen in der Philosophie, ist nach-
her noch in der türkischen Übersetzung gedruckt erschienen.

In eben dieser Fern-Zeit kam der Lebensweg *N. Hartmanns*
an sein Ende — Abbruch in weiter produktivem Vorschreiten.

Eine dem Lebenden zugedachte Arbeit »Zur Geschichte der
Kategorienlehre« konnte nun nur noch, als gedrängte Studie,
in einen Gedächtnisband eingereiht werden, welcher vierzehn
Beiträge aus der Feder von sachlich wie persönlich Nahestehenden vereinte.[21] Die sechs Aufgabenfelder unterscheidende,
an vorgegebenen Forschungsbeispielen aus Vergangenheit und
Gegenwart jeweils Lage und Absicht erläuternde Abhandlung
ist gedacht als eine Art Programm für eine umgreifende Geschichte der Kategorienlehre aus gegenwärtiger historischer wie
systematischer Überschau, unter das Signum des ersten gründ-
lichen Entwurfs von *Trendelenburg* (1846) gestellt: »Um für
die Philosophie von der Geschichte zu lernen«. Das auch damals schon verfaßte zweibändige Werk des bei uns wenig
gekannten Italieners *A. Rosmini-Serbati* gab, mehr vom Kritischen her, Anstöße; und die von der Antike bis zu *Hegel*
reichende Storia critica delle categorie von *Pietro Ragnisco*
(zwei Bände, 1870) war als vorgegebene Leistung anzuführen.
Von den Gegenwartsbemühungen in der Philosophie auf neue
Weisen von Ontologien her war das Thema der Begriffsfassung
von »Kategorie« wieder dringlicher in Sicht gekommen, nachdem weithin von *Kant* und Kantianern aller Art nur Konstitu-

---

[21] Nicolai Hartmann. Der Denker und sein Werk, hrsg. v. Heinz
Heimsoeth und Robert Heiß, Göttingen, Vandenhoeck und Ruprecht
1952. Wiederabdruck meines Beitrags dann in meinen Ges. Ab-
handlungen II: Studien zur Philosophiegeschichte, Köln 1961. —
Nachrufe von mir: im Felsefe-Arkivi III, 1, 192, Istanbul, und im
Jahrbuch 1950 der Akademie der Wissenschaften und der Literatur.
Franz Steiner Verlag, Wiesbaden.

tionsprinzipien des Denkens auf Gegenstandserfassung hin
unter den Titel gestellt waren, was auch auf das Verständnis
der Wortprägung

Hier bricht das Manuskript ab. — Dem Verfasser fiel es schwer,
seine ausgesprochen sachliche Einstellung mit der Aufgabe zu verbinden, persönliche Aussagen über sich selbst und das eigene Werk
zu machen, wie das nun einmal eine Selbstdarstellung verlangt. Er
arbeitete mit einigen Unterbrechungen bis zuletzt am Manuskript
und suchte unter Mühe optimale Formulierungen. So blieb das
Werk unvollendet. —

Für die Unterstützung bei der Drucklegung und die Anfertigung
des Begriffsverzeichnisses möchte ich Professor Dr. Fr. Kaulbach
sehr herzlich danken.

Renate Heimsoeth

Heinz Heimsoeths Veröffentlichungen in Auswahl

Auf die von Friedhelm Nicolin in »Kritik und Metaphysik«,
Heinz Heimsoeth zum 80. Geburtstag, Berlin 1966, S. 382, mit
einer Einführung versehene musterhafte und vollständige Bibliographie, die bis zum Jahre 1966 reicht, sei hingewiesen. Im folgenden
wird eine Auswahl getroffen.

1. Die Methode der Erkenntnis bei Descartes und Leibniz, Gießen,
   Töpelmann, 1912—14.
2. Die sechs großen Themen der abendländischen Metaphysik und
   der Ausgang des Mittelalters, Berlin, Stilke 1922. (Schriftenreihe der Preußischen Jahrbücher Nr. 6.)
   2. Aufl. Berlin-Steglitz 1934.
   3. durchges. Aufl. Darmstadt (Wissenschaftl. Buchgem.) 1953.
   4. Aufl. Darmstadt (Wissenschaftl. Buchges.) 1958.
   5. Aufl. Darmstadt (Wissenschaftl. Buchges.) 1965.
3. Fichte, München, Reinhardt, 1923. (Geschichte der Philosophie
   in Einzeldarstellungen, Bd. 29.)
4. Metaphysische Motive in der Ausbildung des kritischen Idealismus, in: Kant-Studien 29 (1924), S. 121—159.
5. Persönlichkeitsbewußtsein und Ding an sich in der Kantischen
   Philosophie, in: Immanuel Kant. Fs. zur zweiten Jahrhundertfeier seines Geburtstages. Hg. von der Albertus-Universität in
   Königsberg, Leipzig 1924.
6. Metaphysik der Neuzeit, München/Berlin: Oldenbourg 1929.
   (Handbuch der Philosophie, Abt. 1, Beitr. F.)

7. Die Philosophie im 20. Jahrhundert, in: W. Windelband: Lehrbuch der Geschichte der Philosophie, 13. Aufl. Hg. von H. Heimsoeth, Tübingen 1935.

8. Nietzsches Idee der Geschichte, Tübingen 1938.

9. Geschichtsphilosophie, in: Systematische Philosophie, Hg. von Nicolai Hartmann, Stuttgart u. Berlin 1942, 2. Aufl. Bonn 1948.

10. Metaphysische Voraussetzungen und Antriebe in Nietzsches »Immoralismus«, Mainz, Verlag der Akademie; Wiesbaden 1955.

11. Studien zur Philosophie Immanuel Kants. Metaphysische Ursprünge und ontologische Grundlagen. Köln 1956.

12. Johann Gottlieb Fichte, in: Die großen Deutschen, Deutsche Biographie, hg. von H. Heimpel, Th. Heuss, B. Reifenberg, Bd. 5, Berlin 1957, S. 178—190.

13. Atom, Seele, Monade. Historische Ursprünge und Hintergründe von Kants Antinomie der Teilung, Bd. 1, 1960, Mainz, Verlag der Akademie.

14. Studien zur Philosophiegeschichte, Köln: Kölner Universitätsverlag 1961.

15. Astronomisches und Theologisches in Kants Weltverständnis, Mainz: Verlag der Akademie, 1963.

16. Transzendentale Dialektik. Ein Kommentar zu Kants Kritik der reinen Vernunft. Berlin.
    Teil 1: Ideenlehre und Paralogismen, 1966.
    Teil 2: Vierfache Vernunftantinomie, 1966.
    Teil 3: Das Ideal der reinen Vernunft, Die spekulativen Beweisarten vom Dasein Gottes, Dialektischer Schein und Leitideen der Forschung, 1969.
    Teil 4: Die Methodenlehre mit einem Nachwort und Register für alle vier Teile, 1971.

Erich Heintel   *29. 3. 1912

I. Ursprünge

1. Persönliches. Die Aufforderung zur »Selbstdarstellung«
hat mich dazu angeregt, nachdenklich Vergangenheit lebendig
werden zu lassen: Meine Gedanken führten zunächst zurück
ins Elternhaus, in dem meine Schwester und ich trotz der Härte
der Zeiten eine überaus glückliche Jugend verbracht haben. Die
Schule machte keine Schwierigkeiten, ein von meinem
Vater begründeter gewerblicher Betrieb befand sich in stetem
Aufschwung und ließ uns aus der Geborgenheit der Familie
heraus mit tatkräftiger Freude alles anpacken, was uns als
Aufgabe entgegentrat. Ich erhielt neben dem Studium während
meiner Mittelschul- und Universitätszeit eine gediegene kauf-
männische Ausbildung, die mir auch in später ausgeübten,
anderen Berufen recht dienlich war, vor allem im Hinblick auf
Organisation und Effektivität meines Arbeitens. Auch eine im
kaufmännischen Raum erworbene und geübte Verhandlungs-
geschicklichkeit geht auf diese Zeiten zurück.

Dann denke ich an die Freunde seit der Mittelschulzeit und
an unsere in den Ferien unternommenen gemeinsamen Fahrten
durch ganz Europa. Sie ließen uns aus unseren alltäglichen
Bezügen und Pflichten heraustreten und vermittelten uns weit
über das, was wir dabei an Landschaften, Städten und großen
Kunstwerken europäischer Vergangenheit besichtigen konnten,
viele Stunden freundschaftlichen Umgangs und der Besinnung
auf uns selbst und unsere Zukunft. Wir betrachteten uns als
»Amateure des Lebens« und begannen munter zu philosophieren. Während der höheren Mittelschul- und Universitätsjahre
trafen wir uns regelmäßig und hatten das Glück und die Zeit,
gemeinsam Philosophie, Literatur und Kunst zu pflegen und
uns um Maßstäbe für unsere eigene Lebensführung zu bemühen.

Das Schicksal war mir auch in seinem verlängerten Arm,
meiner Frau, gnädig: wir sind seit jenen Zeiten der Fahrten

und der ersten Schritte selbständigen und verantwortlichen Handelns einander verbunden und haben gemeinsam getragen, was im Wechsel der Ereignisse auf uns zugekommen ist. Unsere in den Jahren 1940 bis 1946 geborenen Kinder (2 Knaben, 2 Mädchen) haben wir über die schweren Zeiten der Trennung im Krieg und über die Nachkriegszeit gesund hinweggebracht. Nun sind schon alle Sprößlinge mit eigenen Familien außer Haus, auch der Jüngste hat sein Studium hinter sich und hat sich — wie sein älterer Bruder, der Ordinarius für Philosophie an der neugegründeten Hochschule in Klagenfurt ist — für die wissenschaftliche Laufbahn entschieden. Schon hat die Zahl der Enkelkinder die Verdoppelung derjenigen der Kinder erreicht.

Trotz der Krise der Universität betrachte ich mein Amt als einen der schönsten Berufe. Ich glaube, ich würde versuchen, ihn wieder zu ergreifen, wenn ich noch einmal zu leben hätte. Er war für mich zunächst ohnehin eine Art Fortsetzung der Bemühungen um eine fundierte Lebenshaltung im jugendlichen Freundeskreis, nun immer mehr freilich, um mit *Hegel* zu sprechen, in der Form der Wissenschaftlichkeit und geordneter philosophischer Systematik. Rasch gewann ich schon als junger Dozent einen Hörerkreis, mit dem ich weit über die Universität hinaus persönlich in Verbindung stand und noch stehe. Ich glaube, daß alles gemeinsame Forschen Menschen aneinander zu binden vermag; in der Philosophie liegt in dieser Hinsicht noch ein Zug besonderer menschlicher Verpflichtung. *Schopenhauers* Satz in bezug auf die Differenz von Denken und Leben, daß nämlich »der Wegweiser nicht mitgehe«, kann nur als Frivolität bewertet werden. Vielmehr führt Philosophie zum Humor, der es möglich macht, Bemühen und Scheitern, Erfolg und Versagen bei sich und anderen in das rechte Verhältnis zu bringen. Er ist eine Form der Liebe (Agape), in der man sich üben kann, auch wenn man in ihr immer wieder versagt. Außerdem ist kritisches Philosophieren gewissermaßen der geborene Antidoktrinarismus, der eine Freiheitshaltung erwerben läßt, die einem gegen die in unseren Tagen oft bis nahe an ein kollektives Irresein heranreichenden

Aktivitäten im Namen von Schlagworten, Modewissenschaften und des wissenschaftlichen Aberglaubens ausreichend absichert.

Auch wir waren in der Jugend mißtrauisch gegen alles Herkömmliche und gegen die Unechtheit vieler Lebensformen, mit denen wir konfrontiert wurden. Wir erkannten aber sehr bald, daß der Nonkonformismus nur eine andere Art von Konformismus ist und daß es unmöglich ist, sich in Gesellschaft und Kultur gewissermaßen auf Null zu reduzieren (»Mann ohne Eigenschaften«, vgl. 18, 24, 54)[1] und alles neu zu schaffen. Diese Einsicht bestimmte in den (in Kürze) vier Jahrzehnten meiner Lehrtätigkeit an der Universität meine Arbeit auf dem Gebiete der Philosophie. In den Vorlesungen und in vielen Veröffentlichungen bemühte ich mich, die große philosophische Tradition von *Plato* und *Aristoteles* über *Augustinus* und *Thomas* zu *Leibniz, Kant* und *Hegel* hin für die Probleme der Gegenwart fruchtbar zu machen und die Jugend an sie heranzuführen. Sie soll an ihr zu selbständigem und kritischem Denken gelangen. Ihre ersten Schritte in dieser Richtung zu erleichtern und sie auf dem »wissenschaftlichen Markt« bekannt zu machen, dienen vorzüglich auch die von mir geschaffenen und geleiteten Publikationsmöglichkeiten, das »Wiener Jahrbuch für Philosophie« und die wissenschaftliche Buchreihe »Überlieferung und Aufgabe«. Ein an meinem Institut in Ausarbeitung befindliches »Philosophisches Lexikon der europäischen Tradition« steht ebenfalls im Zeichen der Aufgabe,

---

[1] Art des Zitierens: Einzelhinweise werden in Klammern jeweils im Text selbst gegeben. Wenn kein Personenname aufscheint, bezieht sich die erste (fallweise auch einzige) Ziffer stets auf das Verzeichnis meiner Veröffentlichungen im bibliographischen Anhang. Die nachstehenden Autoren zitiere ich, falls es nicht ausdrücklich anders angegeben ist, folgendermaßen: Plato und Aristoteles in der gewohnten Weise; Leibniz nach den »Philosophischen Werken«, hg. v. A. Buchenau und E. Cassirer, 1924 ff.; Humes »Treatise« nach »Traktat über die menschliche Natur«, hg. v. Th. Lipps, 2 Bde., 1895 und 1906; Kants »Kritik der reinen Vernunft jeweils nach der ersten (A) oder der zweiten Auflage (B); Schelling nach der Ausgabe von M. Schröter, 1927 ff.; Hegel nach der Jubiläumsausgabe von H. Glockner, 1941; Feuerbach nach den von W. Bolin und F. Jodl hg. »Sämtlichen Werken«, 1903 ff.; E. Mach nach der »Analyse der Empfindungen», 61911. Bei diesen Hinweisen kennzeichnen römische Ziffern jeweils den Band, arabische die Seite(n).

die Vergangenheit für Gegenwart und Zukunft lebendig zu
erhalten und fruchtbar zu machen. Dem Gespräch mit anderen
Wissenschaftsbereichen und besonders auch mit den Einzelwissenschaften dienen (seit 1966) interfakultative und inter-
disziplinäre Arbeitsgemeinschaften mit Theologen und Juristen
ebenso wie mit Physikern, Historikern, Germanisten und Mu-
sikwissenschaftlern. Bei allen diesen Bemühungen helfen mit
die im Laufe der Jahre herangewachsenen Schüler, die als
Professoren, Dozenten und Assistenten im In- und Ausland
tätig sind und mit meinem Institut in regem wissenschaftlichem Verkehr und Schüleraustausch stehen. Dieser Kreis
trägt auch die seit nun schon zwölf Jahren jeweils im September
in dem Zisterzienserstift Zwettl stattfindenden Tagungen mit
Philosophen marxistischer Staaten des Ostblocks, die von allen
Seiten die Bemühungen vereinen, verfestigte ideologische Fron-
ten in Bewegung und zur Vernunft zu bringen.

Meine philosophische Gesamthaltung ließ mich über den
Rahmen des Amtes hinaus immer auch zu Verpflichtungen in
der Öffentlichkeit gelangen, so vor allem im Zusammenhang
mit den Reformbestrebungen an unseren Hochschulen. Als
Vorsitzender des von Minister *Piffl* einberufenen »Rates für
Hochschulfragen« hatte ich die Gelegenheit, mit meinen Kollegen und Mitarbeitern meinen Reformgedanken und die ihm
zugrundeliegenden Maßstäbe zu beraten und wenigstens in
einem größeren Gesetz (dem »Allgemeinen Hochschul-Studien-
Gesetz« von 1966) zu konkretisieren. Ob mit diesem ersten
größeren Reformgesetz für die Zukunft der Universität etwas
getan wurde, wird die Zukunft zeigen. Ich halte nach wie vor
die Vereinigung von Forschung und Lehre im herkömmlichen
Sinne über allen Nutzen der Wissenschaft hinaus für eine
Höchstform erzieherischer Möglichkeiten. Es wäre schade,
wenn sie zwischen dem Anspruch der Gesellschaft — (in bezug
auf die akademische Berufsausbildung immer größerer Zahlen:
Ich habe z. B. derzeit rund 5000 Inskriptionen pro Semester
aufzuweisen. Bis Ende 1976 habe ich bereits rund 4000 Rigo-
rosen abgehalten. Die diesbezüglichen Zahlen in der mir gewidmeten Festschrift sind zu berichtigen.) — und reinen For-

schungsinstituten ohne Lehre aufgerieben würde. Nur im Falle des Gelingens der Reform wird sich die ebenso beglückende wie bildende Gemeinschaft der Lehrenden und Lernenden erhalten lassen, wie sie in dem erwähnten Gesetz verlangt wird.

2. *Philosophia perennis.* Schon vor meiner Studienzeit an der Wiener Universität hatte ich vertrauten — wenn auch reichlich ungeordneten — Umgang mit bedeutenden Philosophen. Erst die Lektüre der Hauptschriften *Kants* hat mir die Notwendigkeit systematisch-strengen Denkens und den verantwortlichen Ernst philosophischer Rede verpflichtend zum Bewußtsein gebracht. Vor allem aber war es die Lauterkeit der Gesinnung, die aus *Kants* Schriften immer wieder das Gemüt anspricht, die mich seit jenen frühen Zeiten bis heute an diesen Denker gebunden hat. Daneben hat mich ebenso der Pessimismus *Schopenhauers* wie »Zarathustras« Mission und ihre Verkündigung einer neuen Menschheit angesprochen: werden doch diese großen Verführer immer wieder Bedeutung für die Jugend in ihrer Unruhe zwischen Weltschmerz und Tatendrang gewinnen. Vor allem aber war es die Lektüre der *platonischen Dialoge* und der Nachvollzug des in ihnen wirklichen »Eros« des Denkens, die mich wohl endgültig zur Philosophie gebracht haben. Die Gemeinschaft der Jugend um *Sokrates*, die Urbanität ihres Gespräches, das so rasch von scheinbar ganz belanglosen Dingen zu so gut wie allen wesentlichen Fragen des menschlichen Daseins und damit der Philosophie führt, hat mich damals begeistert und begeistert mich noch heute.

Zusammen mit *Cervantes* und *Sterne*, mit *Adalbert Stifter* und *Gottfried Keller* waren es *Platon* und das *Neue Testament*, die uns auf allen jenen Fahrten durch ganz Europa begleitet haben, von denen schon die Rede war.

Als ich am Beginn der dreißiger Jahre an der Wiener Universität zu studieren begann, bestimmte die Diskussion unter uns Studenten die Auseinandersetzung zwischen dem *Empirismus des Wiener Kreises* und der *Transzendentalphilosophie Robert Reiningers*. Der Wiener Kreis stand damals in der ersten Blüte seiner Geltung. Seine freilich von der weiteren Entwicklung längst aufgegebenen Positionen kann man auch

heute noch am besten den Bänden der Zeitschrift »Erkenntnis«
entnehmen. Mir imponierte an dem Denken dieses Kreises vor
allem der sprachkritische Zug. Nur allzubald mußte ich freilich
feststellen, daß dieser sprachkritische Zug oft in einen reinen
Doktrinarismus ausartete, der die Wörter gerade nicht in dem
Sinn beim Wort nahm, wie sie gemeint waren. Viele menschliche Sinnansprüche, die mich bewegten und interessierten,
kamen auf diese Weise deutlich zu kurz. Man beanspruchte
im Besitz von Kriterien zu sein, die allein bestimmen ließen,
was überhaupt im philosophischen Denken Sinn beanspruchen
dürfe. Dabei aber ging es für ein an *Kant* geschultes und von
Reininger weiter gefördertes kritisches Denken nur allzu
»dogmatisch« zu. Auch ließ die Selbstbeschränkung der Schule
in dem ihr eigenen sterilen Pathos der Exklusivität ein frucht-
bares Gespräch mit anders Denkenden kaum zu. Die Art, wie
man von traditioneller Metaphysik und vor allem auch von
Religion sprach, mußte mich abstoßen. Betrafen doch die einschlägigen Sinngehalte für die Wiener Kreisler nur »jenseitige
Entitäten«, die von allen Erfahrungszusammenhängen »abgetrennt« (4 § 16, 13, 41, 48) ein eigentümlich gespenstisches
Dasein zu führen hatten. Dabei war es freilich für mich höchst
unwahrscheinlich, daß sich der europäische Geist seit rund
zweieinhalb Jahrtausenden mit solchen Primitivitäten zufrieden gegeben hat; bei näherem Zusehen zeigt sich daher auch
stets, daß die großen Metaphysiker unserer Überlieferung von
Platon bis *Hegel* nicht in einer so verstandenen »sinnlich-
übersinnlichen Differenz« gedacht haben. Setzt doch der den
angegebenen Einwand bestimmende Sprachgebrauch zuletzt
eine rein räumliche Auffassung dieser Differenz voraus: *Nietzsche* und *Carnap* haben zum Beispiel in diesem Sinn die
Transzendenz als »Hinterwelt« charakterisiert, und viele Leute
haben ihnen tatsächlich geglaubt, daß sie damit von der »Metaphysik« gesprochen hätten. Auch die »Religionskritik« seit
Feuerbach und *Marx* hat diese Auffassung der Metaphysik mit
Erfolg aufgegriffen, so daß es heute sogar Theologen gibt, die
aus diesen Gründen »atheistisch mit Gott leben« wollen.
Hinter allen derartigen Gedankengängen steckt unbedacht

und unausgesagt das Dogma, daß sinnvolle Rede auf die Wissenschaftlichkeit einer bestimmten (Einzel)wissenschaft und ihrer Methode zu reduzieren sei. Niemand wird zwar *Carnap* widersprechen, wenn er meint, daß Gott z. B. in der Physik nichts zu suchen habe; daß er deshalb in jeder Art von Rede ein sinnloses Vokabel ist, das folgt aus diesem Dogma so wenig wie die Meinung, daß die Philosophie nicht auch die Aufgabe habe, auf ihre Art von Wissenschaftlichkeit formulierte Sinnansprüche zu bedenken, die nicht der Wissenschaft (oder auch ihr selbst) angehören.

Mir jedenfalls wurde schon in meiner Studentenzeit klar, daß der hier deutlich gemachte Doktrinarismus des neopositivistischen Ansatzes nur aufgrund einer weitgehenden Unbildung auf dem Gebiete der Geschichte der Philosophie überhaupt möglich wird. Ich mußte den Diskussionen entnehmen, daß auch bedeutende Persönlichkeiten des Wiener Kreises zuletzt von den Fragestellungen, die sich etwa an die »Idee« bei *Platon* oder an die »transzendentale Methode« bei *Kant* knüpften, keine Ahnung hatten. Schon damals stellte sich für mein Denken dem geschichtslosen Philosophieren und dem unkritischen Dogmatismus des Wiener Kreises der Gedanke der »philosophia perennis« und die Abneigung gegen jeden Schulzwang entgegen, wie ich das in den Mottos von *Leibniz* und *Goethe* zum Ausdruck brachte, die ich dem ersten Bande meines Hauptwerkes über die »beiden Labyrinthe der Philosophie« vorangestellt habe. Auf *Leibniz* war ich in den Studienjahren zum ersten Mal gestoßen. Ich kann ruhig sagen, daß mich außer der Lektüre *Platons* nichts so sehr fasziniert hat wie die Schriften dieses Philosophen, die ich zunächst in den Bänden der »Philosophischen Bibliothek« genossen habe. Ich besitze heute noch diese Exemplare, die ich vollkommen in ihre Lagen zerlegt habe, da ich in dieser Zeit *Leibniz* auch auf allen Straßenbahnfahrten und Spaziergängen in jeweils wohl abgewogenen Dosen in die Rocktasche gesteckt mit mir herumtrug.

Leibniz nun spricht in einem sehr weiten und allgemeinen Sinn von perenner Philosophie, d. h. in bezug auf unsere ganze Tradition von ihren Ursprüngen bei den Griechen an bis auf die jeweilige Gegenwart des Denkens. Die philosophia perennis im engeren Sinn der Wortbedeutung, nämlich die scholastische Philosophie, gehört durchaus in diesen gesamten Raum europäischen Denkens. Auch *Hegel* hat diesen Begriff der Philosophie deutlich ausgesprochen, wobei von ihm noch speziell zu lernen ist, daß System und Geschichte der Philosophie notwendig aufeinander bezogen sind. Die auf diese Weise verstandene »philosophia perennis« gestattet es freilich nicht, aus ihr ein Faulbett des Denkens zu machen und von ihm her — als wäre es der Richterstuhl Gottes selber — alle späteren Anstrengungen des Begriffs zur Ordnung zu weisen und — wie in der Geschichte vom Hasen und vom Igel — perennierend im schlechten Sinn dieses Wortes jedem zuzurufen: »Ich bin schon da!«, der sich bemüht hat, einen neuen Weg zu finden. »...Mumien unter das Lebendige gebracht, können unter diesem nicht aushalten.« (*Hegel*, XVII/77.)

Überblicken wir im Geiste dieser Einsichten unsere philosophische Vergangenheit, dann läßt sich in einem allgemeinsten historischen Hinweis die philosophia perennis im weiteren Wortsinn dadurch kennzeichnen, daß in ihr als wesentlichste Überlieferungen festzustellen sind:

1. die von *Plato* ausgehende aristotelisch-scholastische Tradition des antiken und des mittelalterlichen Denkens (Formmetaphysik der »Substanz«, Aristotelismus);

2. die von *Descartes* inaugurierte, von *Kant* methodisch fundierte, in den Systemen des deutschen Idealismus gipfelnde neuzeitliche Transzendentalphilosophie (Ichmetaphysik des im Sinne *Hegels* als Vermittlung und aus Freiheit »existierenden Begriffs«, Transzendentalismus).

Bezüglich dieser allgemeinen Gegenüberstellung kann ich an diesem Orte nur auf das Buch über die »beiden Labyrinthe der Philosophie« verweisen. Doch soll im weiteren auch hier der Versuch gemacht werden, von »philosophia perennis« als dem fundamentalen Problem der Philosophie zu sprechen.

3. Universale Sprachkritik. Vorerst soll freilich noch kurz von dem die Rede sein, was meiner Meinung nach am besten das Vorgehen der Philosophie in ihrer Eigenart und Eigen-

ständigkeit allen Einzelwissenschaften gegenüber kennzeichnet. Ich konnte an diesem Punkte mit meinem von *Kants* Transzendentalphilosophie her geweckten Denken unmittelbar an *Reininger* anschließen. *Reininger* (4 § 7 Anm. 4, 8, 13, 39) hat in einer für sein ganzes Denken grundlegenden Weise das Vorgehen der Philosophie als »zentral« unterschieden von dem naiv-unmittelbar in intentione recta stehenden Einzelwissen einschließlich des Alltagswissens, dem es nur »peripher« um das Erfassen des unproblematisch vorausgesetzten »Gegebenen« und seiner Relationen zu tun ist, ohne daß es sich in transzendentaler Reflexion dieses Erfassen selbst an der »Ich-Bezogenheit« alles Wissens zum Problem macht: »Philosophie ist zuallererst das [in transzendentaler Reflexion, zentral] um sich selbst wissende [sonst nur in unmittelbarem Sinn stehende periphere] Bewußtsein.« (Metaphysik der Wirklichkeit«, ²1947/8, I/10 f.) Aus diesem Ansatz ergab sich für *Reininger* — wie gesagt — der fundamentalphilosophisch geforderte Unterschied von Philosophie und Einzelwissenschaft: alle Einzelwissenschaften sind dadurch, daß sie jeweils einen bestimmten Bereich des »Gegebenen« unproblematisch voraussetzen, in ihrem gesamten Methodenbestand durchweg und in ihrem Rahmen mit Recht peripher orientiert. Die Philosophie aber hat im Sinne dieses Bereichswissens überhaupt kein besonderes Gegenstandsgebiet, sondern reflektiert zentral darauf, wie von Gegebenem (überhaupt und in seinen seinsmäßigen Unterschieden, bzw. in seinen Bezügen auf den »existierenden Begriff« Mensch hin) die Rede sein kann. Daher liegt für *Reininger* die Philosophie nicht «in der Verlängerungslinie anderer Wissenschaften, sondern ist eine Senkrechte, die alle anderen Linien schneidet. Philosophie darf daher nicht an andere Wissenschaften anknüpfen wollen und hat auch von ihnen keine Hilfe zu erwarten. Sie selbst wieder bilden für sie ein Problem. Denke man sich alle anderen Wissenschaften in ihrer Art vollendet, so bliebe die Aufgabe der Philosophie ihrer ganz andersartigen Blickeinstellung nach davon unangetastet.« (8, S. 32 f.) Fruchtbare philosophische Arbeit ist — in welchem Teilbereich auch immer — nur vom Ganzen der Philosophie her möglich. Philosophische Disziplinen unterscheiden sich von Einzelwissenschaften gerade dadurch, daß sie aus dem Zusammenhange der systematischen Grundlagenforschung prinzipiell nicht herauszulösen sind: im Gegensatz zum historischen Ablösungsprozeß dieser Einzelwissenschaften von der »gemeinsamen Mutter Philosophie« sind sie dadurch gekennzeichnet, daß jede für sich die philosophische Prinzipienwissenschaft impliziert und ihrerseits wiederum — als integrierender Teil dieser Prinzipienproblematik — das philosophische System mitkonstitutiert. Daher ist z. B. etwa Naturphilosophie als philosophische Disziplin nicht das Sammelbecken für alle jene Probleme, die die naturwissenschaftliche Einzelforschung »noch nicht« bewältigt hat, sondern die Auslegung des gesamten Systems der Philosophie auf die »Natur« hin bzw. die Teilkonstituierung dieses Gesamtsystems von der »Natur« her. Grundsätzliche Eigenständigkeit der Philosophie und ersprießliche Zusammenarbeit mit der Einzelwissenschaft sind bei dieser Auffassung des Verhältnisses am besten gesichert. In ihr formuliert die Philosophie ihren Standort im Rahmen der »universitas literarum« seit *Aristoteles*.

Als unabdingbares handwerkliches Rüstzeug des Philosophierens muß von hier aus die Beherrschung der fundamentalphilosophischen und der systemlogischen Zusammenhänge gefordert werden. An inhaltlicher Fülle bewährt sich das aus dieser Beherrschung stammende Können freilich erst: einerseits in der Aneignung des traditionellen Problem- und Motivbestandes europäischen Denkens, andererseits in der Zuwendung zu den von den Einzelwissenschaften dargebotenen Aufgaben. In dieser letzten Hinsicht geht der Philosoph gerne zu den jeweiligen Werkmeistern in die Lehre und verzichtet — schon aus Respekt vor allem Handwerklichen in seinem eigenen Bereich — auf die Einrichtung von heimlichen Pfuscherwerkstätten, die mit Recht jener Verspottung anheimfielen, die mit Unrecht *Aristophanes* in den »Wolken« über die »Denkklause« des *Sokrates* ergossen hat.

Ich versuche alle diese Probleme der Philosophie unter dem Titel »universale Sprachkritik« (4 § 21—§ 23, 5 S. 102 ff.) zu-

sammenzufassen. Ich bin nämlich überzeugt, daß alles grund-
sätzliche Denken seit jeher einen Zug von Sprachkritik besessen hat, einer Sprachkritik, die freilich universal aufgeschlossen für alle Sinnansprüche des Menschen gewesen ist und daher nicht beansprucht hat, von vornherein sich zum Richter darüber aufzubauschen, was »Sinn« haben darf.

Auch ohne ausdrücklich sprachphilosophische Reflexion kommt das Denken in der Tat sehr früh zum Bewußtsein verschiedener Sinnebenen der Sprache: sie »meint« ebenso das Pferd (und zwar als dieses Pferd hier und als »Pferdheit«) wie den Pegasus, den Sokrates wie den Apoll, redet von einem Stuhl und Stern ebenso wie von einer Bewegung und von einem Satz, vom Donaustrom wie vom Strom der Erlebnisse und des Bewußtseins, gebraucht die Wendungen: im Gemüt, im Bewußtsein, ebenso wie diejenigen: im Garten, in der Schublade usw. Die im Rahmen der Erkenntnisphilosophie erst verhältnismäßig spät ausdrücklich formulierte Frage: »Was meinst du eigentlich?« — eine Frage, die kein Wort und keine Sprachwendung passieren läßt, die sich nicht dem Instanzenzug bestimmter Kriterien gestellt und an ihnen ausgewiesen hat, ist sicher sehr früh bewegendes Erlebnis der Besinnung gewesen. Die in der Kommunikation des Alltags überall und stets drohenden Verständnis- und Verständigungsgrenzen mußten den naiven Sprachvollzug erschüttern. In aller Reflexion steckt so vom Anfang an auch »Sprachkritik«.

Lichtenbergs Satz, daß alle Philosophie »Berichtigung des Sprachgebrauchs« ist, kann daher gar nicht ernst genug genommen werden. Ich unterscheide die der analytischen Philosophie nahestehende, an der neuzeitlichen Physik bzw. an der neuzeitlichen Mathematik orientierte Sprachkritik, die sich um eine möglichst exakte Sprache bemüht, um den wissenschaftlichen Sprachgebrauch gegen die Vieldeutigkeiten und Vagheiten der natürlichen Sprache abzuschirmen und zu sichern — von der »spekulativen« Sprachkritik, die sich auch dort um eine verbindliche Weise der Vermittlung bemüht, wo sich die Forderung der Exaktheit im Sinne des Leitbildes der exakten Wissenschaften als inadäquat und undurchführbar erweist. Man kann ruhig sagen, daß sich ein Großteil der bedeutenden Denker unserer Tradition (3, 4 § 12 u. § 13, 18, 27, 48, 52) auf diese zweite Weise um die Sprache bemüht hat. Versuche, sie im Sinne der ersten Art von Sprachkritik exakt zu machen, sind daher meistens mit dem Verlust des Sinns verbunden, um den sich diese Denker bemüht haben. Man könnte die hier aufgegriffene Problematik unter dem Titel »Die Sprache und das Irrationale« behandeln und ausführen. Das Irrationale schlechthin ist ein rein negativer Begriff. In seinem Bereich läßt sich nichts Bestimmtes mehr denken; es ist die Nacht, in der alle Kühe schwarz werden, wie *Hegel* sagt. In diesem Sinn könnte der Bezeichnung »irrational« zuletzt überhaupt keine Bedeutung beigelegt werden, da z. B. selbst eine negative Theologie das in ihr angesprochene Irrationale von dem her zu bestimmen sucht, was jeweils in der Rede negiert wird (4 § 12, 48). Man könnte Wendungen wie »Unendlichkeit« und »Ewigkeit« in ihrer Irrationalität über jene Nacht *Hegels* gar nicht zur Unterscheidung bringen, käme nicht beim Unendlichen die Negation vom Raum, beim Ewigen von der Zeit her. Wichtiger aber ist es, daß es einen guten Sinn hat, von relativer Irrationalität auf eine bestimmte, immer auch sprachlich vermittelte Rationalität hin zu sprechen. Sprachsinn ist vernünftig und verständlich auch dort, wo wir nicht nach dem Leitbild exakter Sprachkritik in der Weise exakter Wissenschaft reden. Die Grenze ihrer Art von Rationalität ist nicht diejenige der Vernünftigkeit überhaupt, die im Grunde so weit reicht, als der Sinn von Rede überhaupt, in dem sich Gesprächspartner auf eine verbindliche Weise Mitteilungen zu machen vermögen. So stellt Philosophie durchaus den Anspruch, rationale Vermittlung auch dort zu leisten, wo im Sinne exakter Sprachkritik die Begriffe fehlen. Es ist gerade die spekulative Sprachkritik, die diese Problematik immer gesehen hat.

Das vielleicht bedeutendste Beispiel spekulativer Sprachkritik in unserer Tradition ist die Dialektik (3, 4 § 12, 5 S. 85 ff., 6, 13, 20, 27, 38, 57). In ihr erhebt sich — um es in der Sprache *Kants* und *Hegels* anzudeuten — die »dialektische Vernunft« über den »abstrakten Verstand« und gelangt dadurch in der Überhöhung einer in ihrer Art durchaus anerkannten und bedeutenden Rationalität zu einer philosophisch verbindlichen Rede, deren Anspruch auf andere Weise gar nicht zu vermitteln wäre. Darauf kann hier nicht näher eingegangen werden.

Doch sei an dieser Stelle bezüglich der Arten der Sprachkritik noch bemerkt, daß man über die logische und die spekulative Sprachkritik hinaus so allgemein und in einem so weiten Sinn von ihr sprechen kann, daß sie im Grunde mit dem, was Philosophie heißt, zusammenfällt. Ich nenne diese letzte Art der Sprachkritik eben die »universale Sprachkritik«. In ihr werden die Wörter wirklich beim Wort genommen: universale Sprachkritik wird universale Sinnphilosophie, in der es keine »nur« verbalen Wendungen geben darf, in der aber auch alle möglichen und wirklichen »Reden« (Logoi) auf ihre jeweiligen Sinnebenen hin untersucht und gewürdigt werden. Diese Art Sprachkritik schließt sowohl die logische als auch die spekulative Sprachkritik mit ein und ist bestrebt, nichts, was überhaupt mit dem Anspruch verständlicher Rede auftritt, unberücksichtigt zu lassen; vielmehr bezieht sie alle diese Reden auf ihr eigenes Anliegen und versucht sie dafür fruchtbar zu machen, in maiorem perennis philosophiae gloriam. Vielleicht ist *Aristoteles* der Denker, an dem man — an seinem geschichtlichen Orte — am besten demonstrieren kann, was »universale Sprachkritik« ist.

4. Analogie der sinnlichen und unsinnlichen Dinge. Versteht man unter Metaphorik mit *Leibniz* eine »Analogie der sinnlichen und unsinnlichen Dinge«, dann ergibt sich sehr bald, daß es im Rahmen der Philosophie schlechthin undenkbar ist, das Metaphorische auszuschalten. Diese gerät dann erst recht in Scheinprobleme, wenn sie darauf aus ist, auch in ihrem Rahmen eine unmetaphorische Redeweise als allein verbindlich anzusetzen. Ein philosophischer Physikalismus (4 § 16, 13, 15, 40), demzufolge Sinngebilde wie Sätze als Schallwellen, Drukkerschwärze oder Tintenhügel »erklärt« werden, ist schlechthin unsinnig. Am deutlichsten wird die Problematik bei Wörtern, die zunächst und wörtlich genommen eine ursprüngliche Beziehung auf den Raum haben, wie z. B. die Wörter: in, innen, innerlich. Alles »in« drückt ein räumliches Verhältnis aus. Was in etwas anderem eingeschlossen ist, was also bei einer materiellen Gegebenheit nicht die natürlicherweise oder jeweils erscheinende Oberfläche ausmacht, ist »in« ihm, ist sein »Inneres«. Dabei ist daran festzuhalten, daß alles, was in einem solchen bestimmten Gegebenen als Inneres im strengen Wortsinn ist, selbst auch von räumlicher Beschaffenheit sein muß. Es läßt sich daher grundsätzlich zu räumlicher Erscheinung bringen (äußerlich machen), wie der Hut in der Schachtel, wie »Atome« in Körpern, wie die Gehirnmasse im Schädel usw. oder ist überhaupt nur eine modifizierte Äußerlichkeit, so wenn der Chemiker von der »inneren Oberfläche« z. B. bei aktiver Kohle spricht. Es handelt sich also bei all diesen Unterscheidungen von Innerem und Äußerem nur um eine relative Gegenüberstellung; das »Innere« ist in diesem Sinn tatsächlich nur ein »komparativ«, ein vergleichsweise Innerliches (*Kant* A 277, 285; B 333, 341). Prinzipiell ist alles (körperlich) Räumliche, ob innen oder außen, erscheinende Wirklichkeit, die wir wahrnehmen und beobachten können.

Nun sprechen wir auch noch in anderem Sinn von Innerem und von Innerlichkeit, freilich nur in sogenannten übertragenen (metaphorischen) Wendungen. Wenn ich sage: »Es geht mir etwas innerlich zu Herzen«, »es geht mir ein Mühlrad im Kopfe herum« oder »eine Sache liegt mir schwer im Magen« — so zielen alle diese Redensarten auf etwas anderes, als in ihren Bildern unmittelbar vorkommt. Ich sah einmal einen Trickfilm, der derartige Wendungen im wörtlichen Bildsinn vorführte, zur größten Erheiterung der Zuschauer, die wohl noch nie in so drastischer Weise auf dieses fundamentalphilosophisch bedeutsame Phänomen aufmerksam gemacht wurden. Denn es handelt sich hier tatsächlich um eine fundamentalphilosophisch bedeutsame Sache: ob ich nämlich im Sinne des Aristotelismus frage, wie denn die Wendung: »das Eidos ist ›in‹ den Erscheinungen« zu verstehen sei, ob ich mich im Sinne des Transzendentalismus mit den Aporien herumschlage, die mit der Wendung »im« Bewußtsein gegeben sind usw. — immer gilt es,

erscheinende Äußerlichkeit und eigentliche Innerlichkeit zu
unterscheiden und trotzdem zusammenzudenken. Denn *Hegels*
Hinweis, daß das, was *nur* innerlich ist, nur *äußerlich* sein
kann, ist völlig berechtigt, weil das nur Innerliche als solches
und an sich gedacht vom Äußerlichen in einer Weise »abgetrennt« wird, die es notwendig selbst veräußerlicht: Daher ist
z. B. die vom Leibe getrennte Seele so schwer anders zu denken denn als eine – freilich in reduzierter Körperlichkeit we-
sende, trotzdem aber nur komparativ innerliche – äußere
Erscheinung (ein Gespenst). Wenn *Leibniz* – um ein weiteres
historisches Beispiel für unsere Problematik zu nennen – behauptet, die Monade habe keine Fenster, dann besagt dieser
Satz zunächst nicht mehr, als daß in eigentliche Innerlichkeit
(als entelechiale »Form«, als »Geist«) nichts auf die Weise
eines Vorgangs im Raume (durch Fenster) »hinein«-kommen
kann. Diese Einsicht ist noch nie widerlegt worden. Diejenigen
aber, die meinen, *Leibniz* habe dadurch das Individuum in
einen fensterlosen Raum eingeschlossen und gleichsam zu
einem absoluten Diogenes in einem absoluten Faß gemacht,
begehen gerade jenen Fehler, den *Leibniz* mit seiner bildlichen
Wendung hintanhalten will: sie machen die Monade zu dem,
was *Hegel* ebenso bezeichnend wie despektierlich den »Seelen-
sack« genannt hat, der (zumindest) *ein* Loch haben muß, damit
etwas in ihn hinein und aus ihm heraus gelangen kann. Wenn
Aristoteles (14, 23) wiederum in scheinbarem Gegensatz den
Geist (νοῦς) von außen (θύραθεν) in den Leib gelangen läßt,
dann verleiht er der menschlichen Monade keineswegs Fenster,
durch die das Geistgespenst in sie hineinschlüpfen könnte:
vielmehr geht es ihm gerade darum, den Geist von aller primitiven Vermaterialisierung und Vernaturalisierung zu bewahren, d. h. die apperzipierende Monade, um mit *Leibniz* zu
reden, nicht in der nur perzipierenden Monade, die Seele als
forma formarum nicht in der Seele als forma corporis oder gar
in ungeformter – atomistisch (bzw. physikalistisch) gedachter
– Materie untergehen zu lassen. In der Metaphorik von »innerlich« und »äußerlich« kann also – wie sich an unseren
Beispielen gezeigt hat – das »innen« und das »von außen«

auf denselben Sinn hinauskommen: so wie nämlich das eigentliche Innerliche nicht äußerlich dem Äußerlichen gegenübersteht, so steht auch das bildliche »von außen« des Geistes nicht äußerlich dem Leibe oder der Materie (dem ihm Äußerlichen, in das er nicht wie bei der Tür oder durch das Fenster hineinkommen kann) gegenüber. An *Kants* Terminologie anschließend, ließe sich sagen: sowenig das (wörtlich verstandene) Innerliche ein (»eigentlich«) Innerliches ist, sowenig kann das »metaphorische« Äußerliche ein Äußerliches (in striktem Wortsinn) sein.

5. *System und Geschichte.* Universale Sprachkritik muß — soll sie ihrer Aufgabe für die Grundlegung der Philosophie gerecht werden — ebenso den Gesamtraum systematischen Denkens wie den Gesamtraum geschichtlicher Entwicklungen ernst nehmen und berücksichtigen. Nur auf die erste Art kann sie die verschiedenen Sinnansprüche in eine Ordnung bringen, die zugleich philosophische Bedeutung hat, nur im Sinne der zweiten Bindung wird sie der Erfahrung gerecht werden können, die die Menschheit im Laufe der Jahrhunderte gemacht hat, einer Erfahrung, die reicher ist als alles von ihr her nicht »gebildete« individuelle Wissen, reicher auch als ein noch so »originelles« Denken, wie sehr dieses auch in weiten Kreisen der geistigen Halbwelt unserer Tage Anspruch stellen und »Prominenz« gewinnen mag.

Der Gesamtraum systematischen Denkens wird sich immer nur von dem »totalen Inhalt unseres Daseins« und der »Mannigfaltigkeit der Interessen« vermitteln lassen, die auf diesen »totalen Inhalt unseres Daseins« bezogen sind. Es geht dabei darum, über das Recht und die Grenze *eines* Sinnanspruchs zu einer Ordnung *aller* menschlichen Sinnansprüche zu gelangen, die einer bestimmten Zeit den Motivationshorizont für ein differenziertes und vernünftiges Handeln zur Verfügung stellt und damit verhindert, daß die »Vernünftigkeit des Wirklichen« eine Beute von Doktrinären und Simplifikateuren wird. *Hegel,* den wir in den voranstehenden Sätzen schon zitiert haben, formuliert diese wesentliche Aufgabe der Philosophie an einer interessanten Stelle seiner »Ästhetik« (XII/139 f) — im besonderen Hinblick auf die Kunst, aber über sie hinaus sehr wohl mit allgemeinem Anspruch — folgendermaßen: »Überblicken wir den totalen Inhalt unseres Daseins, so finden wir schon in unserem gewöhnlichen Bewußtsein die größte Mannigfaltigkeit der Interessen und ihrer Befriedigung. Zunächst das weite System der physischen Bedürfnisse, für welche die großen Kreise der Gewerbe in ihrem breiten Betrieb und Zusammenhang, Handel, Schiffahrt und die technischen Künste arbeiten; höher hinauf die Welt des Rechts, der Gesetze, das Leben in der Familie, die Sonderung der Stände, das ganze umfassende Gebiet des Staats; sodann das Bedürfnis der Religion, das sich in jedem Gemüte findet und in dem kirchlichen Leben sein Genügen erhält; endlich die vielfach geschiedene und verschlungene Tätigkeit in der Wissenschaft, die Gesamtheit der Kenntnis und Erkenntnis, welche alles in sich faßt. Innerhalb dieser Kreise tut sich nun auch die Tätigkeit in der Kunst, das Interesse für die Schönheit und die geistige Befriedigung in deren Gebilden hervor. Da fragt es sich nun nach der inneren Notwendigkeit solch eines Bedürfnisses im Zusammenhange der übrigen Lebens- und Weltgebiete. Zunächst finden wir diese Sphären nur überhaupt als vorhandene vor. Der wissenschaftlichen Forderung nach handelt es sich aber um die Einsicht in ihren wesentlichen inneren Zusammenhang und ihre wechselseitige Notwendigkeit. Denn sie stehen nicht etwa nur im Verhältnis des bloßen Nutzens zueinander, sondern vervollständigen sich, insofern in dem einen Kreis höhere Weisen der Tätigkeit liegen als in dem anderen; weshalb der untergeordnetere über sich selbst hinausdrängt und nun durch tiefere Befriedigung weitergreifender Interessen das ergänzt wird, was in einem früheren Gebiete keine Erledigung finden kann. Erst dies gibt die Notwendigkeit eines inneren Zusammenhanges.«

Weil also Philosophie als universale Sprachkritik notwendig auf eine universale Systematik hin orientiert ist, setzt sie — der »Totalität« des Erfahrungsraums wegen — notwendig auch ein an ihrer eigenen Tradition gebildetes Bewußtsein voraus. Zwar hat es sich in der Geschichte der Philosophie immer wieder als eine wirksame Haltung gezeigt, wenn ein Denker oder eine Schule die vergangene philosophische Tradition auf eine Formel brachte, die gewöhnlich in ein Schlagwort (z. B. »Metaphysik«, 4 § 1 Anm. 3, 43) zusammengefaßt wurde, um alles Bisherige zu distanzieren und sich als einen Neuanfang herauszustellen.

Es ist freilich das Zeichen solcher pauschaler Stellungnahmen, daß sie notwendig unbestimmt und undifferenziert bleiben müssen, sollen sie die Aufgabe einer totalen Abrechnung mit der Vergangenheit erfüllen können. Wie dem auch sei, jedenfalls muß sich verantwortliches Denken darüber im klaren sein, daß wir die Vergangenheit niemals richten können ohne das Risiko, von ihr selbst gerichtet zu werden. Immer wieder zeigen sich in der Geschichte der Philosophie Neuansätze, deren eingebildete Neuheit lediglich in philosophischer Unbildung besteht. Je schwerer die Aneignung einer lange währenden und bedeutenden Tradition wird, um so leichter ist es auch, sie mit bloßen Schlagwörtern zu distanzieren und die Müdigkeit späten Denkens für primitive Ansätze auszunützen.

»Die der Philosophie zunächst liegende und zur Grundlage dienende Empirie ist ihre eigene Geschichte.« Wer hätte sich diesen schönen Satz *Feuerbachs* (IV/12) nicht schon im stillen vorgesagt, wenn er wirklich Leibnizens Ansicht von unserer philosophia perennis teilt! Methodisch aber sei zu dem Heranziehen geschichtlicher Persönlichkeiten und ihrer Gedankengänge bemerkt, daß es mir dabei zunächst wesentlich darum geht, den *systematischen* Sinn dieser Gedankengänge zu entwickeln, den man nicht jeweils einfach mit den historischen Bezügen an ihrem historischen Orte zusammenfallen lassen kann, weil in einer noch lebendigen Tradition derartige historische Orte zuletzt gar nicht isoliert werden können. Es ist ebenso unmöglich, Lehrstücke der Tradition scheinbar lediglich exemplifizierend aufzugreifen und für eigene Zwecke zu mißbrauchen, wie es unmöglich ist, an die Stelle des traditionellen Systems einfach die Geschichte, genauer die wissenschaftliche Historie, zu stellen. Im ersten Falle gerät man leicht in die

Gefahr, eigene Einfälle über die Vernunft der Jahrtausende zu stellen, an der sich auch die genialste Ursprünglichkeit eines noch so tiefen individuellen Denkens als dilettantisch und primitiv erweisen muß — im zweiten Fall wird man zuletzt Sinn und Unsinn der Vergangenheit in völlig gleichgültiger »Objektivität« zum »Gegenstand« wissenschaftlicher Forschung machen, deren intellektueller Wert völlig unabhängig vom Wert dieses ihres »Gegenstandes« ist. Damit stellt sich eine so beschaffene Historie freilich in einer eigentümlichen Exterritorialität (25) außer die Geschichte selbst, um die es ihr doch zu tun sein müßte. Sie ist dann zuletzt nicht Erwerbung des Erbes in der Aneignung der Tradition, sondern entfremdende Inventarisierung der Vergangenheit, so als wäre Geschichte nichts anderes als ein lediglich Aufräumearbeiten erfordernder musealer Trümmerhaufen. In einer solchen, den Geist erniedrigenden Handlung, wird die Historie häufig charakterlos: leicht wird dann »Geschichtsmächtigkeit« als solche zum einzigen Maßstab, man liegt vor ihr platt auf dem Bauche, in einer expressiv relevanten Geste, die man auch unverändert beibehalten kann, wenn man opportunistisch jeder jeweils auftauchenden Macht in der Gegenwart seine Devotheit darbringt. In milderer Form zeigt sich diese Haltung auch darin, daß man sich auf die Tendenzen (»Trends«) der Zeit unkritisch und beflissen einstellt, um »anzukommen«. Oft dienen dabei die Schlagworte der »Demokratisierung« und der »Einholung der kommunikativen Voraussetzungen« (»Transparenz«) zur Ausrede für die Selbstaufgabe des für das Denken geschichtlich erreichten und verbindlichen Niveaus.

II. Aristotelismus und Transzendentalismus, philosophia perennis als fundamentalphilosophisches Problem.

1. Wahrheit. Wir kehren noch einmal zu den »wesentlichsten Überlieferungen« der philosophia perennis, d. h. zu ihren Ausprägungen als Aristotelismus und als Transzendentalismus zurück. Wir versuchen in dieses »Gipfelgespräch« des europäischen Denkens mit der berühmten Frage einzutreten: »Was

ist Wahrheit?« Es geht dabei in unserer Tradition — über alle
formallogischen Fragestellungen hinaus um die »Affinität« von
Sein und Denken im wirklichen Erkennen. Es stehen sich im
Sinne unserer Thematik zwei Theorien gegenüber, nämlich
diejenige des klassischen Wahrheitsbegriffs des Aristotelismus
und diejenige des transzendentalen Wahrheitsbegriffs der Neuzeit und insbesondere *Kants*. Während die klassische Wahrheitstheorie (die Adäquationstheorie) die Affinität von Sein
und Denken im »Wissen« immer schon gesichert sah, und zwar
in dem die neuzeitliche Subjekt-Objekt-Differenz aufhebenden
Zusammenfallen von eigentlichem Seinsgrund (Wesen) und
erkenntnisvermittelndem (ontologisch relevantem) Allgemeinen
(Begriff) in der »Idee«, steht *Kant* einer sozusagen entsubstan-
tialisierten (als solcher wesen- und begrifflosen) »Natur« gegenüber, von der her sich die Affinitätsfrage nicht mehr ontologisch sinnvoll und daher »nur« transzendental stellen läßt. Sie
formuliert sich dann als Vermittlungsproblem innerhalb der
transzendentalen Subjektivität, als Vollzug der »ursprünglichen
Synthesis« in bestimmten »Kategorien«, deren Allgemeinheit
— als »Verstandeshandlungen« jener transzendentalen Subjektivität — niemals jene Allgemeinheit sein kann, die mit der
»Idee« gemeint ist. *Kant* ist insofern (und zwar nur insofern)
durchaus neuzeitlicher Nominalist, als das von der »Idee« her
verstandene (ontologisch relevante) »Wesensallgemeine« im
Rahmen der »ursprünglichen Synthesis« (der »Vermittlung«)
von Sein und Denken zunächst keine (nennenswerte) transzendentale Relevanz gewinnt: das Affinitätsproblem stellt sich
als ein solches der »Verwandschaft« von (im Sinn des Aristotelismus) entsubstanzialisierten »Erscheinungen« auf den —
der Natur ihre Gesetze vorschreibende — transzendentalen
Verstand hin. Dieser wird damit zum Inbegriff der »Prinzipien, ohne welche überall kein Gegenstand gedacht werden
kann«. Er fundiert damit im Rahmen des Transzendentalismus die »Logik der [keineswegs nur formal, sondern durchaus material verstandenen] Wahrheit. Denn ihr kann keine
Erkenntnis widersprechen, ohne daß sie zugleich allen Inhalt
verlöre, d. i. alle Beziehung auf irgendein Objekt, mithin alle

Wahrheit« (A 62 f., B 87). In diesem Sinne geht »die transzendentale Wahrheit … aller empirischen vorher und macht sie [erst] möglich« (A 146, B 185). Insofern aber ist nun *Kant* keineswegs neuzeitlicher Nominalist, für den die materiale Wahrheitsfrage grundsätzlich in der »empirischen« Wahrheit aufgeht. Tragen doch bei ihm die im Nominalismus unproblematisch »gegebenen« einzelnen Gegenstände der Erfahrung von der vorgängigen kategorialen Synthesis des transzendentalen Verstandes her durchaus schon allgemeine Züge, ohne die »überall kein Gegenstand gedacht werden« könnte. Die Berufung auf die »Erfahrung« im Sinne des nominalistischen Empirismus ist daher für *Kant* ebenso eine naive (philosophisch ungebildete) Haltung wie für die aristotelische Tradition, nur ist für ihn die der empirischen Wahrheit vorgängige »Wahrheit« transzendental auf die »Vermittlung« (das Verstandesallgemeine »kategorialer« Synthesis), im Aristotelismus ontologisch auf die Einheit von Seins- und Wissensgrund (auf die »Idee« als »Wesensallgemeines«) fundiert. Im »Universalienproblem« liegt also die Differenz von Aristotelismus und Transzendentalismus in der Verschiedenheit der Fundierung der »Wahrheit«, hier primär durch das (ontologische) Wesensallgemeine, dort primär durch das (transzendentale) Verstandesallgemeine. Sehr schön sagt *Kant* selbst bezüglich seiner transzendentalen Synthese in den »Kategorien«, daß nur daran, daß »diese Begriffe die Verhältnisse der Wahrnehmungen in jeder Erfahrung a priori ausdrücken, man ihre objektive Realität, d. i. ihre transzendentale Wahrheit erkennt, und zwar freilich unabhängig von der Erfahrung, aber doch nicht unabhängig von aller Beziehung auf die Form einer Erfahrung überhaupt, und die synthetische Einheit, in der allein Gegenstände empirisch können erkannt werden« (A 211 f., B 269). Nur insofern erhält überhaupt die »transzendentale Wahrheit« die Bedeutung einer fundamentalphilosophischen Wahrheitstheorie im Sinne des Affinitätsproblems, in dessen Rahmen sie dadurch zum »Quell aller Wahrheit, d. i. der Übereinstimmung der Erkenntnis mit Objekten« wird, daß sie »den Grund der Möglichkeit der Erfahrung, als des

Inbegriffs aller Erkenntnis, darin uns Objekte gegeben werden mögen, in sich« (A 237, B 296) enthält. Es ist eben der Sinn aller Wahrheitstheorie, die weiß, worum es geht, daß sie nicht erst dort einsetzt, wo ein unproblematisch vorausgesetztes »Gegebenes« einem ebenso unproblematisch gegebenen »Subjekt« gegenübersteht, wobei das Letztere aus dem Ersteren »wahre« Erkenntnis empfangen oder herauszaubern soll, sondern schon bei der Frage, was denn überhaupt das »Gegebensein für ein Subjekt« besagen kann. Daher wird allem nominalistischen Empirismus der in ihm grundsätzlich nicht zu klärende Subjektbegriff zum (fundamentalphilosophischen) Schicksal, gleichgültig, ob er ihn unbegriffen mit sich schleppt oder ob er ihn »eliminiert«. In der Sprache *Kants* läßt sich dazu sagen, daß die transzendentale Wahrheitstheorie eine »transzendentale Affinität« in Sicht bringt, »woraus die empirische die bloße Folge ist« (A 113 f., genauer ausgeführt A 122 f.). Es geht also bei *Kant* immer darum, die sogenannte empirische Wahrheit zu fundieren, auf eine Weise, in der das bestimmte Verstandesallgemeine (die kategoriale Transzendentalität) so zum Zuge kommen muß wie — in durchaus analoger Einstellung — das Wesensallgemeine im Rahmen des Aristotelismus.

Hegel ist in seiner »Logik« von den beiden Haupttraditionen der abendländischen Philosophie ausgegangen: sein »Begriff kann ebenso von der jeweils bestimmten ursprünglichen Synthesis bei *Kant* (von dem Verstandesallgemeinen) als auch von der »Usia« des *Aristoteles* (dem Wesensallgemeinen) her verstanden werden; im ersten Falle ist die Vermittlung immer zugleich Selbstvermittlung der (in ihr vermittelten) Sache; es kann dann »nur die Natur des Inhalts sein, welche sich im wissenschaftlichen Erkennen bewegt, indem zugleich diese eigene Reflexion des Inhalts es ist, welche seine Bestimmung selbst erst setzt und erzeugt« (IV/17); im zweiten Falle ist nach der »Substanz« (Grundlage) gefragt, die als »Subjekt« (bestimmtes Individuum) immer schon vorausgesetzt ist, wenn überhaupt Prädikation (Aussage) möglich sein soll: »Wenn ... die Natur, das eigentümliche Wesen, das wahrhaft Bleibende und Substantielle bei der Mannigfaltigkeit und Zufälligkeit des Erscheinens und der vorübergehenden Äußerung, der Begriff der Sache, das in ihr selbst Allgemeine ist, wie jedes menschliche Individuum zwar ein unendlich eigentümliches, das Prius aller seiner Eigentümlichkeit darin Mensch zu sein in sich hat, wie jedes einzelne Tier, das Prius, Tier zu sein [genauer wäre hier von einer bestimmten Tierart und nicht von dem Gattungsallgemeinen Tier zu reden]: so wäre nicht zu sagen, was, wenn diese Grundlage aus dem mit noch so vielfachen sonstigen Prädikaten Ausgerüsteten weggenommen würde, ob sie gleich wie die andern ein Prädikat genannt werden kann, was so ein Individuum noch sein sollte« (IV/27 f.). Und wie *Kant* distanziert auch *Hegel* den bloß formalen Ansatz des Wahrheitsproblems und meint: »Die Unvollständigkeit dieser Weise, das Denken zu betrachten, welche die Wahrheit auf der Seite läßt, ist allein dadurch zu ergänzen, daß nicht bloß das, was zur äußeren Form gerechnet zu werden pflegt, sondern der Inhalt mit in die denkende Betrachtung gezogen wird.« (IV/30.) Das in diesem Sinne generell ausgewiesene Programm unserer großen Tradition stellt nun freilich der philosophischen Gegenwart jeweils ihre eigenen Probleme.

In den zuletzt zitierten Zitaten *Hegels* zeigt sich nämlich eine eigentümliche — für unsere Thematik interessante — Wendung der Problematik. Es ist so, daß in die Voraussetzungen der Wahrheitsfindung die natürliche Individualität, die jeweils eine bestimmte Art von Tieren (»Leben«) repräsentiert, miteingeht. Das gilt auch für den Menschen, der hier durchaus in der Analogie zum Tier im Rahmen der Stufen des Seienden gedacht ist. Damit läßt sich aber auch das Erkennen des Menschen als ein wesentliches Moment seines spezifischen In-der-Welt-Seins auffassen, als eine spezifische Weise des Weltbezuges im Rahmen lebendigen Daseins überhaupt. Wir werden sehen, daß sich von hier aus bei *Hegel* bezüglich dessen, was bei ihm Mensch als »existierender Begriff« heißt, eine gewisse Zweideutigkeit feststellen läßt, die je nach der Herkunft vom Aristotelismus bzw. vom Transzendentalismus zu verschiedenen Festlegungen führt. Trotzdem ist es klar, daß von Erkennen im spezifischen Sinne wahrer Urteile nur bezüglich des Menschen die Rede sein kann. Zur Fundierung dieser seiner Wahrheit aber genügt es nicht, ihn gegebenen Tatsachen als ein wie immer verstandenes »Subjekt« gegenüberzustellen. Vielmehr ist es in der Tat nötig, die Wahrheitsfrage tiefer zu legen. Erkenntnis im spezifisch menschlichen Sinn ist als möglich nur anzusetzen von der Transzendentalität dieses Geschöpfes her. Es läßt sich also auf der Grundlage dieser Gedankengänge abschließend sagen: in aller Wahrheitsproblematik unserer Tradition geht es in gewisser Weise um die daseiende Transzendentalität Mensch in ihrer weltkonstitutiven Bedeutung als Grundlage aller erfahrenden Aneignung.

2. Aporetik. Sobald sich jedoch der Mensch im Sinne dieser seiner Transzendentalität und ihrer ursprünglichen synthetischen Einheit als »Vermittlung« weiß, verliert er sofort den »festen gegenständlichen Boden« (*Hegel* II/58) des natürlichen Weltbildes, in dem die Vermittlung als solche nicht Gegenstand werden kann, aber doch als solcher gesucht wird. So wird — in einem ersten Versuch, der »transzendentalen Differenz« gerecht zu werden — der empirische Mensch zum absoluten Maß der Dinge, daß sie sind und wie sie sind. Die Reflexion auf diesen Satz aber zeigt, daß der empirische Mensch dieses Maß nur erfüllen kann, wenn die unmittelbare Sinneswahrnehmung allein den Inhalt der Wahrheit ausmache, wenn also das »große Prinzip« des Empirismus, »daß das Bewußtsein in der Wahrnehmung seine eigene unmittelbare Gegenwart und Gewißheit hat« (*Hegel* VIII/117), verabsolutiert wird. Schon *Platon* weiß (Theaitetos 159 e, 160 a), daß in diesem verabsolutierten Prinzip der Mensch selbst als ein gattungsmäßig und individuales Allgemeines und mit ihm seine Welt zugrunde geht. Denn sozusagen nur ein Raum-Zeit-Differential Mensch im Wahrnehmen hier und jetzt, das tatsächlich nicht einmal mit demselben Individuum zu einem anderen Zeitpunkt identisch gesetzt werden kann, läßt den homo-mensura-Satz aufrecht erhalten. Wenn ich also den in der Wahrheit stehenden Menschen (das Subjekt der Vermittlung) empirisch-gegenständlich fixiere, verliere ich nicht nur jede Möglichkeit, den Sinn von Wahrheit zu begreifen, sondern auch den empirischen Menschen selbst. Wäre das Prädikat »Vernunft« an diesem Wesen tatsächlich ein Prädikat wie andere auch, wir könnten, wie die nicht mit diesem Prädikat ausgezeichneten Geschöpfe, weder diese noch eine andere Aussage machen. Der Mensch — ob er es zugibt oder leugnet — ist nur Mensch, weil er »Ich« sagen kann und weil er sich von hier aus als Identität im Wechsel der »Vorstellungen« seines empirischen Daseins in der Welt, d. h. aber in dieser gegenständlichen Unmittelbarkeit immer zugleich als Vermittlung (»Geist«) weiß. Kurz: der empirische Mensch verliert sich logosvergessen selbst, da er Mensch nur als Mensch in der »Wahrheit« und damit sich selber als gegenständliche Unmittelbarkeit transzendierend, sein kann. Noch kürzer: nur in transzendentaler Differenz existiert auch der faktische Mensch als »Mensch«. Sicher: der Mensch findet sich, sich selbst in seiner Endlichkeit immer schon voraussetzend, im unmittelbaren Sinn seiner Existenz als Geschöpf in der Schöpfung; er könnte aber diese Endlichkeit nicht als »Sinn« fassen, könnte er sie nicht auf seine Art transzendieren, auch in seinem endlichen Logos, mit dem er die ins Licht gestellte Schöpfung nachschaffend für die Erkenntnis zur Sprache bringt.

Seit *Demokrit* gibt es dann ein gewissermaßen unverwüstliches Modell, das zu erfassen, was Erfahrungserkenntnis heißen soll. Der Erkenntnisvorgang wird dabei — je nach dem Zeitwissen verschieden, dem Ansatz nach aber immer in gleicher Weise — von der Physiologie des Wahrnehmungsprozesses her gedacht: bei *Demokrit* lösen sich Bildchen von den Dingen ab und gelangen über die Sinnesorgane in die Seele, die auf diese Weise erkennt; seit *Platons* Theaitetos ist nun — wie wir schon wissen — die Undurchführbarkeit dieses Modells für alle philosophisch Gebildeten bewiesen. Die große Philosophie hat sich hier immer an *Platons* Kritik angeschlossen, doch hat noch vor *Kant* auch der dem Affektionsschema huldigende englische Empirismus in skeptischer Selbstaufhebung seines Ansatzes auf seine Weise *Platon* recht gegeben.

Ich konfrontiere im Sinne dieses Hinweises *Leibniz* und *Hume*. Des ersteren Satz, daß die Monade als ursprüngliche Bewußtseinseinheit »keine Fenster habe«, ist unwiderlegbar, wenn er richtig verstanden wird. Davon war schon die Rede. Das Erkenntnisproblem läßt sich nämlich schlechterdings nicht so stellen, daß man Erkenntnis als das Resultat eines physikalisch-physiologischen Vorgangs mit der Endstation im Zwerchfell, Herz, Zentralnervensystem oder wo auch immer in der »inneren Außenwelt« des (menschlichen) Organismus auffaßt. In seinem Mühlengleichnis (»Monadologie« § 17) nimmt *Leibniz* das Affektionsschema beim Wort und zeigt, daß wir in der Hirnschale — auch wenn wir wie in einer Mühle in ihr herumgehen könnten —niemals so etwas wie Perzeption (Bewußtsein, Erfahrungserkenntnis) anzutreffen vermögen. Dabei geht es um eine grundsätzliche und nicht um eine zeitliche Grenze des kritisierten Modells.

Zu demselben Resultat kommt jedoch auf seine Weise in konsequenten Reflexionen auch *Hume*. Auch für ihn ist das, was er als Anfang und Prinzip alles Erfahrens ansetzt, nämlich die »impressions«, im Sinne des Affektionsschema unerklärbar, schon deshalb, weil sie Voraussetzung dafür sind, daß ein Vorgang in der Art des Affektionsschemas überhaupt festgestellt und erkannt werden kann. Das ganze Affektionsschema gehört allenfalls in die »Naturphilosophie«, die jedoch im Sinne des Anfangsproblems fundamental-philosophisch begründet werden muß, eben im Sinne der »Analyse der Empfindungen« wie sie *Hume* primär ansetzt. Freilich leugnet *Hume* im Sinne seines Reduktionismus auf der anderen Seite auch das »Ich« (das personale Selbstbewußtsein), das ihm zu einem bloßen Bündel von Perzeptionen wird. Mit dieser Position ist zwar das Affektionsmodell distanziert, Erfahrungserkenntnis als solche aber ebenso unbegreiflich geworden wie im Rahmen des aufgegebenen Modells. *Hume* selbst resigniert an dieser Stelle seinens Denkens: er spricht bildlich von einem Theater, auf dem die Impressionen auftreten, leugnet aber zugleich dieses Theater, weil es ja selbst nur ein Ensemble von Impressionen sein darf. (I/325 ff.) *Hume* leugnet von seiner

Basis her mit Recht, daß wir überhaupt die »Vorstellung eines Ich haben. Jede wirkliche Vorstellung muß durch einen Eindruck veranlaßt sein. Unser Ich ... aber ist kein Eindruck, es soll ja vielmehr das sein, worauf unsere verschiedenen Eindrücke und Vorstellungen sich beziehen, ... ich meinesteils kann, wenn ich mir das, was ich als ‚mich‘ bezeichne, so unmittelbar als irgend möglich vergegenwärtige, nicht umhin, jedesmal über die eine oder die andere bestimmte Perzeption zu stolpern, die Perzeption der Wärme oder Kälte ...«

Die Dialektik des Ich ist die crux aller empiristischen und positivistischen Fundamentalphilosophie. Sie bestimmt ihre ganze Entwicklung von *Hume* (27 S. 213 ff.), *Mach* (40), zu *Schlick* und dem Wiener Kreis (13), wie auch zu *Wittgenstein* (4 § 18). Ein besonders eindrucksvolles Beispiel konsequenter *Hume*-Nachfolge bietet in dieser Hinsicht *Mach*. Auch für ihn muß das Ich als Impression gegeben sein oder es ist nicht. Aus dieser Einsicht folgt unter anderem auch das bekannte Bild (S. 15) in dem sich *Mach* so gezeichnet hat, daß er auf einem Bett aus einem durch den Augenbrauenbogen, die Nase und den Schnurrbart gebildeten Rahmen das festhält, was nun von seinem Körper noch sichtbar ist. In einer seiner vielen köstlichen Anmerkungen (S. 16) berichtet *Mach*, daß er zur Entwerfung dieser Zeichnung durch einen »drolligen Zufall« veranlaßt wurde, als ihm einer seiner Freunde auf ein Zitat von *Chr. Fr. Krause* aufmerksam machte, das die Aufgabe stellte: »Die Selbstanschauung ‚Ich‘ auszuführen.« Nun habe *Mach* um »dieses Philosophieren ›viel Lärm um nichts‹ scherzhaft zu illustrieren, seine Zeichnung gemacht.« Die Sache wird freilich philosophisch sofort weniger scherzhaft, wenn im Anschluß an die Zeichnung folgendes behauptet wird: »Mein Leib unterschiede sich von den andern menschlichen Leibern nebst dem Umstande, daß jede lebhaftere Bewegungsvorstellung sofort in dessen Bewegung ausbricht, daß dessen Berührung auffallendere Veränderungen bedingt als jene anderer Körper, dadurch daß er nur teilweise und insbesondere ohne Kopf gesehen wird.« (S. 15). So wird das kopflose Impressionenbündel zur Selbstanschauung des Ich. Wie hier freilich noch von »meinem« Leib die Rede sein kann, bleibt undurchdringlich; müßte doch dieses »Mein« zunächst eine eigene Impression sein, die sich in dem gezeichneten Ich über seine Kopflosigkeit hinaus findet. Dagegen ist es wiederum konsequent, wenn *Mach* im Zusammenhang mit seiner Zeichnung behauptet, daß ein und dasselbe Element dann, wenn es »die Haut passiert«, aus »dem Gebiet der Physik in jenes der Physiologie oder Psychologie gelangt« (S. 16). Im übrigen ist es fundamentalphilosophisch gleichgültig, ob ich die Erfahrung assoziativ aus Empfindungselementen oder atomistisch aus physikalischen Elementen »zusammensetze«. Der Dialektik des Ich entgehe ich weder so noch so. *Hegel* spricht von dem »trivialen und äußerlichen Verhältnis der Zusammensetzung . . ., für dessen absolute Sprödigkeit . . . alle Bestimmung, Mannigfaltigkeit, Verknüpfung schlechthin äußerliche Beziehung bleibt« (IV/195). Er wendet sich kritisch gegen die »Einheitslosigkeit des Mannigfaltigen . . . [als] realer Stoff, der in Raum und Zeit gleichgültig außereinander besteht« (V/49), und erklärt dazu folgendes: »Die ungebildete Reflexion verfällt zunächst auf die Zusammensetzung als die ganz äußerliche Beziehung, die schlechteste Form, in der die Dinge betrachtet werden können; auch die niedrigsten Naturen müssen eine innere Einheit sein.« (V/55.) Er fährt übrigens bezeichnenderweise an dieser Stelle folgendermaßen fort: »Das vollends die Form des unwahrsten Daseins auf Ich, auf den Begriff übergetragen wird, ist mehr, als zu erwarten war, ist als unschicklich und barbarisch zu betrachten.«

Doch ergeben sich von dem der Gegenwart möglichen und in ihr erreichten Problembewußtsein auch dann nicht geringe Schwierigkeiten, wenn wir uns nun denjenigen Positionen zuwenden, in denen die Frage nach der Wahrheit (und damit auch nach der Möglichkeit der Erfahrungserkenntnis) grundsätzlicher und auf wesentlich bedeutenderem Niveau als im Rahmen des Affektionsschemas und des Empirismus gestellt worden ist. Wir konfrontieren *Aristoteles* und *Hegel*. Für *Aristoteles* ist der Nous als gegenstandskonstitutive Vernunft genau wie bei *Hume* das Ich nichts »Warmes oder Kaltes«. Er stolpert freilich nicht über diese Perzeptionen, sondern distanziert die Voraussetzungen des empiristischen Reduktionismus, und zwar in der für ihn maßgebenden historischen Gestalt des griechischen Materialismus. Damit aber gelangt er selber in seiner empirisch angesetzten Seelenlehre in ebenso große wie bezeichnende Schwierigkeiten. (23)

Auch für *Aristoteles* geht es nämlich um den Sinn des »Subjekts, das die Vermittlung« *(Hegel)* ist, doch sind bei ihm die Frage nach dem leibseelischen Ganzen des Organismus und diejenige nach dem Sinnganzen der Vermittlung nicht deutlich auseinandergehalten, weshalb jeweils die eine Problemebene an die andere »von außen« herantritt und von ihrem Fragesinn her unverständlich und unvermittelt erscheint. Man kann im gleichen Sinne auch von einem gewissen Antagonismus von Naturphilosophie und Metaphysik des Erkennens bei *Aristoteles* sprechen. Im naturphilosophischen Aspekt ist die Seele bei *Aristoteles* zunächst durchaus vom Ganzen des organischen Daseins her verstanden als »Entelechie eines organischen Körpers«. In diesem Sinne »unterliegt es keinem Zweifel, daß die Seele vom Leibe nicht trennbar ist«, weil sie ja geradezu per definitionem zu ihm gehört, auch wenn sie mit ihm nicht »eins« ist im Sinne einer materialistischen Identifizierung. »Und deswegen haben die recht, welche glauben, daß die Seele einerseits nicht ohne Körper, andererseits aber nicht selbst ein Körper sein kann ... Denn die vollendete Wirklichkeit eines jeden Dinges muß natürlich in dem Möglichen, d. h. in dem zugehörigen Stoffe sein. Hieraus geht deutlich hervor, daß die Seele eine Wirklichkeit und zwar die Wesensform dessen ist, was die Möglichkeit hat, ein so bestimmtes Wesen zu sein.« (Psych. 414 a ff.)

Die Eindeutigkeit dieser Aussagen aber schwindet nun sofort, wenn *Aristoteles* nicht auf das allgemeine Verhältnis von Leib und Seele überhaupt reflektiert, sondern, den Stufen des Organischen (Pflanze, Tier, Mensch) entsprechend, die jeweilige Beschaffenheit der Seele auf den einzelnen Stufen zu bestimmen sucht. Denn jetzt differenziert sich die Seele in »Ernährungsvermögen, Begehren, Wahrnehmungsvermögen,

Ortsbewegung und Denkvermögen« (ebenda). Pflanzen und Tieren kommen nur die unteren Vermögen zu, dem Menschen überdies noch das Denkvermögen. Mit diesem letzten Schritt aber wird dasjenige als gegenständliches Prädikat eines bestimmten organischen Daseins, eben des Menschen, ausgesagt, was in anderer Hinsicht gegenstandskonstitutive Voraussetzung aller gegenständlichen Prädikate ist, und so gerät *Aristoteles* in eine Dialektik, in der er sich so hilft, daß er die sich ergebende zweite Problemebene von der bisher verfolgten Fragestellung dadurch abhebt, daß er den als gegenständliches Prädikat ausgesagten Nous von den anderen Seelenteilen zunächst durch eigentümliche, doch aber wieder gegenständliche Bestimmungen unterscheidet. Im Sinne dieser Abhebung ist die Vernunft im Gegensatz zu dem allgemeinen Gesichtspunkt der aristotelischen Psychologie vom Körper »getrennt« (Psych. 429 b), dem Göttlichen nahe, immateriell, unveränderlich, ewig und unsterblich. Wir sehen in diesen Bestimmungen das über *Platons* Anamnesis vermittelte Erbe des *Parmenides* auch in der aristotelischen Erkenntnismetaphysik deutlich in Erscheinung treten. Die in dieser Hinsicht auch aller Zeitlichkeit entnommene Vernunft hat daher in der natürlichen Genesis der veränderlichen Dinge keinen Platz. Sie tritt von außen (θύραϑεν) in das natürliche Ganze von Leib und Seele ein: »Alle diejenigen Prinzipien, deren Wirksamkeit eine körperliche ist, können natürlich ohne Körper nicht vorhanden sein, z. B. das Gehen nicht ohne Füße. Daher können sie auch nicht von außen hineinkommen ... Es bleibt aber übrig, daß das Denkvermögen allein von außen hineinkomme, und allein göttlich sei. Denn seine Tätigkeit hat mit keiner körperlichen Tätigkeit Gemeinschaft.« (»Zeugung und Entwicklung der Tiere.« 737 a.) *Descartes* (14) kam in seinen »Meditationen« in genau die gleichen Schwierigkeiten, als er das »sum cogitans« einerseits gegenstandkonstitutiv (unbezweifelbare Voraussetzung alles Wissens) andererseits als res cogitans (bestimmtes Gegebenes) ansetzte.

Im Sinne eines empirischen Befundes sind bei *Aristoteles* jedenfalls alle diese negativen oder bildlichen Hinweise mißverständlich oder sogar falsch. Denn sicher ist auch das Denken an den Leib gebunden, soferne wir es als eine psychologisch-physiologische Gegebenheit betrachten, und ist daher in dieser Hinsicht von den anderen Seelenteilen nicht grundsätzlich unterschieden. Vom Vermittlungsproblem und seinem Sinn her aber ergibt sich eine Grenze aller gegenständlichen Aussage als letztem Horizont überhaupt, da ja diese Aussageweise als solche erst im Rahmen der Reflexion auf ihre Möglichkeit ihren bestimmten und damit ebenso berechtigten wie begrenzten Sinn vermittelt erhält. Im Rahmen des Denkansatzes in seiner Psychologie formuliert sich für *Aristoteles* diese Problematik, sozusagen am höchsten Punkt dieser Psychologie, als die Dialektik von Vermittlung und Gegenstand, die zwar unterschieden werden müssen im Sinne gegenständlicher Identität, jedoch in Wirklichkeit (κατ' ἐνέργειαν) immer schon konkret eins und in dieser konkreten Identität die Voraussetzung aller abstrakten gegenständlichen Identitäten sind, weshalb auch das Subjekt, das die Vermittlung ist, als Vermittlung existiert, nur der Zeit nach (in gegenständlicher Abstraktion) dem wirklichen Vermitteln vorausgeht (Ansatz für alle psychologisch-genetische Betrachtung im empirischen Sinn), κατ' ἐνέργειαν aber, d. h. im wirklichen Erkennen, immer schon aufgehoben ist im Ganzen des jeweils konkreten Sinns. Wäre dem nicht so, dann wäre Wissen überhaupt nicht wirklich, noch auf seine Möglichkeit hin einzusehen. Womit *Aristoteles* in der Psychologie jenen Grundsatz seiner Metaphysik erreicht, der den Vorrang des Aktuellen vor dem Potentiellen aussagt. (Die Abgetrenntheit des νοῦς in der ἐπιστήμη κατ' ἐνέργειαν ist daher gar nicht eine Abgetrenntheit der Seele vom Leib (in bloß ontologischer Differenz von Wesen und Erscheinung) oder gar in bloß gegenständlicher Ebene, sondern die Formulierung der transzendentalen Differenz bei *Aristoteles:* in ihr konstituiert sich die Sinnebene des Vermittlungsproblems zum Unterschied von aller Ontologie ebenso wie von der empirischen Psychologie, zugleich die Dialektik des Menschen als existierender Begriff und endlicher Geist. Daher hat meines Erachtens *Hegel* allein das χωρισθείς in Psych. 430 a sinngemäß richtig mit »an und für sich seiend« (XIV/388) übersetzt, eben im Sinne der konkreten dialektischen Identität des wirklichen Geistes.)

Trotz dieser aus dem Geist *Hegels* entwickelten Interpretation der Problematik bei *Aristoteles* müssen wir feststellen, daß auch bei *Hegel* selbst eine eigentümliche Zweideutigkeit bezüglich der Einheit von Leben und Geist in bezug auf den Menschen besteht. Ich habe diese Thematik unter dem Titel »Daseiender und existierender Begriff« (4 § 5) näher betrachtet. *Hegel* unterscheidet nämlich die unmittelbare »In-sich-Reflektiertheit« des Organismus von der (sich) wissenden und motivierenden »In-sich-Reflektiertheit« des (geistigen) Menschen. Beides ist für ihn »Begriff«, ähnlich wie bei *Leibniz* unter den allgemeinen Begriff von Perzeption überhaupt, sowohl Perzeption (im engeren Wortsinn) als auch Apperzeption fallen. Der nur perzipierenden Monade entspricht bei *Hegel* die unmittelbare In-sich-Reflektiertheit, — der apperzipierenden die (sich) wissende und motivierende In-sich-Reflektiertheit des »Begriffs«. Diese letztere ist für *Hegel* der eigentliche existierende Begriff, nämlich der aus Freiheit existierende Begriff. Im Gegensatz zu ihm können wir den nur unmittelbar in-sich-reflektierten Begriff der nur perzipierenden Monade auch den bloß »daseienden Begriff« nennen. Es bildet nun einen bemerkenswerten Unterschied zwischen dem (bloß) daseienden und dem (auch) existierenden Begriff, daß der erstere nur *ein* Allgemeines (»seine« natürliche Art, species, εἶδος), der letztere im Rahmen dieser seiner »Art« nur jeweils ein Allgemeines »vorstellt«, tatsächlich also in vielen allgemeinen Bezügen — sie zum Bewußtsein bringend und sich von ihnen her bestimmend — steht. Gewissermaßen ist der Mensch »von Natur aus« das »pluralistische« Geschöpf, bei dem es so schwer ist, sein »Wesen« (seinen Wesensbegriff als το τί ἦν εἶναι) zu bestimmen, weil er zwar wie jedes andere Tier als Tier nur *ein* Eidos repräsentiert, auf dieses aber nicht festgelegt, und nicht festzulegen ist. Diese Feststellung läßt sich auch insofern verdeutlichen, als *Hegel* von dem aus Freiheit existierenden Begriff den daseienden Begriff als »Leben« unterscheidet. Sieht man von näheren Differenzierungen zunächst ab, dann stehen sich bei *Hegel* als »Begriffe« gegenüber: erstens der nur »an sich vorhandene Begriff« im anorganischen und der »für sich« seiende und insofern existierende Begriff im organischen Bereich (z. B. VIII/413). Doch ist der existierende Begriff als Leben unmittelbares Dasein und erst als Geist eigentlich für sich seiender aus Freiheit existierender Begriff (z. B. V/242 und V/271). Im Sinne dieses letzteren Aspekts gelangt *Hegel* zu Formulierungen, die dem unmittelbar existierenden Begriff (des Lebens) das eigentliche Für-sich-Existierende absprechen, so wenn es (IX/677) heißt: »Die Unmittelbarkeit der Idee des Lebens macht es, daß der Begriff nicht als solcher im Leben existiert.« Hier ist zuletzt nur die apperzipierende (geistige) Monade existierender Begriff, während es die »Schwäche des Begriffs in der Natur überhaupt« ausmacht, daß er »auch im Tiere nicht in seiner festen selbständigen Freiheit existiert«. Der Gebrauch der Wendung »für sich« ist — wie sich gleich noch zeigen wird: nicht zufällig — zweideutig. Er meint einmal die In-sich-Reflektiertheit alles Lebendigen überhaupt, dann die (sich) wissende und motivierende In-sich-Reflektiertheit des Geistes. Der Wortgebrauch schwankt je nach· dem Zusammenhang: einmal betont nämlich *Hegel* das dem Menschen und den Tieren (bzw. Organismen überhaupt) gemeinsame »Heben« (abgehoben von dem dann allein nur »an sich« seienden Anorganischen), dann wiederum die Besonderheit des Geistes im Gegensatz zu allem übrigen natürlich Seienden, gleichgültig, ob es Organisches oder Anorganisches ist. In diesem Fall kommt nur geistiger Existenz eigentliches »Für-sich-Sein« zu. Der Mensch ist im ersten Fall primär als bestimmter Organismus (bestimmte Tierart), im zweiten primär als Ich, also von jenem »transzendentalen« Subjekt her gedacht, von dem es in ganz speziellem Sinn heißen kann, daß es die »wahrhafte Substanz ist, das Sein oder die Unmittelbarkeit, welche nicht die Vermittlung außer ihr hat, sondern diese selbst ist« (»Phänomenologie«, Vorrede). In diesem speziellen Sinn aber hat alles die Vermittlung außer sich, was nicht als transzendentales Ich (Geist) existiert, also auch das Organische und nicht nur das Anorganische, so daß nur der Mensch eigentlicher existierender Begriff wäre (*Hegel* denkt im Sinne des neuzeitlichen Transzendentalismus); kennzeichnet dagegen der existierende Begriff alles Lebendige (*Hegel* denkt im Sinne des Aristotelismus), dann droht die Gefahr der Verwischung der Differenz von transzendentalem und organischem »Subjekt«, ganz abgesehen davon, daß dann in letzter Konsequenz das Anorganische begrifflos gedacht werden müßte, obwohl doch auch »die niedrigsten Naturen eine innere Einheit sein müssen«. Die Zweideutigkeit der Wendung »für sich« bei *Hegel* ist also keineswegs eine zufällige, sondern ebenso der Beleg für die unbewältigte Vermittlung von Aristotelismus und Transzendentalismus im Begriff des »Begriffs« bei *Hegel*. In der Zweideutigkeit *Hegels* wird verschleiert, daß einmal der Geist alles (auch sich selbst als erscheinende Äußerlichkeit) außer sich hat, was er nicht als »reines« transzendentales Ich ist, dann aber gemeinsam mit allem Organischen ein Lebendiges ist, das einerseits nur die »anorganische Materie« (als den »Tod«; schon in den »Theologischen Jugendschriften«) außer sich hat, andererseits aber auch das transzendentale Ich, das ja dann mehr sein muß als bloße forma corporis (unmittelbare In-sich-Reflektiertheit) eines organischen Körpers. Jedenfalls ist auch *Hegels* »Begriff«, genauso wie *Leibnizens Monade*, ebenso von der »Usia« des Aristotelismus wie vom »Ich« des Transzendentalismus her gedacht, die ihm wesentliche In-sich-Reflektiertheit hat daher von vornherein allgemeinste ontologische Relevanz für alle erscheinende Physis überhaupt, diese allgemeinste ontologische Relevanz steht freilich notwendig in jener Zweideutigkeit, von der schon die Rede war, in jener Zweideutigkeit, die unaufhebbar ist, solange die Vermittlung von Aristotelismus und Transzendentalismus im Begriff des »Begriffs« aussteht.

Der Unterschied kommt in dieses der philosophia perennis überhaupt eigene Konzept erst durch die Akzentuierung des substanzialen (ontologisch relevanten) Allgemeinen in der Richtung entweder primär auf den Form- oder pimär auf den Ichgedanken hin. In der ersten Akzentuierung heißt es: alles Seiende ist mehr als seine Erscheinung; dieses Mehr ist als

»Substanz« im Zeichen der »Form« (εἶδος als τὸ τί ἦν εἶναι = Entelechie) zu denken. In der zweiten Akzentuierung heißt es: alles Seiende ist mehr als seine Erscheinung, dieses Mehr ist als Substanz, die auch »Subjekt« (im neuzeitlichen Wortgebrauch) ist, zu denken.

Interessant ist in diesen Zusammenhängen noch die folgende Feststellung: bei seiner kritischen Unterscheidung von transzendentalem und empirischem Ich ist nämlich auch *Kant* die von uns herausgestellte Problematik nicht los geworden. Trotz seiner Kritik der klassischen Metaphysik der Seele ist auch für ihn das transzendentale Ich nicht nur der Ort aller Vermittlung (forma formarum), sondern auch die — freilich nicht empirisch gegebene — Daseinsgewißheit eines individuellen, immer auch als Leib erscheinenden Wesens und insofern als Vermittlung zugleich forma corporis der apperzipierenden Monade Mensch. *Kant* sagt ausdrücklich (B 157): »Dagegen bin ich mir meiner selbst in der transzendentalen Synthesis des Mannigfaltigen der Vorstellungen überhaupt, mithin in der synthetischen ursprünglichen Einheit der Apperzeption bewußt, nicht wie ich mir erscheine, noch wie ich an mir selbst bin, sondern nur, daß ich bin.« Das Ich der Vermittlung ist also bei *Kant* das Bewußtsein eines weder empirisch noch metaphysisch (im Sinne der kritisierten Verstandesmetaphysik) interpretierbaren »Das-ich-bin«. Das ist sehr wichtig: sichert doch der Bezug zu dem »Daß-ich-bin der Transzendentalität ihre Wirklichkeit. Das aber heißt — auf unsere zentrale Problematik bezogen — gar nichts anderes, als daß das Ich als Transzendentalität (forma formarum) zugleich Wesensbestimmung (forma corporis) bestimmten individuellen und leiblichen Daseins, nämlich desjenigen der apperzipierenden Monade Mensch sein muß, soll Transzendentalität überhaupt als daseiend, d. h. aber nicht bloß als eine ad hoc statuierte Fiktion gedacht werden können.

Von unseren Ausführungen her läßt sich nun zusammenfassend festhalten: die eigentliche Innerlichkeit der erscheinenden Physis wird in unserer Tradition einmal als »Entelechie« (Wesensbegriff), einmal als »Ich« verstanden, wobei die

Schwierigkeiten beider Positionen (nämlich die Entelechie mit dem ihr »äußerlichen« Nous zusammenzubringen und damit transzendental werden, bzw. das Ich mit allem Erscheinenden überhaupt, dem es als transzendentale Instanz äußerlich ist, zusammenzubringen und damit Welt und in ihr Leib gewinnen zu lassen) so ziemlich die gleichen sind.

3. Was ist der Mensch? Wir sind damit an eine Stelle gelangt, an der festgestellt werden muß, daß die traditionelle Fundamentalphilosophie in ihren beiden wesentlichsten Ausprägungen zugleich das zentrale Problem der philosophischen Anthropologie formuliert. Es geht bei alledem in der Tat um den Begriff des Menschen. Wir geraten dabei freilich in eine eigentümliche Aporie, und zwar gerade dann, wenn wir darauf achtgeben, ob eine philosophische Fragestellung primär ausgeht von der Wirklichkeit des substanzial Seienden oder von der Möglichkeit des Wissens bzw. der von ihr aus vermittelten geschichtlichen Praxis. In dieser Alternative droht freilich sofort die einseitige Auflösung des Problems zugunsten des Vorrangs des Seienden in seiner unvordenklichen Gewichtigkeit vor der Möglichkeit des Wissens, das sein und auch nicht sein, während nur Seiendes denken und wissen kann. Im Rahmen der Transzendentalphilosophie erhält diese Alternative eine besondere Ausprägung durch die Gegenüberstellung von »transzendentalem Bewußtsein« (Vorrang der Vermittlung vor dem Seienden) und »Leib« (Vorrang des Seienden vor der Vermittlung). *Feuerbach* gibt in dieser Hinsicht, freilich schon in der Richtung auf die naturalistische Auflösung des Problems hin, eine von dieser Auflösung unabhängige, brauchbare Formulierung. Er sagt: »Allerdings ist das Bewußtsein das erste; aber es ist nur das erste für mich, nicht das erste an sich. Im Sinne meines Bewußtseins bin ich, weil ich bewußt bin; aber im Sinne meines Leibes bin ich bewußt, weil ich bin.« (IV/201.)

Bezüglich des Begriffs des Menschen, des aus Freiheit existierenden Begriffs, ergibt sich zum Unterschied von allem übrigen organischen Dasein nun folgendes: jeder Lebensvollzug des tierischen Individuums läßt sich gewissermaßen als die Anamnesis »seines« Eidos begreifen. Unmittelbar anamnestische Repräsentation weiß sich nicht als Repräsentation, und so wird das die Repräsentation bestimmende ontologisch relevante Allgemeine zum unaufhebbaren Gesetz des tierischen Individuums. Seine Lebensvollzüge sind im Rahmen dieses Gesetzes nur unwesentlich modifikabel, sei es in der Natur bei erträglich veränderten Umweltbedingungen, sei es durch den Menschen in der Domestikation oder durch Dressur. Dagegen erhebt der existierende Begriff das ihn von Natur aus bestimmende Eidos zum Wissen: dieses ist damit vermittelte, weltbezogene außerweltliche Anamnesis in dem Sinn, wie *Hegel* sie als »Erinnerung« faßt, als »Sichinnerlichmachen, Insichgehen; dies ist der tiefe Gedankensinn des Worts. In diesem Sinn kann man sagen, daß das Erkennen des Allgemeinen nichts sei als eine Erinnerung. Ein Insichgehen, daß wir das, was zunächst in äußerlicher Weise sich zeigt, bestimmt ist als ein Mannigfaltiges, daß wir dies zu einem Innerlichen machen, zu einem Allgemeinen dadurch, daß wir in uns selbst gehen, so unser Inneres zum Bewußtsein bringen«. (XIV/204.) Das in vermittelter Anamnesis gewußte Allgemeine aber ist für das wissende Individuum kein Gesetz: es tritt, wie gewichtig es auch als Inbegriff der Naturnotwendigkeiten (Notdurft) und der Triebe sein Recht anmeldet, aus seiner unmittelbaren Wirklichkeit in die gewußte Möglichkeit über und ist damit eben nicht mehr Gesetz für das Individuum, sondern Motiv für seine freiheitliche Selbstbestimmung.

Damit nimmt der Mensch die unmittelbare Erfahrung seiner selbst in die Hand und tritt so aus der bloßen Empirie in die »Technik« im Sinne eines Inbegriffs spezifisch menschlicher Theorie und Praxis umfassender Möglichkeiten (Empirie und Technik sind hier im Sinne der Ausführungen des *Aristoteles* am Anfang seiner »Metaphysik« verstanden). Die aus der unmittelbaren Anamnesis herausgetretene Technik vollzieht nicht ein Eidos, das immer schon gewesen ist, sondern handelt aus einem jeweils bestimmten und sich im Handeln verwandelnden Motivationshorizont. Daher ist es nicht unmittelbare Repräsentation eines in den einzelnen Lebensvollzügen in unwandelbarer Präsenz vorausgesetzten Eidos; vielmehr ist Han-

deln konkrete Freiheit im Rückbezug auf einen in bestimmter
Einzelhandlung in ihrer Vollbrachtheit schon wiederum verwandelten und insofern vergangenen Motivationshorizont. Insofern ist die Einzelhandlung nicht ein für allemal bestimmt
und daher immer sozusagen »doppelt« motiviert, nämlich in
sich als bestimmte Einzelhandlung und vom Ganzen des im
Handeln sich verwandelnden Motivationshorizonts her, der als
Inbegriff möglicher Motive und ihres Zusammenhangs die
künftige Entscheidungssituation (Einzelhandlung) mitbetrifft
und mitbestimmt. Dieser Inbegriff der Handelnsmöglichkeiten
hat seine Grenze an der Grenze des jeweiligen Welthabens
einschließlich aller von ihm her explizit gewordenen »Theorie«
überhaupt, d. h. an der jeweiligen Erschlossenheit der Welt
durch den Menschen. Dem Individuum sind freilich viel engere
Grenzen gesteckt, und zwar sowohl durch die Grenzen seiner
Aneignungsleistung als auch durch die freiwillige Beschränkung, die es in seiner Existenz (Daseinsführung) auf sich nehmen muß, soll es aus der formellen Freiheit möglichen Handelns zur konkreten Freiheit (der Selbstbestimmung) gelangen.
Ein »gebildetes« (auch in theoretischer Intention wenigstens
einigermaßen differenziertes) Bewußtsein und die geübte
Zucht der Beschränkung gehören so grundsätzlich zu jeder geistigen Monade, wie sehr sich die Individuen auch nach Herkunft, Rang und Reife voneinander unterscheiden mögen. Auf
jeder Stufe des Bildungsniveaus resultieren jeweils und jedenfalls in der Konkretisierung der Freiheit Grundhaltungen des
Individuums, die seinen »Habitus« ausmachen. In ihm verfestigt sich der Horizont der Handelnsmöglichkeiten für die
von mir (metaphorisch) sogenannte »zweite« Motivation, durch
die die bestimmte Einzelhandlung über das ihr jeweils imma-
nente Motiv ihren Sinn vom Ganzen der Existenz (Daseinsführung) her empfängt. Da der Mensch als daseiende Transzendentalität nur »formelle« Freiheit ist, liegt der eigentliche Sinn
seines Repräsentierens im Handeln. Nur in ihm erreicht er die
ihm als Menschen mögliche Selbstverwirklichung, nur in ihm
gelangt er zu der ihm möglichen »Vollkommenheit«, nur in
ihm ist er wahrhaft existierender Begriff, während er als da-

seiende Transzendentalität in uneigentlicher Existenz (theoretischer Intention) »handelt«. Daseiende Transzendentalität muß sich als theoretische Intention gegen die Praxis bestimmen und erhalten. In der theoretischen Intention aber ist sie selbst nur »anonym« im Spiel. Sie kann sich schon deshalb nicht eigentlich zum »Gegenstand« dieser ihrer Intention machen, weil sie in dieser uneigentlichen Existenz gewissermaßen nur der unbestimmte und charakterlose Punkt ist, über den sich die geistige Monade aus der tierischen Unmittelbarkeit (Aufhebung der ontologischen Differenz) auf die *ihr* mögliche Unmittelbarkeit hin durch die Aufhebung der formellen Freiheit, d. h. der Differenz von theoretischer Intention und Praxis, vermittelt und konkretisiert. Trotzdem ist dieser Punkt der archimedische Punkt ihrer Existenz: von ihm aus eröffnet sich in der Tat »ein über alle Sinnenanschauung [über alle unmittelbar anschauliche Orientiertheit] so weit erhabenes Vermögen, daß es, als der Grund der Möglichkeit eines Verstandes [eines Welthabens in theoretischer Intention], die gänzliche Absonderung von allem Vieh, dem wir das Vermögen zu sich selbst Ich zu sagen, nicht Ursache haben beizulegen zur Folge hat, und in eine Unendlichkeit von selbstgemachten Vorstellungen und Begriffen [im Rahmen seines sich stets verwandelnden Motivationshorizonts] hinaussieht.« (*Kant*, Akademieausgabe XX, Berlin 1942, S. 270.)

Man könnte von hier aus den Menschen als den in daseiender Transzendentalität existierenden Begriff die daseiende Aporie von Theorie und Praxis in ihrer ständigen Aufhebung durch das Handeln — solange das Leben währt — bezeichnen. Damit ergeben sich für das Problem von Theorie und Praxis (4 § 38 u. § 39) folgende fundamentalphilosophische Einsichten: eine einigermaßen differenzierte und haltbare Behandlung dieser Thematik wird erstens notwendig auf den Unterschied von Einzelhandlung, Motivationshorizont und der über beide hinausreichenden Unverfügbarkeit der Geschichte bedacht sein und zweitens die verschiedenartigen Vermittlungsstufen von Theorie und Praxis berücksichtigen müssen. Das Handeln steht im Zeichen der »Vielheit der Umstände, die sich rückwärts in ihren Bedingungen, seitwärts in ihrem Nebeneinander, vorwärts in ihren Folgen unendlich teilt und ausbreitet.« (*Hegel,* II/491 f.)

Daher gibt es für ein endliches Individuum keine völlige Bewußtmachung seiner geschichtlichen Situation, alles Richten der Vergangenheit steht so in der Tat notwendig im Risiko, von ihr gerichtet zu werden. Es bleibt eine Illusion, anzunehmen, man könne eine geschichtliche Situation in der Weise zum Bewußtsein bringen, daß von dieser Bewußtmachung an der Mensch seine Zukunft — sozusagen als Herr der Geschichte — in die Hand bekäme. Mit alledem ist gegen eine so weit wie nur möglich durchgeführte Rationalisierung der menschlichen Zukunft gegen den Unsinn der Geschichte als »Schlachtbank« (*Hegel*) nicht das geringste gesagt. Es wird hier jedoch philosophischer Besinnungen bedürfen, die weit über die angegebenen Alternativen hinausweisen. Auf keinen Fall aber darf man den Schritt von Undurchschautem zu Durchschautem zusammenfallen lassen mit demjenigen von Unverfügbarkeit zu Verfügbarkeit, da in dieser Gleichsetzung schon vorentschieden ist, daß es eine grundsätzliche Unverfügbarkeit nicht geben dürfe. Das in dieser Hinsicht kritisch grenzbegrifflich zu zitierende Eschaton christlicher Tradition, das keine Verabsolutierung eines innerzeitlichen und innergeschichtlichen Zustandes gestattet, erweist sich von unseren Ausführungen her als wesentlich fundierter als jede Art von Utopie.

Es sei an dieser Stelle noch angemerkt, daß die im Sinne der Vermittlung von Theorie und Praxis geforderte systematische Philosophie sich niemals zur Praxis so stellen kann wie die von *Feuerbach* und *Marx* durchgeführte bzw. anerkannte Religionskritik. Eine Religionskritik, die alle in das Jenseits projizierten Wertungen und Hoffnungen des Menschen in seine geschichtliche Existenz zurücknimmt, kann allenfalls schon selbst — durch die Vernichtung der Grundlagen der von ihr angegriffenen Gesellschaft — als revolutionäre Praxis betrachtet werden; an sich und als solche ist aber auch sie zunächst Philosophie, und zwar eine bestimmte Art von Religionsphilosophie. Diese kann sogar nur motivieren, wenn sie sich als entlarvende Philo-

sophie weiß und nicht unmittelbar Bilderstürmerei usw. ist.
Wird aber die Kritik der bisherigen Philosophie in Analogie
zu dieser Art Religionskritik verstanden, dann gerät ein der-
artiges Denken in eine nicht überwindbare Ausweglosigkeit;
denn nun soll eine bestimmte Art Philosophie — um mehr kann
es sich in dieser Analogie nicht handeln — zugleich Praxis sein,
die in dieser Praxis alle bisherige Philosophie (und eigentlich
alle andere Philosophie überhaupt) aufhebe. Theoretisch philosophisch kann ein solches Philosophieren sich niemals anders
fundieren als durch eine petitio principii, nämlich als die Behauptung, allein — in exklusiver Entschiedenheit — nicht über-
holte Philosophie zu sein. Eine solche Position läßt sich daher
weder begründen noch bestreiten. Soll sie aber nun tatsächlich
— in etwa wie die Religionskritik — selbst als Praxis verstanden werden, dann kann sich eine derartige Praxis ihrerseits
weder philosophisch begründen noch bekämpfen lassen, muß
aber zuletzt bei allem Anspruch, kritisch zu sein, in einem
Dezisionismus landen, in dem Erfolg und Scheitern, in der
Geschichte zum letzten Kriterium der Wahrheit wird (4 § 37,
§ 42 u. § 43).

4. Zusammenfassung und Ausblick. Wir halten in erinnern-
der Wiederholung fest, daß alles physische Seiende »mehr« ist
und sein muß als das, was seine erscheinende Äußerlichkeit
ausmacht. Nach diesem »Mehr« wird vom »ersten Labyrinth«
(der perzipierenden Monade) her im Sinne der ontologischen,
vom »zweiten Labyrinth« (der apperzipierenden Monade) her
im Sinne der transzendentalen Differenz gefragt. Dieser Hinweis kann freilich lediglich der ersten Orientierung in der
Problematik dienen, da auch hier die Schwierigkeiten weniger
bei der Herausstellung der an sich plausiblen Unterscheidungen
als vielmehr bei ihrer »Aufhebung« liegen: ist doch der Mensch
nur als »Aufhebung« der ontologischen und der transzendentalen Differenz in einem zu denken, da er ja weder nur Natur
(im Sinne der bloß lebenden Monaden) noch nur Geist (im
Sinne des dem empirischen Ich entgegengesetzten transzendentalen Ich) sein kann. Wir sehen auch in diesem Zusammenhang, warum in den zunächst wie alle anderen tierischen Lebe-

wesen als »Aufhebung« der ontologischen Differenz verstandenen menschlichen Organismus der Nous »von außen« kommt: wäre doch andernfalls in der Tat die Naturalisierung des Geistes, die Zurücknahme des Menschen in die vormenschliche Natur, bei einigermaßen konsequentem Denken unvermeidlich.

Auf der anderen Seite droht von dem (sowohl als theoretische Vermittlungsinstanz als auch als sich bestimmende Freiheit verstandenen) transzendentalen Ich her die Nivellierung relevanter Unterschiede im Bereich alles dessen, was es nicht selbst ist. Dann wird z. B. das »Mehr« im Sinne der ontologischen Differenz nur noch negativ faßbar; diese selbst wird radikalisiert zu dem Gegensatz von (dann leerem) Sein überhaupt und Seiendem überhaupt, womit sie freilich alle Bedeutung im Zusammenhang mit der Problematik des ersten Labyrinths verlieren muß. Eine Fundierung der neuzeitlichen Naturwissenschaft durch eine sie überhöhende Naturphilosophie im Sinne von einschlägigen Überlegungen Leibnizens wird nun unmöglich. Damit wiederum wird diese neuzeitliche Naturwissenschaft samt ihrem »technischen« Motivationshorizont zu einer fatalen Macht außerhalb jeder philosophischen Vermittlungsmöglichkeit: sie und Philosophie negieren sich gegenseitig in ihrem Anspruch auf den Raum eigentlichen Wissens. In dieser Situation wird Naturwissenschaft gut bestehen können, der Philosoph aber wird zwar mit distanzierendem Pathos diese Verhältnisse durchschauen, zugleich aber — wie alles nicht motivierende, bloße Durchschauen — in ohnmächtiger Gelassenheit die distanzierte Instanz zum unverfügbaren »Geschick« weihen, das ihn zum Anruf der Götter um das Rettende in der aus den Fugen geratenen Zeit begeistet. So seinsfromm dieser Anruf auch sein mag, er ist und bleibt nichts anderes als der Aufschrei der Ausweglosigkeit des Denkens einer Macht gegenüber, die — wie alles unvermittelt und daher nur negativ Distanzierte — für den aus Freiheit existierenden Begriff notwendig zum nur äußerlichen Schicksal werden muß.

Dieses Schicksal ist nicht unser Schicksal, sondern nur dasjenige einer aus der Radikalisierung des neuzeitlichen Transzendentalismus geborenen Philosophie der Existenz, die mit dem neuzeitlichen Nominalismus in undurchschautem und unfreiwilligem Bunde alles ontologisch relevante Allgemeine (das »Essentielle«) dahinschwinden ließ und die Wirklichkeit — von technischer Manipulierbarkeit auf der einen, dem Anruf des Himmels auf der anderen Seite abgesehen — aller »Vernünftigkeit« beraubt hat. Können sich diejenigen, die den (»wesen«-losen) Menschen wie »Ton« (wie eine gleichsam formlose »materia prima«) behandeln und ihre Hand auf die Jahrtausende legen wollen, eine bessere philosophische Schützenhilfe wünschen, wenn sie auf ihre Weise ohne jede Sentimentalität und Frömmelei das »Geschick« übernehmen?

Doch kommt die ganze hier vorliegende Problematik — wenn nicht früher — so doch sicher mit der an *Kants* »Naturzweck« (»Kritik der Urteilskraft«) anschließenden Diskussion auch im Rahmen des neuzeitlichen Transzendentalismus zu fundamentalphilosophischem Bewußtsein, u. zw. dadurch, daß durch *Schelling* (36, 49) die ontologische Problematik in die Transzendentalphilosophie hineingebracht wurde: der Zusammenhang von Naturzweck und »Begriff« ist für den deutschen Idealismus über *Kant* hinaus bestimmend. Eigentümlich dabei ist es, daß auch diese Weiterentwicklung eine klare Scheidung von ontologischer und transzendentaler Problematik und dem notwendigen Aufeinanderangewiesensein der unterschiedenen Aspekte nicht erreichen konnte. Diese Tatsache sei zum Abschluß nur durch ein einziges Beispiel belegt, u. zw. durch einige Sätze *Schellings* aus den »Ideen zu einer Philosophie der Natur als Einleitung in das Studium dieser Wissenschaft« (1797, I/1, S. 653 ff.). *Schelling* versteht zwar von Anfang an die Problematik als eine ontologische; wird ihm doch erst dadurch die Naturphilosophie zur Fundamentalphilosophie. Gegen das »Als-ob« der reflektierenden Urteilskraft fragt er mit Recht folgendes: »... Wenn es in eurer Willkür steht, die Idee von Zweckmäßigkeit auf Dinge außer euch überzutragen oder nicht, wie kommt es, daß ihr diese Idee nur auf gewisse Dinge, nicht auf alle übertragt, daß ihr euch ferner bei dieser Vorstellung zweckmäßiger Produkte gar nicht frei, sondern schlechthin gezwungen fühlt? Für beides könnt ihr keinen Grund angeben, als den, daß jene zweckmäßige Form ursprünglich und ohne Zutun eurer Willkür gewissen Dingen außer euch schlechthin zukomme« (S. 693 f.). Freilich ist diese zweckmäßige Form kein Ansich im Sinne unmittelbarer Gegebenheit. In unserer Sprache läßt sich sagen, daß sie in ontologischer Differenz zu dem bloß »Gegebenen« steht. *Schelling* nennt sie einfach »Begriff« und sagt: »Der Begriff, der dieser Organisation zugrunde liegt, hat an sich keine Realität, und umgekehrt, diese bestimmte Materie ist nicht als Materie, sondern nur durch den inwohnenden Begriff, organisierte Materie. Dieses bestimmte Objekt also konnte nur zugleich mit diesem Begriff und dieser bestimmte Begriff nur zugleich mit diesem bestimmten Objekt entstehen« (S. 694). Nun kann der »Mechanismus« nicht mehr das ausmachen, was Natur heißt: »Denn sobald wir ins Gebiet der organischen Natur übertreten, hört für uns alle mechanische Verknüpfung von Ursache und Wirkung auf.« Vielmehr »liegt jeder Organisation ein Begriff zugrunde, denn wo notwendige Beziehung des Ganzen auf Teile und der Teile auf ein Ganzes ist, ist Begriff [!]. Aber dieser Begriff wohnt in ihr selbst, kann von ihr gar nicht getrennt werden, sie organisiert sich selbst, ist nicht etwa nur ein Kunstwerk, dessen Begriff außer ihm im Verstande des Künstlers vorhanden ist« (S. 691). Wir finden hier auch bei *Schelling* die platonisch-aristotelische Differenz des Allgemeinen im Verstand des Menschen (als Künstler) und dem ontologisch relevanten Allgemeinen des Naturzwecks. Dieser trägt seine Einheit in sich selbst, so daß es nicht von unserer Willkür abhängig ist, ihn »als Eines oder als Vieles« zu denken. Die so verstandene Einheit wiederum läßt sich als Einheit des »Begriffs« nicht aus der bloßen Materie erklären. Damit stellt *Schelling* gegen die Beschränkung in der »zweiten Antinomie« bei *Kant* die ursprüngliche Problematik von Einheit und Vielheit wieder her: es geht dabei um ein in ontologischer Differenz konstituiertes Ganzes und nicht um die äußerliche Einheit bzw. Zusammengesetztheit der rein vom Raum (Ausdehnung) her konstituierten Materie.

So weit wäre *Schelling* am einfachsten von *Aristoteles* her

interpretierbar, doch geht er von der Transzendentalphilosophie aus und bleibt in gewisser Weise in ihrem (kantischen)
Rahmen. Denn jene so deutlich ontologisch verstandene »Einheit des Begriffs« ist für ihn auf der anderen Seite »nur da
in bezug auf ein anschauendes und reflektierendes Wesen«.
Damit wird diese Einheit des Begriffs bei *Schelling* zweideutig.
Sie ist einerseits unterschieden von der keine eigentliche Einheit darstellenden bloßen Materie und in dieser Hinsicht zunächst ohne Bezug auf die Transzendentalphilosophie, andererseits soll sie aber auch im Sinne der Einheit des aus Urteilen
resultierenden Begriffs verstanden werden. Beide Einheiten
stehen freilich in einem Gegensatz zum Atomismus, sind aber
als solche trotzdem auf alle Fälle zu unterscheiden, auch wenn
das Problem ihres Zusammenhangs unabweisbar ist. So ent-
steht eine eigentümliche Vielschichtigkeit der Problematik.
Denn die in Frage stehende Einheit (4 § 4) wird einerseits, wie
schon gesagt, von der bloß scheinbaren Einheit des (begrifflosen) atomistischen Aggregats, auf der anderen Seite aber
auch von der Einheit der Willkür bloß abstrakter (nicht tran-
szendentalkonstitutiver) Begriffsbildung unterschieden. Die
letztere führt stets auf eine äußerliche Einheit: »So oft ihr
Dinge, die durch den Raum getrennt sind, in eine Zahl zusammenfaßt, handelt ihr völlig frei die Einheit, die ihr ihnen gebt,
tragt ihr nur aus euern Gedanken auf sie über, in den Dingen
selbst liegt kein Grund, der euch nötigte, sie als Eines zu
denken. Daß ihr aber jede Pflanze als ein Individuum denkt,
in welchem alles zu einem Zweck zusammenstimmt, davon
müßt ihr den Grund in dem Ding außer euch suchen; ihr fühlt
euch in eurem Urteil gezwungen, ihr müßt also einräumen,
daß die Einheit, mit der ihr es denkt, nicht bloß logisch (in
euern Gedanken), sondern real (außer euch wirklich) ist«
(S. 693). Und so mündet das Denken *Schellings* an dieser
Stelle in eine Aporie, die die Beantwortung folgender Frage
verlangt, nämlich: »wie es zugeht, daß eine Idee, die doch
offenbar bloß in euch existieren und bloß in bezug auf euch
Realität haben kann, doch von euch selbst außer euch wirklich
angeschaut und vorgestellt werden muß« (ebenda).

Wir verfolgen nicht weiter, wie *Schelling* von hier aus notwendig in eine Art doppelte Identitätsphilosophie geraten muß,
für die die Natur der sichtbare Geist und der Geist die unsicht-
bare Natur sein soll. In bezug auf sie hat *Fichte* ohne Zweifel
recht, wenn er in der Entwicklung *Schellings* einen Rückfall
in eine vortranszendentale Metaphysik sieht. Beachtlich ist
jedoch, daß *Schelling* in den behandelten Zusammenhängen
zunächst den ontologischen Aspekt der Problematik sogar
gegen den absoluten Geist (Gott) — und damit vorwegnehmend
gegen *Hegel* — zu bewahren versucht. Auch wenn Gott der
konstituierende Künstler ist, läßt sich das Naturding nicht aus
der Analogie des vom Menschen gemachten Seienden begreifen: »Nicht, daß die Naturdinge überhaupt zweckmäßig sind,
sowie jedes Werk der Kunst auch zweckmäßig ist, sondern
daß diese Zweckmäßigkeit etwas ist, was ihnen von außen
gar nicht mitgeteilt werden konnte, daß sie zweckmäßig sind
ursprünglich durch sich selbst, dies ist was wir erklärt wissen
wollen« (S. 694 f.) Ist aber Gott »als bloßer Künstler« und
»Baumeister« der Natur verstanden, dann — so wendet sich
Schelling an seine Gegner — zerstört ihr alle Idee von Natur
von Grund aus, sobald ihr die Zweckmäßigkeit von außen
durch einen Übergang aus dem Verstand irgend eines Wesens
in sie kommen laßt« (S. 695). Von diesen interessanten kritischen Einsichten her wäre das Problem des Verstandes im
Rahmen der Transzendentalphilosophie neu zu stellen und
zugleich zu bedenken, daß die Differenz von Verstand und
Vernunft auch dann die ontologisch vorgegebene Problematik
des Naturzwecks im Zusammenhang mit dem ontologisch relevanten Begriff nicht aufzulösen vermag, wenn die Idee das
»Absolute« selbst ist und (wie bei *Hegel)* die Bestimmtheit des
»Begriffs« durch seinen jeweiligen Ort im Ganzen der dialektischen Vermittlung zugleich fixiert und aufgehoben wird. So
gilt auch nach *Hegel* freilich in modifizierter Weise das, was
Fichte am 27. XII. 1800 an *Schelling* schreibt, daß nämlich
die Zusammenhänge unserer Thematik, diejenigen von Naturzweck und Begriff, von Naturphilosophie und Transzendentalphilosophie »nicht aus den bisherigen Prinzipien des Tran-

szendentalismus folgen, sondern ihnen vielmehr entgegen sind, daß sie nur durch eine noch weitere Ausdehnung der Transzendental-Philosophie selbst in ihren Prinzipien begründet werden können, zu welcher ohnedies das Zeitbedürfnis uns dringendst auffordert.«

Auch vom Problembewußtsein unserer Gegenwart besteht — von veränderten Voraussetzungen her im Vergleich mit *Schelling* — dieses Bedürfnis einer neuen Transzendentalphilosophie aus dem Horizont des Menschen als daseiender Transzendentalität und existierender Aporie von Theorie und Praxis. Überlegt man sich diese Umstände, dann kommt man zu dem Resultat, daß wir im Rahmen des Philosophierens von zwei aufeinander nicht zurückführbaren Voraussetzungen sprechen müssen. Seinsphilosophie (Ontologie) und Vermittlungsphilosophie (Transzendentalphilosophie) sind — jede für sich konsequent durchgeführt — nur ein einseitiges Vorgehen, das notwendig an seine Grenze kommen muß. Dabei ist die Lage insofern noch komplexer, als es im Rahmen beider Einseitigkeiten verschiedene Ausprägungen gibt. Im Mittelpunkt der Problematik steht im übrigen wieder der Mensch: weil er (in »zweifacher« Monadizität) ist, gibt es zwei aufeinander nicht zurückführbare Voraussetzungen der Philosophie. Die Ausgestaltung der erwähnten Einseitigkeiten folgt daher immer einem bestimmten Selbstverständnis des Menschen. Vermag er sich im Rahmen eines naiven Seinsdenkens nur empirisch zu begreifen, dann wird die vorliegende Problematik auf einen linearen Materialismus (Physikalismus) oder (allenfalls) Naturalismus (Biologismus) hin, auch als bestimmte Art Psychologismus oder Soziologismus, abgespannt. Diese Positionen philosophisch zu widerlegen ist nicht der Mühe wert, auch wenn sie heute — nicht bei Philosophen, auch nicht bei den sogenannten dialektischen Materialisten — von bestimmten einzelwissenschaftlichen Positionen her anspruchsvoll hervortreten. Dagegen ist der Versuch, in ontologischer Differenz, d. h. aber von dem ontologisch relevanten Allgemeinen im engeren Sinn her, die Philosophie zu fundieren eine außerordentlich ernst zu nehmende Sache. Diese Art Seinsphilosophie fundiert ja den Aristotelismus. Seine Hauptschwierigkeit besteht — wie wir schon wissen — darin, daß in dem ontologisch relevanten Allgemeinen (»Seele« als forma corporis) die Vermittlung (»Seele« als »Geist«, als forma formarum) nicht unterzubringen ist: der Mensch als daseiende Transzendentalität bleibt dem Modell grundsätzlich fremd, der Nous kommt »von außen«. Diese Schwierigkeit gefährdet selbstverständlich immer wieder die in ihr an ihre Grenze gelangte Philosophie in ontologischer Differenz: sie wird aufgegeben zugunsten eines der obigen, sich dann immer nur empirisch verstehenden »Ismen«. — Daß aber auch die Radikalisierung der ontologischen Differenz nicht zum Ziel führt, ist schon gesagt worden: zwar bleibt das in ihr angesprochene »Sein« nun tatsächlich außerhalb aller empirischen (und traditionell-ontologischen) Bestimmungen; damit sind die gängigen Möglichkeiten des Abirrens in der Seinsphilosophie außer Kraft gesetzt und kommen nicht zum Zuge, allerdings nur auf Kosten der Sagbarkeit überhaupt. Was aber soll es mir nützen, alle beschränkten »Ismen« zu vermeiden, wenn ich dann überhaupt nicht mehr reden, sondern mich nur um eine nicht bestimmt aussagbare »Differenz« im Kreise herumbewegen kann.

Im Rahmen der Vermittlungsphilosophie entspricht der empirischen Verfehlung der ontologischen Differenz diejenige der transzendentalen Differenz nämlich die Verwechslung bzw. Gleichsetzung von »transzendentalem« und — wie immer gefaßtem — »empirischem« Subjekt. Nun wird die Welt etwa zur »Vorstellung« in meinem Gehirn und die auf diese Lehre aufbauende Philosophie absurd. Kein Wunder, daß auch diese Position sich radikalisieren muß, z. B. auf die Weise des »Einzigen« bei *Stirner*. Ernster zu nehmen ist auch hier der sich aus der eigentlichen transzendentalen Differenz verstehende Vermittlungsgedanke. Nach ihm erweist sich alles bestimmte Unmittelbare als schon vermittelt. Diese Vermittlung jedoch setzt als »daseiende« die jeweilige »eigene« Unmittelbarkeit voraus. Diese aber läßt sich allein transzendental nicht begreifen; sie ist eben (als existierender Begriff) immer schon Aufhebung der ontologischen Differenz, um in transzendentaler

Differenz dasein zu können. Wie dem Aristotelismus der Geist
außen bleibt, so bleibt dem Transzendentalismus der eigene
Leib ein Stück Außenwelt. Nur wenn das transzendentale Ich
zum absoluten Geist wird, der denkend schafft und sich nichts
voraussetzt, (Schöpfung aus dem Nichts), kann diese Schwierigkeit überwunden werden. Dann aber ist zwar zusammen
mit der Endlichkeit des Menschen die fundamentalphilosophische Aporie der zwei Voraussetzungen ausgeschaltet, leider
aber auf Kosten des existierenden Begriffs, der nun nur noch
als ein Modus des absoluten Geistes betrachtet werden kann
und im »Ozean der Gottheit« *(Leibniz)* ertrinkt (4 § 5, § 10
u. § 11)

So spiegeln die beiden fundamentalphilosophischen Voraussetzungen das Selbstverständnis des Menschen in der transzendentalen Ausgezeichnetheit seiner Geschöpflichkeit. Er ist
einerseits nicht ein nur Empirisches oder nur die Aufhebung
der ontologischen Differenz, er ist aber andererseits nicht der
»absolute Geist«. Die Problematik besteht übrigens auch dann,
wenn er sich nicht vom absoluten Geist her (als Ebenbild
Gottes) versteht, weil er auch schon von seiner spezifischen
»Natur« her nicht von der Natur her begriffen werden kann.

Auch wer — wie in eindrucksvoller Weise *K. Löwith* — für
die »Natur« gegen »die Schöpfung aus dem Nichts« Stellung
nimmt und daher in letzter Hinsicht alles, was ist, als Natur
betrachtet, steht vor dem Rätsel des Menschen, in dem sich
die Natur gewissermaßen gegen sich selbst zu wenden vermag,
so wenn er in Verzweiflung sein Leben wegwirft, so aber auch,
wenn er in moralischer Selbstbestimmung das Leben als kein
letztes Motiv anerkennt und zum Opfer bringt. Es ergibt sich
freilich auch, daß auf der anderen Seite die »Geschichtlichkeit«
des existierenden Begriffs nur von unseren *beiden* Voraussetzungen her vermittelt, und daher niemals in nur transzendentaler Ursprünglichkeit angesetzt werden kann. Sie ist zwar nur
dort, wo der existierende Begriff ist, dieser selbst aber ist nur
aus der Einheit seiner zweifachen Monadizität zu verstehen.
Nur sofern der existierende Begriff sich immer schon als unmittelbaren Begriff voraussetzt, aber in dieser Unmittelbarkeit

nicht aufgeht, konstituiert sich in dieser Spannung Geschichtlichkeit. In ihr ist also im Sinne der ersten Voraussetzung immer schon *daseiende* Transzendentalität, im Sinne der zweiten Voraussetzung daseiende *Transzendentalität* vorausgesetzt. Die Spannung des existierenden zum unmittelbaren Begriff des Daseins hin äußert sich zunächst als die Aufgabe der Selbsterhaltung des Geschöpfes in der Natur; sie ist insofern primär im weitesten Sinne des Wortes »ökonomisch« aufzufassen. Die Basis des dialektischen und historischen Materialismus erweist sich damit fundamentalphilosophisch als kein ursprünglicher Ansatz, was nichts gegen seine Berechtigung sagt, jedoch die Aufgabe einer weiteren, genauen und systematischen Klärung seiner Grundlagen verlangt. Denn zuletzt handelt es sich überall dort, wo Geschichtlichkeit in primärer Ursprünglichkeit angesetzt wird, um eine verkappte Form des neuzeitlichen Transzendentalismus. Dabei soll das transzendentale Subjekt als nicht hintergehbare Instanz der transzendentalen Vermittlung und konkret-historisch in einem verstanden werden. Sieht man in diesem Zusammenhang die in den Voraussetzungen liegende Aporie nicht völlig klar, dann kommt es zu einem Überspringen der transzendentalen Differenz, wobei eben die nicht hintergehbare Transzendentalität des existierenden Begriffs doch hintergangen wird, und zwar in einer Weise der Geisteswissenschaftelei in der Art des Historismus.

In weniger präziser Form läßt sich das Lehrstück von den zwei fundamentalphilosophischen Voraussetzungen des Denkens auch so fassen, daß man sagt, die Philosophie stehe immer in der Gefahr, entweder nur von unten (der Natur) oder nur von oben (Gott) her ihre Aufgabe in Angriff zu nehmen. Im ersten Fall muß sie dann bei konsequentem Denken zuletzt immer den Menschen so in die Natur zurücknehmen, daß sein bewußtes Zweckhandeln, insbesondere seine moralische Selbstbestimmung, unerklärt bleibt und zum Rätsel wird. Im anderen Fall verliert sie die eigenständige, monadisch-substanziale, endliche Existenz (und mit ihr auch die In-sich-Reflektiertheit des unmittelbaren Begriffs) im »Ozean der Gottheit«.

Der Mensch ist und bleibt das umherwandelnde Problem der

Philosophie *(Schelling),* das für jeden neuen Motivationshorizont in der Geschichte wieder auflebende Rätsel der Sphinx. *Jean Paul* hat der Ausgabe seiner sämtlichen Werke von 1826 den Satz vorangestellt: »Der Mensch ist der große Gedankenstrich im Buch der Natur.« Er bezieht in seinem gesamten Schaffen diesen »großen Gedankenstrich« freilich nicht philosophisch auf den »absoluten Geist«, sondern auf die Wirklichkeit des Gott-Menschen im Sinne der christlichen Offenbarung. *Jean Paul* steht damit (freilich philosophisch unvermittelt) dem theologischen Fragen der Gegenwart näher als *Hegel* mit seinem Versuch, den endlichen Geist vom absoluten Geist her zu begreifen. So ließe sich etwa von *Jean Pauls* »Humor« her sagen: die sich im Endlichen als Freiheit findende apperzipierende Monade schafft sich nicht selbst: sie findet sich vielmehr immer schon als Natur in bestimmter geschichtlicher Situation. Zwar existiert sie als unausgesetzte Aufhebung und Überwindung ihrer natürlichen und ihrer geschichtlichen Vergangenheit; ohne die Wiedergeburt der Freiheit wird der Mensch als Mensch gewissermaßen überhaupt nicht geboren. Auch belehrt ihn das in Extremsituationen geforderte (und immer auch geleistete) Daseinsopfer darüber, daß für seine Freiheit die Endlichkeit keine letzte Schranke setzt. Es stößt aber diese seine heroische Sittlichkeit (ganz abgesehen vom »Stachel des Sündenbewußtseins«) ins Leere und müßte die Tragik eines blinden Schicksals zur Folge haben, wäre nicht der Bezug des Glaubens auf den Gottmenschen, der das Daseinsopfer am Kreuz geheiligt und den Tod überwunden hat. In der Gewißheit der Erlösung im Glauben aber wird das brutale Faktum des Todes auch schon in dieser Welt überwunden: der Humor als eine existentielle Haltung verwandelt die heroische Sittlichkeit in jene Liebe, Agape, die ohne Geste und unauffällig sich zugleich verschwendet und gewinnt.

Vom Autor getroffene Auswahl seiner Veröffentlichungen

I. Zur Ergänzung der »Selbstdarstellung« in biographischer und bibliographischer Hinsicht sei auf die von *Hans-Dieter Klein* und

Erhard Oeser zu meinem 60. Geburtstag herausgebene Festschrift »Geschichte und System« (R. Oldenbourg Verlag, Wien u. München 1972) verwiesen.

II. Veröffentlichungen (Auswahl; das Gesamtverzeichnis meiner im Druck erschienenen Arbeiten, einschließlich der Besprechungen, hat schon mit Ende 1973 die Zahl 500 überschritten).

Abkürzungen:

1) »Wiener Zeitschrift für Philosophie, Psychologie und Pädagogik«, A. Sexl, Wien .... PPP
2) »Wiener Jahrbuch für Philosophie«, Braumüller, Wien .. WJPh
3) »Wissenschaft und Weltbild«, Herold, bzw. Österreichischer Bundesverlag, Wien .... WW

I. Bücher

1) Nietzsches »System« in seinen Grundbegriffen. Eine prinzipielle Untersuchung. Meiner, Leipzig 1939.
2) Metabiologie und Wirklichkeitsphilosophie. In: Reihe »Bios«, Abhandlungen zur theoretischen Biologie und ihrer Geschichte, sowie zur Philosophie der organischen Naturwissenschaften, Band 16. J. A. Barth, Berlin-Leipzig 1944.
3) Hegel und die analogia entis. Bouvier, Bonn 1958.
4) Die beiden Labyrinthe der Philosophie. Systemtheoretische Betrachtungen zur Fundamentalphilosophie des abendländischen Denkens. Band I: Einleitung, I. Teil: Neopositivismus und Diamat (Histomat). Reihe: »Überlieferung und Aufgabe« Band VI. Oldenbourg, Wien u. München 1968.
5) Einführung in die Sprachphilosophie. Wissenschaftliche Buchgesellschaft, Darmstadt 1972, ²1975.
6) Logik der Dialektik. Erscheint 1977 bei der Wissenschaftlichen Buchgesellschaft, Darmstadt.

II. Herausgaben

7) J. G. Herders Sprachphilosophische Schriften. Aus dem Gesamtwerk ausgewählt, mit einer Einleitung, Anmerkungen und Registern versehen von Erich Heintel. Philosophische Bibliothek 248, Meiner, Hamburg 1960, ²1964.
8) Robert Reininger, Nachgelassene philosophische Aphorismen aus den Jahren 1948–1954. In: Sitzungsberichte der Österreichischen Akademie der Wissenschaften, Phil.-hist. Klasse 237/5, Böhlau, Graz-Wien 1961.
9) Buchreihe »Überlieferung und Aufgabe«, Abhandlungen zur Geschichte und Systematik der europäischen Philosophie.

Oldenbourg, Wien u. München. Seit 1965 (bisher 12 Bde. erschienen).

10) Wiener Jahrbuch für Philosophie. Hrsg. in Zusammenarbeit mit Leo Gabriel, Friedrich Kainz, Hans-Dieter Klein, Viktor Kraft, Johann Mader, Erhard Oeser, Ulrich Schöndorfer, Karl Ulmer. Braumüller, Wien-Stuttgart. Seit 1968.

III. Abhandlungen und Aufsätze

11) Das »Innere« der Natur. Ein Beitrag zur Problematik der Naturphilosophie in der Gegenwart. In: WW I/3, Wien 1948.

12) J. P. Sartres atheistischer Humanismus und die Metaphysik der Neuzeit. In: PPP II/2, Wien 1948.

13) Der »Wiener Kreis« und die Dialektik der Erfahrung. In: Philosophie der Wirklichkeitsnähe; Festschrift zum 80. Geburtstag R. Reiningers. Sexl, Wien 1949.

14) Tierseele und Organismusproblem im Cartesianischen System. In: PPP III/2, Wien 1950.

15) Glaube und Wissen im kritischen System. In: Festschrift für J. Bohatec; Jahrbuch der Gesellschaft für die Geschichte des Protestantismus in Österreich, Band 67. V. d. evang. Presseverbandes, Wien 1951.

16) Sprachphilosophie. In: Deutsche Philologie im Aufriß, Band 1, hrsg. v. W. Stammler. Schmidt, Berlin 1952, [2]1957, [3]1966.

17) Epikur und die Angst vor dem Tode. In: PPP IV/1, Wien 1952.

18) Kant und die »analogia entis«. In: WW VII/2, Wien 1954.

19) Philosophie und Gotteserkenntnis im Altersdenken Schellings. In: WW VII/11–12, Wien 1954.

20) Kant und die dialektische Methode. In: Zeitschrift für philosophische Forschung IX/2. Meisenheim/Glan 1955.

21) Die »Theosophie des Julius«; ein Beitrag zum Problem der dichterischen Existenz bei Schiller. In: WW XII/4, Wien 1959.

22) Herder und die Sprache. Als Vorrede und Einleitung zu J. G. Herders Sprachphilosophische Schriften; Philosophische Bibliothek 248, Meiner, Hamburg 1960. Siehe Nr. 7 [2]1964.

23) Der Geist in der Ganzheit der Psyche bei Aristoteles. In: »Gestalthaftes Sehen»; Festschrift zum 100jährigen Geburtstag von Christian v. Ehrenfels hrsg. v. F. Weinhandl. Wissenschaftliche Buchgesellschaft, Darmstadt 1960.

24) Der »Mann ohne Eigenschaften« und die Tradition. In: WW XIII/3, Wien 1960.

25) »Wie es eigentlich gewesen ist«. Ein geschichtsphilosophischer Beitrag zum Problem der Methode der Historie. In: Erkenntnis und Verantwortung; Festschrift für Theodor Litt. Schwann, Düsseldorf 1960.

26) Der Raum der Erziehung bei Nietzsche. In: Erkenntnis und Erziehung; Festschrift für Richard Meister. Österreichischer Bundesverlag, Wien 1961.

27) Der Begriff des Menschen und der spekulative Satz. In: Hegel-Studien Band I; Bouvier, Bonn 1961.

28) Fragen des christlichen Glaubens an das wissenschaftliche Denken. In: Der Kreis, Sonderreihe Heft 3: Das unveränderte Evangelium in einer veränderlichen Welt. Stuttgart, 1963.

29) Physis und Logos. Die »Idee« als Grundproblem des ganzheitlichen Universalismus. In: Festschrift für W. Heinrich. Ein Beitrag zur Ganzheitsforschung. Akademische Druck- und Verlagsanstalt, Graz 1963.

30) Naturrecht und Freiheit. Sammelbesprechung in PPP VIII/1, Wien 1964.

31) Einige Gedanken zum Universalienproblem. In: Studium Generale XVIII/8, Berlin 1965.

32) Das Problem der Konkretisierung der Transzendentalität. Ein Beitrag zur Aporetik der »daseienden Vermittlung«. In: Beispiele, Festschrift für Eugen Fink, hrsg. v. L. Landgrebe. Nijhoff, Den Haag 1965.

33) Das Einzelne, das Allgemeine und das Individuelle. In: Rationalität — Phänomenalität — Individualität, Festgabe für Hermann und Marie Glockner. Bouvier, Bonn 1966.

34) Der Begriff der Erscheinung bei Leibniz. (Gottfried Martin zum 65. Geburtstag.) In: Zeitschrift für Philosophische Forschung XX/3—4, Meisenheim 1966.

35) Sokratisches Wissen und praktischer Primat. In: Kritik und Metaphysik. Festschrift für Heinz Heimsoeth zum 80. Geburtstag. De Gruyter, Berlin 1966.

36) Naturzweck und Wesensbegriff. In: Subjektivität und Metaphysik. Festschrift für W. Cramer. Klostermann, Frankfurt/M., 1966.

37) Schein und Erscheinung. In: Gestalt und Wirklichkeit. Festgabe für Ferdinand Weinhandl. Duncker u. Humblot, Berlin 1967.

38) Einige Gedanken zur Logik der Dialektik. In: Studium Generale XXI, Heidelberg 1968.

39) Robert Reininger. In: WW 21/2—3, Wien 1968. Sonderheft: Philosophie in Österreich, als Beitrag zum XIV. Internationalen Kongreß für Philosophie in Wien.

40) Die Dialektik des Ich bei E. Mach. In: Jahrbuch der Österreichischen Pädagogischen Gesellschaft 1969/70 als Festschrift zum 70. Geburtstag von U. Schöndorfer. Österreichischer Bundesverlag, Wien 1969.

41) Idee als metaphysische Entität. In: Festschrift für Søren Holm, pa 70-arsdagen den 4. marts 1971. Nyt Nordisk Forlag Arnold Buschk. Kopenhagen 1971.

42) Die Sprachlichkeit der menschlichen Weltbegegnung (Bruno Liebrucks: Sprache und Bewußtsein, 1.–4. Band, 1964–1968). In: Philosophische Rundschau, Mohr (Paul Siebeck), Tübingen 1971.

43) Verstehen und Erklären. In: Salzburger Studien zur Philosophie. Pustet, Salzburg u. München 1971.

44) Zum Begriff des Einzelwesens. In: Religion, Wissenschaft, Kultur, hrsg. v. Präsidium der Wiener Katholischen Akademie, Wien 1971.

45) Tetens als Sprachphilosoph. Einleitung zu: Johann Nicolaus Tetens, sprachphilosophische Versuche, mit einer Einleitung von Erich Heintel, hrsg. v. Heinrich Pfannkuch. Philosophische Bibliothek 258, Meiner, Hamburg 1971.

46) Zum Begriff des Schönen in der Verhaltensforschung. In: WJPh, Wien 1971.

47) Pädagogik und Philosophie. Sammelbesprechung in: WJPh IV, Wien 1971.

48) Gottes Transzendenz (Balduin Schwarz zum 70. Geburtstag). In: Neue Zeitschrift für Systematische Theologie und Religionsphilosophie, hrsg. v. C. H. Ratschow, 14. Bd., Heft 3, De Gruyter, Berlin-New York 1972.

49) Zur Philosophie des Organischen in der DDR. Sammelbesprechung in: WJPh V, Wien 1972.

50) Geschichte und Aneignung. Sammelbesprechung in: WJPh V, Wien 1972.

51) Von Kant bis Hegel (Marx). Sammelbesprechung in: WJPh V, Wien 1972.

52) Transzendenz und Analogie. Ein Beitrag zur Frage der bestimmten Negation bei Thomas von Aquin. Walter Schulz zum 60. Geburtstag. Neske, Pfullingen 1973.

53) Theorie e prassi in Nietzsche. In: »Il caso Nietzsche« (Quaderni del Convegno 4), Cremona 1973.

54) Glaube in Zweideutigkeit, R. Musils »Tonka«. In: »Vom ›Törless‹ zum ›Mann ohne Eigenschaften‹«. Fink, München-Salzburg 1973.

55) Natur und Geschichte in Stifters »Hochwald«. Ferdinand Gießauf, dem 64. Abt des Zisterzienserstiftes Zwettl im Waldviertel, zum 60. Geburtstag. In: WJPh VI, Wien 1973.

56) Philosophie und Theologie. Sammelbesprechung in: WJPh VI, Wien 1973.

57) Philosophie und organischer Prozeß. In: Nietzsche-Studien (Intern. Jahrbuch für die Nietzsche-Forschung), Band 3, 1974. Walter de Gruyter, Berlin, New York 1974. S. 61–104.

58) »Herr aller Dinge, Knecht aller Dinge« — Zum Begriff der Freiheit in philosophischer und theologischer Hinsicht. In:

Sprache und Begriff, Festschrift für Bruno Liebrucks. Verlag Anton Hain, Meisenheim/Glan 1974. S. 122—141.

59) Humor und Agape (Gottfried Fitzer zum 70. Geburtstag). In: WJPh VII, Wien 1974. S. 166—199.

60) Paul Natorps »Philosophische Systematik«, Ein Beitrag zum Problem des »Anfangs« in der Philosophie. *In:* Stuttgarter Hegel-Tage 1970, Vorträge und Kolloquien des Internationalen Hegel-Jubiläumskongresses, Hegel 1770—1970, Gesellschaft, Wissenschaft, Philosophie, veranstaltet von der Stadt Stuttgart, der Heidelberger Akademie der Wissenschaften und der Internationalen Vereinigung zur Förderung des Studiums der Hegelschen Philosophie, hg. von Hans-Georg Gadamer. Bouvier-Verlag Herbert Grundmann, Bonn 1974. S. 505—513.

61) Rund um Kant. Sammelbesprechung in: WJPh VIII, Wien 1975, S. 271—323.

62) Vom Sinn der Freundschaft. In: Von der Notwendigkeit der Philosophie in der Gegenwart. Festschrift für Karl Ulmer, Wien-München 1976.

Friedrich Kaulbach · 15. 6. 1912

Eine philosophische Existenz hat etwas Asoziales an sich: sie bringt Sand in das Getriebe des alltäglichen Sprechens, sich Verhaltens, der Handhabungen und Unternehmungen. Es ist einem Philosophierenden nicht, wie anderen normalen Menschen möglich, die Hand zu geben, die Straße zu überqueren, in den Zug zu steigen, ohne möglichst erst die Berechtigung dieses Tuns zu erörtern und es aus weit zurückliegenden, Prinzipien her zu legitimieren. Dadurch kommt es, daß die Betreffenden auf der Straße im Verkehr stehen bleiben und diskutieren, daß sie den Zug verpassen, den falschen Leuten gratulieren usw., nur weil es ihnen schwerfällt, unbefangen das herkömmliche Spiel des Sprechens und Handelns mitzuspielen. So könnte man das Philosophieren eher einem Unvermögen als einem besonderen Vorzug der Intelligenz zuschreiben, weil es in Gang kommt, wenn man den Anschluß an das nicht findet, was alle tun, denken, sprechen. Seit *Descartes* sieht man den ersten Schritt des Philosophierens im Zweifeln. Dem methodischen Zweifel aber geht Unfähigkeit oder Weigerung vorher, sich am selbstverständlichen Getriebe des gemeinsamen Lebens zu beteiligen. Ich schlage vor, das »Staunen«, welches *Aristoteles* als Motiv für das Philosophieren angesprochen hat, nicht als auszeichnendes Verhalten »anzustaunen«, sondern in ihm auch die Seite der Unfähigkeit zu sehen, sich »normal« zu verhalten.

Ich erinnere mich an eine Begebenheit im Vorschulalter, die einen Beleg für das soeben Gesagte abgeben kann. Meine Großmutter, die wahrscheinlich an mir ein ungewöhnliches Verhalten wahrnahm, fragte mich, ob mir »schlecht sei«. Unfähig, das Sprachspiel zu spielen, für das jetzt das Stichwort gefallen war, schwieg ich. Denn ich konnte den Zweifel daran nicht überwinden, ob der Zustand, in dem man sich befindet, wenn man sagt, »mir ist schlecht«, auch wirklich mein Zustand war. Diesen Zweifel dehnte ich im Prinzip auf alles, auch das Sprechen über Gegenstände aus. Ich nahm freilich an, daß die

Unsicherheit in diesem Punkte nur mehr ein Spleen sei und nicht ins Gewicht falle, sofern dadurch die Funktionen des Zusammenlebens nicht gestört würden.

Der erwähnten Unfähigkeit ist auch Mißtrauen gegen alles Gesagte, Formulierte, in der öffentlichen Meinung als schon gesichert und selbstverständlich Geltende beigestellt. Das, was sonst leicht von der Zunge fließt und den Anschein hat, nicht mehr in Frage gestellt werden zu müssen, gilt diesem Mißtrauen ebenso als zweifelhaft, wie das, was als unbegriffen zugegeben wird. Das hat sich sogar auch störend auf die Ausbildung eines Lehrer-Schüler-Verhältnisses bei mir ausgewirkt. Die Phase des niederknieenden und Lasten entgegennehmenden Kamels, von der *Nietzsche* in den »Drei Verwandlungen des Geistes« im »Zarathustra« spricht, habe ich auf der Universität nicht durchgemacht. Ich verdarb mir die Lernsituation durch ein fortgesetztes Mißtrauen dem Gelesenen oder Gehörten gegenüber, durch welches ich mich davor bewahren wollte, durch unkontrolliert hingenommene Wörter oder Sätze zu einem Zugeständnis zum Gesagten überlistet zu werden; ich habe erst sehr spät gelernt, gelassen und weltoffen die Aussagen der andern anzuhören, ohne ihnen deshalb distanzlos und kritiklos verfallen zu müssen. Dieser Prozeß gehört zur Reifung des Denkens. Heute wäre ich ein Student, der das ihm Gebotene optimal für sich auszunützen und richtig zu lernen verstünde. Als Lehrer ist es mir auf Grund dieser Selbsterfahrung wichtig, das Denken der Studenten in der Kunst zu üben, die verschiedenen Schritte lernender Aufnahme einerseits und kritischer Kontrolle andererseits zu verbinden. Da mir das erst spät gelang, muß ich mich im Grunde als Autodidakt bezeichnen, der während seines Studiums in Erlangen, München, Freiburg in den Jahren 1931 bis 37 kein eigentliches Studentendasein, sondern eine Privatexistenz führte, die sich in Distanz zum Geschehen an Universität, zu Politik und sonstigem hielt. Eine Konsequenz meines damaligen engen Rationalismus war die Abwehr alles Faktischen, Geschichtlichen. Ich hielt es für langweilig, weil genausogut das Gegenteil der Fall sein könnte und gefährlich, weil man sich darin wie in

einem Labyrinth verlieren kann. Geschichtsphilosophie schien
mir der verzweifelte und vergebliche Versuch zu sein, dem
Undurchschaubaren rationale Strukturen anzuheften.

Vielleicht muß ich meinen Vater als ersten und eigentlichen
Lehrer in der Philosophie ansehen. Er war als Arzt in meiner
Vaterstadt Nürnberg tätig. Ich begleitete ihn oft auf dem Wege
zu Krankenbesuchen. Während ich vor dem Hause des Patien-
ten wartete, das sich nicht selten in irgendeiner grauen und
eintönigen Straße einer Fabrikvorstadt befand, suchte ich nach
der Antwort auf philosophische Fragen, die mir mein Vater
vor seinem Eintritt in das Haus aufgegeben hatte. Eine dieser
Fragen, an die ich mich sehr deutlich noch erinnere, bezog sich
auf den Sinn des Satzes, den *Lessing* seinem Nathan in den
Mund legte: »Kein Mensch muß müssen«.

Die maßgebenden Bildungseinflüsse von Seiten meines
Vaters, im Vergleich zu denen die Wirkung der Schule minimal
war, flossen aus verschiedenen Quellen. Das stärkste Gewicht
hatten hierbei ästhetische und die Lebensführung betreffende
Devisen der deutschen Klassik: die unbedingte Achtung vor
dem Mitmenschen, Toleranz und Verständnis auch für menschliche Irrwege, die Bereitschaft zum Helfen und Heilen gehörten dazu. Als weiterer Faktor trat Darwinsche Evolutions-
theorie dazu. Eine große Rolle spielten auch kunsttheoretische
Betrachtungen, die durch die Malertradition der Familie selbstverständlich waren.

Mein Vater betonte hippokratisch die Heilkraft der Natur,
die durch Kunst verstärkt und durch sie zu neuen Wirkungen
fähig wird. Im Zusammenhang dieses Denkens, welches zum
Pantheismus neigte, war ihm die Rede von Sünde, Verdamm-
nis usf. verdächtig. Sie schien ihm unmenschlich und ästhetisch
nicht tragbar zu sein. Daß in solch einem Denken auch
Nietzsche eine große Rolle spielen mußte, versteht sich von
selbst. Dessen gegen die deutsch-spießbürgerliche Lebensart
gerichtete Kritik an dem Auseinanderklaffen zwischen »innerer« und »äußerer« Kultur behagte meinem Vater, der auf
Eleganz der Konversation und des Auftretens großen Wert
legte.

Es ist verständlich, daß in mir in diesem Milieu frühzeitig das Interesse an philosophischen Überlegungen geweckt wurde. Dieses wurde durch das humanistische Gymnasium, das ich besuchte, vervollständigt. Dessen besondere Tradition war philosophisch bedeutsam: es war von *Melanchthon* gegründet worden und konnte unter seinen ehemaligen Rektoren den Namen *Hegel* nennen.

Vom 15. Lebensjahr an versuchte ich immer wieder mit mehr oder weniger Glück in der »Kritik der reinen Vernunft« *Kants* zu lesen: auch wenn ich nicht viel davon verstand, fühlte ich mich durch die rationalisierende Kraft, die von den Kantischen Sätzen ausging, in Hochstimmung versetzt. Nicht ohne Besorgnis sah meine lutherisch gesonnene liebe Mutter mich Einflüssen ausgesetzt, die geeignet sein konnten, in mir ein zu vernünftiges Verhältnis oder Mißverhältnis zur Religion zu bewirken.

Vor allem zwei Probleme beunruhigten und beschäftigten den Gymnasiasten: das der Freiheit und dasjenige des Unendlichen. Was die Freiheit angeht, so glaubte ich, insofern auch zur Frage des Unendlichen zu kommen, als der Versuch, sie zu begreifen, zu einem unendlichen Regreß führt. Will ich nämlich, so überlegte ich mir, im Handeln ein Wirken der Freiheit entdecken, so muß ich dasjenige, was ich jetzt getan habe, als Wirkung einer vorhergehenden Ursache annehmen. Aber auch das Vorhergehende gehört der Kette der Ursachen und Wirkungen an und ist seinerseits kausal bewirkt. So muß ich noch weiter und immer weiter zurückgehen, da sich Freiheit, die ich doch auf diese Weise suche, in keinem Glied der Kette findet. Ich kannte die Kantischen Überlegungen zur Kausalität durch Freiheit noch nicht und war daher der Auffassung, daß dasjenige, was man unter Freiheit versteht, in der Form eines unendlichen Regressus der Ursachen und Wirkungen zu denken sei. Durch die Differentialrechnung in der 9. Klasse (norddeutsch: Oberprima) begegnete ich dann auch dem Prinzip des mathematisch Unendlichen. Ich nahm mir vor, durch Studium der Mathematik und Philosophie die damit verbundenen ungelösten Fragen zu klären. Das war ein sehr wenig opportunes

Motiv für ein Studium. Es war kennzeichnend für meinen Vater, daß er solchen scheinbar auf brotlose Kunst ausgehenden Plänen des Sohnes seine anfängliche Hoffnung opferte, in ihm einmal einen Nachfolger in der ärztlichen Praxis zu sehen.

Wohl habe ich während meines Studiums auch andern Einflüssen Raum gegeben, aber sie haben keine nachhaltige Wirkung auf mich ausgeübt. Das mag wenig schmeichelhaft und rühmlich für mich sein, zumal ich auch bekennen muß, daß ein paar Seminarübungen und Vorlesungsbesuche bei *Heidegger* davon keine Ausnahme machten. Ich war insofern von Anfang an bis heute vom Kantischen Denken bestimmt, als ich den Boden reiner Vernunft suche, wobei allerdings das Wort: »Vernunft« in seiner Bedeutung weit genug verstanden werden muß. Ich wähle auch deshalb den Weg der Vernunft, weil ich auf ihm eine mir von Natur aus eigentümliche emotionelle und verworrene Gemütsverfassung aufzuklären und in den Zustand der Erkenntnis, Klarheit und Allgemeingültigkeit zu verwandeln hoffe.

Für meine Dissertationspläne fand ich bei *Eugen Herrigel* in Erlangen Verständnis und bedeutende Förderung. Er kam aus der Neukantischen Tradition, war Schüler von *Rickert* und vor allem von *Lask,* dessen gesammelte Werke er herausgegeben hat. Aber im Grunde genommen war das eine Welt, von der er sich während seines Aufenthaltes in Japan distanziert hatte: jetzt war er im Grunde seiner Seele Zen-Buddhist. Aber da meine Intentionen mit seinen eigenen ehemaligen Gedankengängen eng zusammenhingen, die auch bei seinen Unterhaltungen mit *Emil Lask* eine Rolle gespielt hatten, so fand ich bei ihm Hilfe. Das selbstgewählte Thema meiner Dissertation lautete: »Zur Logik und Kategorienlehre der mathematischen Gegenstände«. Ihr Tenor war folgender: die Mathematik hat seit den Zeiten *Kants* bedeutende Schritte in der Richtung eines sehr abstrakten Denkens getan, welche die These *Kants* nicht mehr unbedingt zu rechtfertigen scheint, daß Mathematik auf reiner Anschauung beruhe und ihre Begriffe und Aussagen Sinn und Bedeutung durch Darstellung in dieser Anschauung, also durch »Konstruktion« gewinnen. Die

Entwicklung, für die etwa die Entdeckung der nichteuklidischen Geometrie oder der Mengenlehre bezeichnend ist, scheint der konstruktivistischen Auffassung *Kants* zu widersprechen. Auf Grund dieser Lage konnte sich die logizistische Richtung ausbilden, von der die Mathematik als Zweig der Logik aufgefaßt wird. Meine These, die ich durch Anwendung der Laskschen Kategorienlehre zu erhärten versuchte, besagte, daß ein Rückzug des mathematischen Denkens aus dem Bereich der Anschauung und Konstruktion in denjenigen der reinen Logik nicht möglich sei, weil das idealisierende Denken der Mathematiker auch bei den abstraktesten Gedankengängen noch an ein Minimum von Anschauung gebunden sei: je höher die Abstraktion, um so größer sei die Herausforderung an die Anschauung, mitzuhalten. Dabei könne freilich nicht, so war die These, die von *Kant* allein ins Auge gefaßte Euklidische Anschauung maßgebend sein: Man müsse eine abstraktere Anschauung ins Spiel bringen, die ich als »ideale Anschauung« bezeichnet habe: sie sollte keine Euklidische Struktur präjudizieren, sondern nur die Beziehung des räumlichen Ein- und Ausschließens begründen. —

Eine Selbstdarstellung gibt man schon in dem Augenblick, in welchem man sich »über« einen Gegenstand äußert: man stellt sich durch die Art und Weise dar, wie man sein Thema behandelt. Macht man aber sich selbst und seine eigenen Voraussetzungen zum Thema, so ist die Richtung umgekehrt: jetzt wird gefragt, wie sich die Sache, über die gesprochen wird, im Denken und Sprechen des Betreffenden spiegelt. Wirkt sich ihre innere Logik in der Konsequenz der Entwicklung aus, die in der Denkgeschichte des Betreffenden entdeckt und dargestellt werden kann? So ist die Selbstdarstellung dem Selbstportrait eines Malers zu vergleichen, der durch dieses die Züge des Allgemeinen und Notwendigen in seinem eigenen Selbst zu erkennen, sich klarzumachen und zu gestalten versucht. Die Herstellung solcher Notwendigkeit in der Physiognomie eines »Gesichtes« stößt auf größere oder geringere Widerstände: je nachdem, ob das Maß der Zufälligkeiten in einem Leben größer oder geringer ist. Solch ein »Zufall«, dessen Eigenart meiner Lebensplanung völlig zuwider lief und den größten Kontrast zu dem darstellte, was ich immer hochgeschätzt und erstrebt habe, war die zwangsweise Eintreibung zum Militär und zur Kriegsteilnahme, auf die Gefangenschaft folgte. Letztere erschien mir als Befreiung gegenüber dem ersteren, zumal es mir jetzt abgesehen von der Erlösung von Gewissenskonflikten möglich war, lange unterbrochene philosophische Gedankenlinien wieder aufzunehmen und nachzudenken. Behilflich waren mir dabei zwei dunkelbraun eingebundene Reclam-Bändchen, die ich für solche Fälle immer vorsorglich die Jahre hindurch in der Tasche mitgenommen hatte: die »Prolegomena« und die »Kritik der praktischen Vernunft« *Kants.*

Nach Entlassung aus der Gefangenschaft im Herbst 1945 kam meiner Intention, ganz neu anzufangen, das Angebot entgegen, das mir in Braunschweig durch Vermittlung eines Bekannten gemacht wurde, den ich im Lager kennengelernt hatte: als Dozent für Philosophie in den Lehrkörper der damals neu gegründeten Pädagogischen Hochschule (*Kant*-Hochschule) einzutreten. Die Situation des Neuanfangs gab Impulse, die in dieser Weise in einem etablierten akademischen Gefüge nicht anzutreffen sind. Sie erhielt ihr besonderes Gepräge auch durch die Homogeneität des Lehrkörpers, deren Mitglieder in Gängen, Zimmern, auf der Straße miteinander Debatten über ihre Vorhaben, Gegenstände usw. führten. Ich habe von diesen Unterhaltungen z. B. mit *Ernst Strassner, Heinrich Rodenstein, Eberhard Schomburg, Karl Zietz* viel gelernt, besonders auch durch den Umgang mit *Wilhelm Gehlhoff,* dem damals emeritierten Ordinarius für Nationalökonomie an der Technischen Hochschule.

Wenn ich hier Menschen erwähne, denen ich für meine Entwicklung besonderen Dank schulde, so ist meine Frau Elfriede, die zu meiner Geschichte seit 1944 gehört, an erster Stelle zu nennen. Sie hat aus mir in all den Jahren etwas einigermaßen Brauchbares gemacht und mich vor allem in der Kunst geschult, einen realistischen Blick hinter menschliche Maskierungen zu werfen. Ihre Stellung ist die, daß sie nicht als der andere Mensch rangiert, sondern in meinen Aussagen selbst mitspricht.

Da ich sehr bald auch einen Lehrauftrag für Philosophie an der dortigen TH übernahm, war für mich der Anlaß gegeben, frühere philosophische Überlegungen zur Mathematik und Naturwissenschaft wieder aufzunehmen. Von der Lehrtätigkeit an der Pädagogischen Hochschule her wurden dagegen vor allem ethische Überlegungen gefordert. Hier konzentrierte ich mich auf die Frage nach dem Verhältnis zwischen dem sittlichen Sein und dem Sollen. In meiner 1948 in der Schriftenreihe der *Kant*-Hochschule erschienenen Darstellung mit diesem Titel versuchte ich zu zeigen, daß die Kantische Ethik des Sollens mit einer praktischen Philosophie vermittelt werden müsse, in der das maßgebend ist, was in der traditionellen Ethik als »Tugend« angesprochen worden ist und in der Form einer sittlichen Substanz, einer Verfassung des praktischen Bewußtseins und Tuns begegnet. *Hegel* hat bekanntlich hierfür »Sittlichkeit« im Unterschied zur »Moralität« gesagt: nur schien mir damals noch die Scheler-Hartmannsche Wertethik das geeignete Instrumentarium für die Erfüllung der bezeichneten Aufgabe abzugeben.

In wissenschaftstheoretischer Absicht nahm ich die Kantische Frage des Verhältnisses zwischen Denken und Anschauung in Mathematik und Naturwissenschaft wieder auf: das Thema Begriff, Bild und Symbol faszinierte mich. So betrieb ich ein eingehendes Studium von *Cassirers* Philosophie der symbolischen Formen, befaßte mich mit *Leibniz, Frege, Hilbert*. Zu Anfang der fünfziger Jahre wurde *Hermann Glockner* als Ordinarius für Philosophie nach Braunschweig berufen: bei ihm holte ich meine längst fällige Habilitation an der dortigen Technischen Hochschule nach, zu der ich die Abhandlung: »Philosophische Grundlegung zu einer wissenschaftlichen Symbolik« vorlegte. Hier war es meine Absicht, die Rolle des Symbols in wissenschaftlichem Gebrauch — unter Verweis auf Nationalökonomie, Mathematik, Physik — in einer die Cassirersche Theorie ergänzenden Weise darzulegen. Es kam mir vor allem darauf an, über die Dimension des Instrumentalen hinauszugehen und eine Seite am Gebrauch des Symbols deutlich zu machen, die sich der Kontrolle des exakt wissenschaftlichen Denkens entzieht. Damit sollte diejenige Funktion des Symbols in den Blick kommen, dergemäß es primär nicht einen Leitfaden für eine Konstruktion des Objektes, sondern ein Bild der Verfassung des handelnden und denkenden Subjekts selbst abgibt. So kann z. B. eine in sich geschlossene Figur wie die des Kreises eine Aufforderung für eine Denkhandlung sein: etwa für die, sich ein kybernetisches Regelsystem vorzustellen. Dann hätte das Kreissymbol eine instrumentale Funktion. Es kann aber auch, wie etwa in der Aristotelischen Philosophie, Zeichen für vollkommene Bewegung des Denkens und der Körper sein und damit Aufforderung, sein eigenes Denken so einzurichten, daß es die Dinge »vollständig« erfaßt, ihnen Anfang und Ende gibt, wobei das Ende zum Anfang zurückweist. Den Unterschied zwischen der instrumentalen Funktion des Symbols und derjenigen, die im Hinblick auf die Verfassung des Denkenden selbst wichtig ist, versuchte ich durch die terminologische Unterscheidung zwischen »Bedeutung« und »Sinn« zu markieren. Während ich der instrumentalen Funktion gemäß dem Symbol »Bedeutung« auf ein Objekt bzw. auf eine Handlungsregel hin beimaß, sah ich in der die Verfassung, das »Sein« des denkenden und handelnden Subjekts betreffenden »Wirkung« des Symbols einen »Sinn«, etwa im Zusammenhang mit dem Sprachgebrauch, demzufolge man vom »Sinn« des Lebens, eines Tuns, eines Textes spricht. Auf den ersten Blick hin gesehen, scheint dieser Vorschlag in Konkurrenz zu der bekannten Fregeschen Unterscheidung zwischen Sinn und Bedeutung zu treten. In Wahrheit aber sind die Intentionen des Unterscheidens in beiden Fällen gar nicht so weit voneinander entfernt: denn auch in *Freges* Unterscheidung besteht der springende Punkt darin, daß z. B. das Wort »Morgenstern« seiner »Bedeutung« zufolge auf dasselbe Objekt hinweist, welches zugleich auch mit dem Namen »Abendstern« bezeichnet wird, während der »Sinn« der Wörter Morgenstern und Abendstern mit dem zeitlichen Standpunkt und der subjektiven Perspektive zu tun hat, in der diese Wörter gebraucht werden: das eine Mal wird durch den Wort-»sinn« der Stern angesprochen, den man am Abend und das andere Mal der, den man am Morgen sieht. Ich legte in meiner Arbeit Wert darauf, daß die beiden »Dimensionen« des Symbols als spezifisch logische Möglichkeiten erkannt würden, und daß sich die »Bedeutung« des Symbols, von der man auf Grund seiner instrumentalen Funktion zu sprechen hat, vom »Sinn« nicht wie Rationales vom Irrationalen unterscheiden dürfe. Die Unterscheidung der beiden »logischen« Dimensionen schien mir eine Aufgabe der »Kritik der symbolischen Vernunft« zu sein. Diese freilich, so lief der Gedankengang aus, müsse im Gesamtzusammenhang einer dialektischen Methode geschehen, durch welche Sinn mit Bedeutung vermittelt wird.

Hermann Glockner duldete tolerant diese Gedankengänge, obwohl sie infolge ihres Versuches, das »Irrationale« zu überholen und es in eine dialektische Logik aufzulösen, nicht in sein Konzept paßten. Das persönliche, freundschaftliche Verhältnis, welches uns seit seinem Amtsantritt in Braunschweig 1951 verbindet, ist nicht dadurch getrübt worden, daß ich ihm von Anfang an Anlaß gab, in mir einen Rationalisten und Reflexionsphilosophen zu sehen.

Die wichtigen Einflüsse, die ich *Glockner* verdanke, setzte ich in gedankliche Impulse um, die mich nach der Eigentümlichkeit der Sphäre fragen ließen, welche der Wissenschaft fundamental vorgelagert ist. Es war die fundamentale Sphäre der Lebenswelt, auf die sich im Zusammenhang mit *Leibniz*- und *Kant*-Studien die Aufmerksamkeit richtete. In lebensweltlichen Analysen der Bewegung, der Kräfte, der Körper, des Raumes und der Zeit usw. zeigten sich ontologische Züge, die sich für die Aussagen der exakten Wissenschaften als grundlegend erweisen. Ich sprach z. B. in damaligen Arbeiten von »Realraum«, den ich als den Raum unserer Handlungswirklichkeit vom abstrakten Raum der Mathematik und der Physik unterschied. Am Realraum wurden Strukturen sichtbar, die in Mathematik und Physik in abstrakt-modifizierter Weise zur Geltung kommen. Was Gliederungen der realräumlichen »Gegenden« *(Kant),* wie links und rechts, oben und unten usw. angeht, so implizieren sie die Stellung des Subjekts den räumlichen Richtungen gegenüber: sie fallen nicht in die Interessenperspektive des mathematischen Denkens, da es hier nur auf die objektiven Relationen ohne den Bezug des denkenden und handelnden Subjekts zu den Gegenständen ankommt. Wohl aber gehen sie in das Denken der Naturwissenschaft ein, sofern es hier um einen handelnden Umgang des Naturforschers mit Naturobjekten geht. Das ergibt eine »Stellung«, die das »Wie«, nicht nur das »Was« aussagt. Das Fundament des lebensweltlichen Bezuges des Subjekts ist dem Denken der exakten Wissenschaft gegenwärtig, obwohl es nicht voll in deren Begriffsbildung eingehen muß.

Ich habe die Berufung auf die Lebenswelt als Fundament der Wissenschaft nicht forciert, da sie die Gefahr einer Unmittelbarkeitsphilosophie einschließt: einer Auffassung, in der die lebensweltlichen Bezüge die Rolle unmittelbarer Wahrheiten spielen wollen, auf denen die wissenschaftlichen Aussagen aufzubauen wären. Demgegenüber muß betont werden, daß die Lebenswelt nicht als »Naturzustand« gelten darf, sondern selbst schon als geschichtliches Produkt erkannt werden muß, in das auch Wissenschaft eingegangen ist. Der so sichtbar werdende Lebensweltzirkel ist nicht zu durchbrechen. Für den heutigen Handwerker z. B. ist seine lebensweltliche Realität, die Art seiner Be-handlung des »Materials« und seine prinzipielle Auffassung von seiner Arbeit anders als zur Zeit, als er noch von der Zunftmentalität bestimmt war, noch keine Verwissenschaftlichung seines Tuns im Gange war usw.

Als Ergebnis gemeinsamer Seminarübungen an der Technischen Hochschule mit *Glockner* ist die Schrift »Die Metaphysik des Raumes bei Leibniz und Kant« (Köln 1960) zu werten. Die Übungen hatten *Leibnizens* Briefwechsel mit *Clarke* zum Gegenstand. *Leibniz* entwickelt hier den Begriff des relationalen, relativen Raumes, den er dem absoluten Raume *Newtons* entgegensetzt. Es war mir in dieser Abhandlung um den Nachweis zu tun, daß sich am Leibnizschen Raum nicht nur die Seite feststellen läßt, die für das mathematische und physikalische Denken maßgebend ist, sondern daß er durch seine Theorie des Raumes eine Möglichkeit für das monadische Subjekt sichtbar gemacht hat, in die Bewegung des Sich-Ausdehnens, Sich-Äußerns und Gestaltens einzutreten, wobei diese Bewegung selbst etwas Unräumliches ist. Bewegung des sich Ausdehnens und Ausgedehnt-sein muß von Leibnizschen Ansätzen her unterschieden werden wie Aktivität und Dinglichkeit, Prozeß und Niederschlag, Produktion und Produkt. Unter dieser Voraussetzung ist die leibliche Äußerung der monadischen Existenz zu verstehen: faßt man den Leib nicht als »Ding«, als materiellen Gegenstand, sondern als Übergang des Prozesses in sein Ergebnis, der produzierenden Aktivität in das Produkt auf, so ergibt sich nach *Leibniz* ein Weg für die Verbindung von unräumlicher Aktivität mit leiblicher Ausdehnung und sichtbarer Gestalt. Der aktive Prozeß der Ausdehnung wird von der statischen »Ausgedehntheit« unterschieden. Ergebnis der Expansion ist der starre Raum, welcher in der relationalen Stellenordnung seinen Ausdruck findet. Nur unter dieser Voraussetzung schien es mir möglich, mit der Leibnizschen These einen Sinn zu verbinden, daß der Raum im mathematischen und physikalischen Sinne auf eine Bewegung der Ausbreitung zurückgehe, die der als Produkt fixierten »Ausgedehntheit« primär zu Grunde liegt. *Kant* unterscheidet sich, so setzte sich der Gedankengang fort, von *Leibniz* radikal dadurch, daß er den Raum nicht als Bereich von Beziehungen deklariert, die vom Verstande begriffen werden, sondern als Form des sinnlichen Anschauens. Aber auf der Basis des Gedankens der Ausdehnungsbewegung stellt sich wieder ein bisher nicht beachteter Zusammenhang mit *Leibniz* her. Das wird besonders erkennbar, wenn man die Entwicklung *Kants* bis in die Gedankengänge des opus postumum hineinverfolgt, in denen so etwas wie apriorische Leiblichkeit auftritt. In diesem Zusammenhang wird das konstruierende »Ziehen der Linie«, welches *Kant* als Realisierung des Begriffs der Linie anspricht, als Ausdehnungshandlung deutbar, die transzendentalen Charakter hat. Die Untersuchung schließt mit der Feststellung, daß ich schon immer eine apriorische Bewegung des leiblichen Bewußtseins geleistet haben muß, um eine Linie im Raume zu beschreiben, wenn ich diese Figur auf dem Papier oder in der empirischen Vorstellung ziehe. Diese vorgängige Bewegung nenne ich »transzendentale Bewegung«. Die transzendentale Bewegung sei, so heißt es, Ursprung des »ich dehne mich, eine Linie, einen Kreis beschreibend, aus.« Danach sind Raum und Zeit bei *Kant* auf Bewegung gegründet. Dadurch ergeben sich Verbindungen rückwärts zu *Aristoteles* (8. Buch der Physik) und vorwärts zu *Hegels* Logik und Naturphilosophie. Würde man Raum und Zeit nicht, wie es nach dem Aufbau der »Kritik der reinen Vernunft« der Fall zu sein scheint, als anschauliche Basis auffassen, auf der, gleich einem darüberliegenden Stockwert, der Verstand gelagert ist, sondern als Medien der transzendentalen Bewegung, dann wäre auch der Weg frei, andere Anschauungsstrukturen als die euklidischen zuzulassen.

In mehreren Aufsätzen beschäftigte ich mich mit diesem Thema: hierbei begegnete ich auch den Untersuchungen von *Heinz Heimsoeth,* die mich durch die weitreichenden gedanklichen Bögen anziehen, die in ihnen gespannt werden. Bei einer internen philosophischen Arbeitstagung in Mainz in der Mitte der fünfziger Jahre, bei der ich über die Kantische Schrift vom »Grund des Unterschiedes der Gegenden im Raume« vortrug, lernte ich ihn persönlich kennen.

Die Absicht der Abhandlung über die Raumauffassung des »vorkritischen» *Kant* ging dahin, zu zeigen, daß *Kant* hier außer der mathematischen Raumstruktur auch einen lebensweltlichen Raum berücksichtigt habe, der zunächst in der transzendentalen Ästhetik der Kritik der reinen Vernunft in den Hintergrund getreten sei, um später wieder, vor allem im opus postumum, zu Ehren zu kommen. Dem Problem der Leiblichkeit begegnete ich seit dieser Zeit übrigens auch von anderer Seite her: durch viele, reiche Unterhaltungen mit *August Bruinier,* dem damals an der Braunschweiger Staatsmusikschule wirkenden bedeutenden Geiger; wir tauschten unsere Künste aus: er verhalf mir zu Fortschritten in der Handhabung der Bratsche, ich half ihm bei der philosophischen Durchdringung seiner geigenpädagogischen Formulierungen, die nach dem Tode dieses unvergessenen Freundes in Form einer Schrift: »Die Kunst der geigerischen Übung« (1970) bei Schott in Mainz erschienen.

Im Zusammenhang mit genannten Überlegungen standen auch in der »Philosophia Naturalis« erschienene Aufsätze wie z. B.: »Das Raumproblem bei *Kant* und in der modernen Physik« und »Die Anschauung in der klassischen und modernen Physik«. In der letzteren Arbeit wurde der Versuch unternommen, auch der modernen Physik gerade in ihren abstrakten Gedankengängen anschauliche Bezüge nachzuweisen, die z. B. an der Rolle erkennbar werden, die das Modelldenken hier spielt. Ich spreche hier auch vom »Modellrealismus« der klassischen Physik, der durch kritische Handhabung des Modells im Gegenstandsverhalten des modern-physikalischen Bewußtseins abgelöst wurde.

Ich habe erwähnt, daß ich bei den Überlegungen zur Symbolik auf dialektische Wege kam. Nur schien mir die Hegelsche Dialektik mit ihrem absoluten Anspruch nicht gangbar zu sein: daher suchte ich Aufschluß vor allem bei *Kant* und solchen Denkern, die im Anschluß an *Plato* eine dialogische Version der Dialektik ausgebildet haben. So begegnete ich, auch von der theoretischen Pädagogik her, *Schleiermacher:* was ich mir hierzu zurechtlegte, formulierte ich in einem Aufsatz »Schleiermachers Theorie des Gesprächs«, der damals von *Herman Nohl* für die »Sammlung« angenommen wurde (1959). *Nohl* hat mir damals nach dem Erhalt des Manuskripts einen längeren handschriftlichen Brief geschrieben. Seinem etwas problematischen Rate folgend, daß möglichst kein Aufsatz über zehn Seiten lang sein dürfe, wenn er nicht Gefahr laufen würde, ungelesen zu bleiben, habe ich den Aufsatz geteilt. Von dem Teil, der sich speziell mit *Schleiermacher* befaßt, habe ich den für eine andere Nummer der Sammlung vorgesehenen Abschnitt mit dem Titel: »Die Gesprächsgesinnung« abgetrennt. *Nohls* eingehende Beschäftigung mit meinem Manuskript hat mir damals solchen Eindruck gemacht, daß ich glaubte, der von ihm angegebenen Tonart der Korrespondenz so entsprechen zu müssen, daß ich nach Göttingen fuhr, um ihm die endgültigen Manuskripte persönlich zu übergeben. Ich hatte dabei auch die Absicht, den bedeutenden Menschen und Gelehrten einmal persönlich kennenzulernen.

Anläßlich dieses Besuches erzählte *Nohl,* daß er vor wenigen Tagen ein Gespräch mit *Theodor Litt* über das Wesen des Alters gehabt habe. Er habe *Litt* gefragt, worin er das Wesen des Alters sehe: auf diese Frage sei *Litt* ungern eingegangen. Unter dessen Protest habe *Nohl* ihm erklärt, das Alter bestehe in der »Verantwortungslosigkeit«. Man habe nämlich nichts mehr zu verantworten: der Hochschullehrer habe als Emeritus in der Fakultät keine Stimme mehr und zu Hause werde ihm bei dem Versuch, bei seinen Enkeln eine Erziehungsmaßnahme anzubringen, bedeutet, daß er sich da nicht hineinmischen solle.

Die Beschäftigung mit der dialogischen Dialektik *Schleiermachers* hat seitdem in der Arbeit über »Schleiermachers Idee der Dialektik« einen reiferen Niederschlag gefunden.[1] Hier wird zwischen der Vernunftdialektik *Kants* und *Hegels* und der Individualdialektik *Schleiermachers* unterschieden: in einem Abschnitt über Dialektik und formale Logik stelle ich auch den Bezug zur Sprachanalyse her. Das Konzept von Dialog und Dialektik scheint mir für die heutige wissenschaftstheoretische Kontroverse deshalb von Bedeutung zu sein, weil der Dialog hier nicht, wie etwa bei *Lorenzen,* als Methode aufgefaßt wird, die unter vereinbarte Regeln zu bringen ist und mit Hilfe deren man den Partner zum Zugeständnis zu eigenen Behauptungen zu zwingen vermag. Demgegenüber wird in der hier angedeuteten Dialog- und Dialektiktradition die gedankliche Bewegung in derjenigen Dimension reflektiert, in welcher die »Erfahrung des Bewußtseins« (*Hegel*) stattfindet und in der eine in der Geschichte des Dialogs sich vollziehende Bewußtseinsänderung geschieht: ich beschreibe diese Geschichte als Entwicklung des »Denkens«, welches einen Stand einnimmt und behauptet, damit zugleich aber immer schon den Keim für dessen Überholung legt.

---

[1] Erschienen in »Neue Zeitschrift für systematische Theologie und Religionsphilosophie«, 10. Bd. (1968).

Jetzt muß ich erwähnen, daß ein Teil meiner hier skizzierten Gedankengeschichte schon in eine Zeit jenseits eines für mich bedeutenden Ereignisses fällt: der Berufung auf einen damals neu geschaffenen Lehrstuhl für Philosophie an der Universität Münster. Mit dem Lehrstuhl war zunächst ein bestimmter Auftrag verbunden: der ihn übernahm, sollte vor allem die naturphilosophischen Lehraufgaben berücksichtigen. Es war für mich ein Glück, daß die damaligen Münsteraner Kollegen: *Joachim Ritter* und *Otto Most* eine Vorstellung von Naturphilosophie vertraten, die sich mit der meinigen im Prinzip deckte. So kam zum persönlichen Einklang auch sachliche Verständigung, sofern ein Konzept von dem Aufeinanderabgestimmtsein zwischen praktischer Philosophie und Naturphilosophie zugrunde lag, das mich vor allem mit *Joachim Ritter* verband, aber auch von *Otto Most* bejaht wurde.[2]

Nicht nur Philosophie der Naturwissenschaft, sondern vorwiegend Philosophie der Natur schwebte mir vor. Naturphilosophie sollte noch etwas von der Tradition bewahren, die dem Gebrauch dieses Namens bei *Schelling* und *Hegel* eigentümlich war. Das heißt: es ging hier nicht nur um im Grunde positivistische Aufklärung der derzeitigen mathematischen und naturwissenschaftlichen Methodenpraxis, sondern darum, die in der modernen Naturwissenschaft gewachsenen Kategorien und Methoden mit einer Bewußtseinsbasis zu vermitteln, der Denken und Sprache der lebensweltlichen Praxis angemessen ist und für die »Natur« den Bereich bedeutet, in und mit dem wir leben und praktisch tätig sind. Ich sehe die Aufgabe darin, den Aristotelischen Physisbegriff unter den modernen Voraussetzungen und im Zeichen der Vermittlung mit der Natur der neuzeitlichen Naturwissenschaft zur Geltung zu bringen. Auf der Linie dieser Intention befindet sich z. B. *Leibniz*, der, wie er selbst sagte, die Aristotelische Entelechie mit dem antikmodernen Atomprinzip vermitteln wollte. Die Auseinandersetzung zwischen den beiden Perspektiven der Natur findet sich

---

[2] Beide verehrungswürdigen Kollegen leben nicht mehr: Otto Most starb im Herbst 1968, Joachim Ritter im Sommer 1974.

auch bei *Kant*. Die Aufgabe der Vermittlung beider wird von *Schelling* und besonders *Hegel* in Angriff genommen, der zu diesem Zwecke sein dialektisches Rüstzeug einsetzte und versuchte, eine Dialektik der Natur aufzubauen.

In Vorlesungen, Übungen und Forschungsarbeiten habe ich Themen über die Aristotelische Physik, über die Schellingsche und Hegelsche Naturdialektik, über *Leibniz* einbezogen. Es war klar, daß diese Überlegungen nicht in romantische Arroganz und Ignoranz gegenüber der modernen Wissenschaft einmünden durften, und daß deren Ansprüche genau zu berücksichtigen waren. Daher wurden auch wissenschaftsgeschichtliche Themen gewählt und die Geschichte mathematischer und physikalischer Kategorien verfolgt. Ich war dankbar, einen wertvollen Mitarbeiter zu haben, der ursprünglich von Mathematik und mathematischer Logik herkam: es war der unterdessen zu Ansehen gelangte Konstanzer Philosoph *Friedrich Kambartel*. An die schönen Jahre der gemeinsamen Arbeit, die auch z. B. in der mit *Hans Hermes* unternommenen Ausgabe des 1. Bandes des bei Meiner erscheinenden *Frege*-Nachlasses, Hamburg 1969, einen Niederschlag fand, denke ich gerne zurück. In dem Teil der Einleitung zu dieser Ausgabe, der meine Sache war, versuchte ich, transzendental-konstruktivistische Ansätze in der späten Zeit *Freges* sichtbar zu machen, der sonst als Repräsentant der logizistischen Richtung gilt.

Die Frage der Naturdialektik gehört zu den aktuellen Kontroversen der gegenwärtigen Philosophie. Es ist ein Gebot der Kritik, daß man Natur und damit auch Naturwissenschaft nicht unter die Botmäßigkeit eines präjudizierten gedanklichen Systems stellen darf, in welchem Devisen wie der Umschlag von Qualität in Quantität, »Totalisierung« und Auftreten des Neuen in der die Gegensätze überwindenden Synthese maßgebend sind. Dialektische Unternehmungen wie die Hegelschen oder Engelsschen, denen man den Vorwurf eines dogmatischen Gebrauches der Dialektik nicht ersparen kann, sind mit der Schwierigkeit nicht fertig geworden, mit dem Gedanken einer Naturdialektik so ernst zu machen, daß die dialektische Philosophie der positiven Naturwissenschaft gegenüber nicht als

Diktator auftritt, sondern diese frei schalten und walten läßt.
Die ambigue »Stellung«, die *Hegel* den positiven Wissenschaften gegenüber einnimmt, habe ich in einer Arbeit: »Hegels
Stellung zu den Einzelwissenschaften« zu charakterisieren versucht, die ich dem Freunde *Rudolph Berlinger* zu seinem
65. Geburtstage widmete.[3] Hier komme ich zu dem Ergebnis,
daß *Hegel* der Kantischen Frage nach den Bedingungen der
Möglichkeit einzelwissenschaftlicher Erkenntnis die Form gibt,
daß er nach der »Stellung« bzw. dem »Stand« einzelwissenschaftlichen Denkens seinem Gegenstand gegenüber fragt.
Hegel bahne sich mit dieser Frage den Weg zu einer »Freiheit« des Denkens und Erkennens, derzufolge er, über *Kant*
hinausgehend, selbst einen Stand gewinnt, der es ihm erlaubt,
nicht nur »über« die Sachen zu reden, sondern die Rolle eines
Wortführers der Sache selbst bzw. des »Wesens« der Sache zu
übernehmen. Weil er für diesen Stand philosophischen Denkens aber absolute Wahrheit beansprucht, vermag er seinen
eigenen Ansatz nicht durchzuhalten, der verlangt, daß dem
einzelwissenschaftlichen Verstand die Rolle einer Durchgangs-
phase auf dem Weg zur philosophischen Perspektive zuerkannt
werde. Statt der Einzelwissenschaft relative Selbständigkeit zu
lassen, richtet er am Ende ein totalitäres Wissensregime im
Zeichen seines dialektischen Systems auf. An die »positiven«
Wissenschaften kann nicht das Ansehen gestellt werden, sie
sollten selbst eine dialektische Sprache sprechen, da ihr Erkenntnisinteresse nicht auf das »Wesen« der Dinge geht. So
ist am Ende eine kritische Dialektik zu fordern, welche für die
Philosophie die Möglichkeit eröffnet, über die Natur »Wesentliches« zu sagen — das Erkenntnisinteresse der Einzelwissenschaft richtet sich nicht auf das »Wesen«, sondern auf die
»Erscheinungen« — und damit eine Dialektik der Natur zu
betreiben, ohne den einzelwissenschaftlichen Kategorien und
Methoden vorzugreifen. Das ist nur unter der Voraussetzung
möglich, daß man die Natur als den Bereich der Lebenswelt

---

[3] In: »Weltaspekte der Philosophie«, Rudolph Berlinger zum
26. Oktober 1972, Amsterdam 1973.

und der gesellschaftlichen Praxis von der Natur der exakten Naturwissenschaft und des technischen Beherrschens kritisch unterscheidet. So muß das Unternehmen einer kritischen Dialektik nicht wie bei *Sartre* zu der These führen, daß Dialektik nur für Geschichte, nicht aber für Natur tauge.

Ich unterscheide zwischen der »freien« Natur, der wir als Handelnde, erkennende und sprechende Wesen angehören und der gegenüber wir uns durch Erkenntnis und Bearbeitung die Stellung der eigentümlich menschlichen und geschichtlichen Freiheit verschaffen, und der »gefesselten« Natur, der unser Verstand die allgemeine Verfassung der Gesetzlichkeit vorschreibt, die wir beherrschen und über deren Rohstoffe wir verfügen. *Kant* hat die in der modernen Naturwissenschaft und der zu ihr gehörenden Technik angelegte Entfremdung des Menschen von der Natur schärfer als *Hegel* gesehen, wenn er 'am Naturforscher feststellt, daß er auf Grund des Stand punktes, von dem aus er Naturerkenntnis betreibt, die Natur nötigen *muß*, auf die Frage zu antworten, die er ihr in den Experimenten stellt. *Hegel, Nietzsche, Marx* dagegen haben deutlicher als *Kant* gesehen, daß diese Stellung der Natur gegenüber historisch bedingt ist, statt die Verwirklichung menschlicher Erkenntnismöglichkeit überhaupt darzustellen.

Die Stellung moderner Naturwissenschaft und Technik zur Natur kommt durch den Einsatz charakteristischer Kategorien zum Ausdruck, mit denen die Natur angesprochen und behandelt wird. Wenn das Denken der »Physis«, der freien Natur, sein Interesse auf die Erkenntnis des »Wesens« richtet *(Aristoteles)*, bringt es damit zum Ausdruck, daß es die Sache nicht nach den Ansprüchen exakter und technischer Vernunft zurechtbiegen, sondern sie frei »walten« lassen will *(Hegel)*. Physis wird von *Aristoteles* als Bereich der »Wesen« beschrieben, d. i. derjenigen Dinge, die Anstoß und Prinzip ihrer Bewegung, Veränderung, ihres Wachstums und Abnehmens in sich selbst haben. So spricht er die Gegenstände in Kategorien wie z. B. derjenigen der Entelechie **an**, welche die Selbständigkeit der Natur und ihrer Objekte aussagen. *Hegel* hat die Arbeitssituation des modernen Menschen in seinem Lehrstück von Herr und Knecht in der Phänomenologie des Geistes im Zeichen der Selbständigkeit der Naturdinge gesehen und ausgesprochen, wenn er z. B. sagt, daß sich der Knecht mit der »Selbständigkeit« der Sache zusammenschließe, die er bearbeitet, indem er sie »bildet«, was gleichbedeutend mit einem Umbilden ist. *Kant* hat viel schärfer gesehen, daß die Arbeit in der Form kategorialer Synthesen, die von der modernen Naturwissenschaft und Technik betrieben werden, erst Auflösung und Zerstörung bewirkt, damit das Subjekt zu einer von ihm selbst hergestellten Vereinigung der Dinge und zur »Bildung« der Gegenstände übergehen kann. Das kommt schon durch die Erklärung *Galileis* zum Ausdruck, die seitdem bindend für die naturwissenschaftliche Forschung ist, daß wir nicht das »Wesen« der Dinge erkennen können und wollen, sondern daß es für die Erkenntnis darum gehe, die uns nach einer bestimmten Methode vor-geführten Erscheinungen, die an sich keinen Zusammenhang zeigen, durch selbstgemachte Verbindungen zur Einheit zu bringen: diese Einheit heißt Natur*gesetz*. Die Vernunft wird in theoretischer wie in praktischer Absicht von *Kant* als Gesetzgeberin bezeichnet. Die Kategorien, mit denen der Verstand die Natur erkennt und bearbeitet, gelten demgemäß unter der Voraussetzung, daß »an sich« Einheit in der Natur nicht vorfindbar ist, daß hier kein »Wesen« erkennbar ist: Vielmehr müssen Einheiten vom Verstande selbst hergestellt werden, wenn er sie in der Natur finden will. Dualismen treten demgemäß auf, die von dem Hauptdualismus zwischen Wesen und Gesetz her bestimmt sind: Kausalität wird gegen Teleologie, Erscheinung gegen Wesen, Subjekt gegen Objekt, Theorie gegen Praxis gesetzt.

Es war mir in meinen Arbeiten darum zu tun, die mit diesem Dualismus zwischen Wesen und Gesetz verbundenen Versuche der Vernunft, beides wieder unter jeweils neuen Voraussetzungen miteinander zu vermitteln, in der seitherigen Geschichte der Philosophie deutlich zu machen: die Tradition von *Aristoteles* über *Leibniz* zu *Kant* und weiter wurde in die Perspektive dieses Interesses gerückt. Ich sehe es als Aufgabe auch gegenwärtiger Philosophie an, diesen Dualismus zu überholen und

Wesenserkenntnis durch eine echte »Aufhebung« der in der exakten Wissenschaft gewonnenen Ergebnisse zu gewinnen. Diese Aufgabe ist gleichbedeutend mit einer Aufhebung der Entfremdung des Menschen gegenüber der Natur, die nicht nur, wie *Marx* behauptet, durch die kapitalistischen Produktionsverhältnisse zu Stande gekommen ist, sondern die schon in der »Stellung« angelegt ist, die das neuzeitliche Subjekt auf Grund seines Erkenntnisinteresses der Natur gegenüber einnimmt.

So sind die Voraussetzungen beschaffen, von denen aus ich mir auch das philosophische Konzept der »kritischen Theorie« zurechtlege. Wenn ich von Differenzen innerhalb dieser Theorie selbst absehe, so scheint mir ihr entcheidendes Motiv darin zu bestehen, das Dilemma der Entfremdung, Instrumentalisierung des Ausgesetztseins gegenüber unmenschlichen Zwängen, in das der Mensch als Partner der gefesselten Natur innerhalb und außerhalb seiner geraten ist, aufzuheben. Das heißt: Freiheit in Gestalt der freien Natur innerhalb und außerhalb unseres Selbst sei in ihre Rechte einzusetzen, wozu auch die Kritik an Prinzipien wie dem der Leistung, der Effektivität, des Verfügens und Verfügtwerdens, der »Rationalisierung« gehört. Meinen Einwand gegen diese Theorie kann ich unter die Devise des modifizierten Hegelschen Satzes bringen, daß der Verstand in seiner theoretischen wie praktischen Auswirkung nicht geschenkt werden könne. Wir können unglückliches Bewußtsein nicht dadurch überwinden, daß wir ohne Zügelung durch theoretische und praktische Methode aus der geschichtlichen Situation ausbrechen. *Kant* hat Kritik am Verstande geübt, indem er ihn restringiert und dialektisch zugleich in die Gesamtarchitektur der Vernunft eingebaut hat: und *Hegel* hat den auf Identität, Feststellung und Begrenzung dringenden Verstand in die Bewegung des Gedankens und zugleich der Sache »aufgehoben«. Diese philosophischen Vor-gänge bedeuten zugleich eine Verbindlichkeit für das philosophische Denken unserer Gegenwart, die Flinte der Rationalität nicht ins Korn zu werfen und nicht in ein ästhetisches Arkadien zu emigrieren, sondern die Arbeit der begrifflichen Vermittlungen in Theorie und Praxis zu übernehmen.

Die Konsequenz der Sache mußte dazu führen, daß ich mich auf die Spuren des Problems der Bewegung machte. In der Arbeit an *Kant* war ich dem begegnet, was ich »transzendentale Bewegung« nenne. In einem Buch mit dem Titel »Der philosophische Begriff der Bewegung«, Köln/Graz 1965, verfolgte ich die Linie von *Aristoteles* über *Leibniz* zu *Kant.* Die Absicht war, zu zeigen, daß ein philosophisches Begreifen der Bewegung nicht, wie von *Bergson* vorgeschlagen, auf dem Wege intellektueller Anschauung zu leisten ist, sondern Rationalität eigentümlicher Art herausfordert, die von derjenigen des feststellenden, auf Identität ausgehenden, trennenden und atomisierenden Verstandes verschieden ist. Das Denken, so stelle ich hier im Vorwort fest, sei als »unser« menschliches Denken immer auf dem Wege zwischen Feststellung und Verflüssigung, definierendem Eingrenzen und Hinausgehen über die Grenzen. Das philosophische Begreifen selbst untersteht also dem Prinzip der Bewegung, wie besonders im dialektischen Programm *Hegels* deutlich wird, der es darauf abgesehen hat, die Begriffe zu »verflüssigen«. Wenn wir eine Philosophie der Bewegung entfalten, dann müssen wir uns selbst als in eine gedankliche, dialogische Bewegung einbegriffen verstehen. Unser Weg, so wird hier gesagt, beschreibe eine Geschichte von immer neu hervorkommenden Erfahrungen des Denkens: wir »finden uns als einen ›Punkt‹ in diesem Zusammenhang, der zum Standpunkt wird, von dem aus wir philosophisch die geschichtliche Herkunft der philosophischen Begriffe und Folgerungen begreifen. Wir treten damit zur Vergangenheit in ein dialogisches Verhältnis, bringen die Resultate in ›Bewegung‹ und arbeiten für Antworten, welche ihrerseits von anderen Standpunkten aus dialogisch aufgenommen werden.«

Die Explikation des Bewegungsbegriffes erfordert eine kategoriale und ontologische Untersuchung und Vermittlung zwischen dem Einen und dem Vielen, dem Diskreten und dem Kontinuierlichen, dem Teil und dem Ganzen, den Feststellungen des atomisierenden Verstandes und der formbildenden Einigung durch Vernunft. Von *Aristoteles* wurde Bewegung als kontinuierliches Geschehen von einem Anfang bis zu einem

Ende hin, also als »Verlauf« betrachtet. Es wird gezeigt, wie *Aristoteles* mit den zenonischen Paradoxien fertig wird, in denen Bewegung von vornherein dadurch eliminiert wird, daß der Verstand das alleinige Wort behält, dem es überlassen ist, die Bewegung etwa eines Pfeiles in atomare Augenblicke und Streckenpunkte zu fixieren. *Aristoteles* rettet den Begriff der Bewegung, indem er die gedanklichen Möglichkeiten entdeckt, das Ganze einer kontinuierlichen Bewegungsgeschichte von Anfang bis zu Ende selbst zum Begriff zu bringen. Der so eröffnete Weg mußte in der Neuzeit immer wieder unter neuen Voraussetzungen freigelegt werden, die der fixierende und trennende Verstand in der Mathematik und Naturwissenschaft durch Fortschritte und Vorstöße geschaffen hat. Diese Fortschritte bedeuten zugleich Aufgaben für die Philosophie, in der Erfassung des »Wesens« der Bewegung dort mitzuhalten, wo der Verstand Erfolge im Begreifen der Beziehungen bzw. mathematischen Funktionen errungen hat, wie in der Infinitesimalrechnung. Das Denken der neuzeitlichen Physik geht in der Richtung Zenonischen Denkens weiter. Sie redet und denkt nicht über Bewegung, sondern über Punkte und Veränderung von einem Punkt zu einem anderen, sowie etwa in einem Fahrplan keine Rede von der Bewegung der Züge ist, auf die es doch dem auch ankommt, der ihn gebraucht. Der Plan enthält nur Angaben darüber, wann ein bestimmter Zug an einer bestimmten Station zum »Stehen« kommt oder den Zustand des Stehens verändert, um nach einiger Zeit an einer andern Station wieder zum Stehen zu kommen. Für *Leibniz* stellte die Absicht, das analytisch feststellende Denken der neuzeitlichen Mathematik und Naturwissenschaft mit den aristotelischen Begriffen des Verlaufs und des Kontinuums zu verbinden, ein Motiv für die Ausbildung und philosophische Rechtfertigung der Differentialrechnung dar. Die Leibnizsche Rede vom Labyrinth des Kontinuums war es vor allem, die bei gelegentlichen Treffen mit *Erich Heintel* aus Wien Anlaß gab, die Chiffern der Leibnizschen Sprache zu deuten und darauf zu achten, ihrer Rationalität ebenso wie ihrem Tiefsinn gerecht zu werden. Ein peripatetischer Disput mit *Heintel* im Kreuzgang des Münsterischen Domes über dieses Thema ist mir in lebhafter Erinnerung.

In diesem Zusammenhang habe ich versucht, die metaphysischen Implikate des von *Leibniz* in seiner früheren Zeit vertretenen Begriffes der »Transkreation« zu entwickeln: diese These besagt, daß in einem Bewegungsvollzug in jedem Augenblick die Welt neu vernichtet und neu geschaffen werde. Aber die Bewegung des Schaffens selbst hält sich als »ewiger Augenblick« in seiner Ursprünglichkeit durch. Diese Überlegungen veranlaßten einen Blick auf *Schelling* und seinen Begriff von Schöpfung und »Produktion«.

Das Bewegungsprinzip bei *Kant* wird vor allem im Rahmen des Schematismus verfolgt: Bewegung wird als Bildung der Einheit (Synthesis), als Übergang von einer Stufe der Einheitsbildung zu einer umfassenderen (vom Begriff zur Idee, vom theoretischen zum praktischen Standpunkt, von der bestimmenden zur reflektierenden Urteilskraft) begriffen. Dieser Übergang zu immer überlegeneren Einheitsbildungen, in denen zugleich immer reichere Bestände aus dem eingeholt werden, was als das Empirische begegnet, wird bis zu den Fragmenten des opus postumum verfolgt. Einheit wird als Bewegung der Einheitsbildung, Gestalt als Beschreibung der Gestalt, Gegenstand als Herstellung des Gegenstandes in transzendentaler Bewegung verstanden.

Schließlich mündet der Gedankengang in die Bahnen dialektischer Bewegung ein: sofern nämlich die Bewegung, in welcher das Subjekt den Gegenstand beschreibend herstellt, zugleich von der Art ist, daß in ihr der Beschreibende über seinen anfänglichen Standpunkt und dessen Perspektive hinausgeht, um am Ende den Standpunkt der Erfahrung der ganzen Sache einzunehmen, der es ihm erlaubt, vom Ende der Darstellungsgeschichte her das Ganze zu überblicken.

Das Programm, moderne wissenschaftstheoretische Instrumente »metaphysisch«, d. h. durch Rückgriff auf philosophische Prinzipien zu rechtfertigen und einzelwissenschaftlichen Verstand mit philosophischer, das »Ganze« und das »Wesen« der Gegenstände anvisierender Denkweise zu verbinden, habe ich in einem anderen Buch auf dem Felde des Prinzips: »Beschreibung« zu verwirklichen versucht.[4]

Der Leib-problematik bei *Kant* bin ich dann weiter nachgegangen, wozu mich auch *Heimsoeth* in seiner Besprechung in der Philosophischen Rundschau und in Privatgesprächen ermutigt hatte. Auf dem Wege dieses Studiums liegen Arbeiten wie z. B.: »Leib, Bewußtsein und Welterfahrung beim frühen und späten *Kant*«.[5] Hier versuchte ich auch der Auffassung Ausdruck zu geben, daß vom frühen *Kant* über die kritische Phase hinweg bis zum opus postumum kontinuierliche Linien zu verfolgen sind, die von den Ansätzen des nachgelassenen Werkes aus rückwärts ausgezogen werden können. Die Leib-Problematik gehört dazu: sie war z. B. vom frühen *Kant* in: »Träume eines Geistersehers« kurz angesprochen worden. In der kritischen Phase wurde ihre Sache durch die sinnliche Anschauung vertreten, aber im Zuge der Ausbildung des »Lehrbegriffs des transzendentalen Idealismus« wurde sie in den Hintergrund gedrängt. Die Philosophie der reinen Vernunft, welche zunächst ihre transzendentale Freiheitsposition ausgebaut hatte, sah sich vor die Aufgabe gestellt, schrittweise das einzuholen, was im Gewühl der empirischen Begebenheiten irgendwie noch vernünftiger, apriorischer Natur ist. Vernunft muß danach trachten, sich als System in die Welt hineinzuarbeiten und auch das bisher Ausgeschlossene, Leibliche, Empfindungsmäßige, den mundus sensibilis auf die Sprache dieses Systems zu bringen. In diese Richtung weisen die verschiedenen Ansätze und zum Teil einander sehr widersprechende Aussagen des opus postumum. Anvisiert wird damit eine transzendentale Theorie der Leiblichkeit, in welcher auch diejenigen Gehalte antizipiert werden, die bisher dem Bereich des Empfindungsmaterials zugewiesen worden waren, wie etwa das System der Farben, Töne, Tastempfindungen. So wird der Leib in Fortsetzung der Kritik der Urteilskraft von neuen

---

[4] »Philosophie der Beschreibung«, Köln/Graz 1968.
[5] »Kant-Studien«, Bd. 54, H. 4 (1963); vgl. auch »Die Entwicklung des Synthesis-Gedankens bei Kant«, aus: »Studien zu Kants philosophischer Entwicklung«, Hildesheim 1968.

Ansätzen aus als System aufgefaßt, welches die Bedingung der Möglichkeit für Denken und Handeln in der Welt abgibt. In der »Philosophie der Beschreibung« habe ich im *Kant*-Kapitel eine Interpretation des Kantischen Denkens von dem im opus postumum gewonnenen Standpunkt aus gegeben. Dadurch habe ich mich in unmittelbare Nachbarschaft zu französischen Philosophen begeben, die dem Prinzip der Leiblichkeit unter dem Einfluß *Merleau-Pontys* und *Sartres* die ihm gebührende Stellung einräumen. Der Gedanke, daß der Leib nicht auf die vom transzendentalen Subjekt getrennte Seite der körperlichen Objekte verwiesen werden darf, sondern der Seite des denkenden, sprechenden und handelnden Subjekts angehört, also nicht ausgedehntes Ding, sondern Aktivität und Bewegung ist, ist auch von *Nietzsche* betont worden, der den Leib bekanntlich als »große Vernunft« bezeichnet hat. Die darin liegende Wahrheit scheint mir von besonderem Gewicht auch im Hinblick auf den Dialog mit den Philosophen bedeutsam zu sein, die sich im marxistischen Sinne als »Materialisten« bezeichnen. Ich möchte behaupten, daß es in heutiger Zeit, in der Transzendentalphilosophen auf der Grundlage des Begriffs eines historischen, leiblich bestimmten Subjekts mit Denkern in einen Dialog treten, die den Marxschen Standpunkt gesellschaftlicher Praxis behaupten, nicht mehr gerechtfertigt ist, die Situation so zu beschreiben, als handle es sich um eine Auseinandersetzung zwischen »Idealismus« und »Materialismus«.

In meiner *Kant*-Interpretation versuche ich, das Prinzip der transzendentalen Bewegung mit demjenigen der Leiblichkeit zu verbinden. Dazu tritt weiterhin ein Gesichtspunkt, den *Kant* im Zusammenhang mit seiner Berufung auf die Copernicanische Wendung zur Geltung bringt und der ihn in dialektische Überlegungen einmünden läßt: er kommt dadurch zur Geltung, daß von *Kant* an der Bewegung des Denkens nicht nur die Intention auf »Objekte«, sondern auch das Behaupten des »Standes« gesehen wird, den die Vernunft in ihrer dialogischen Geschichte gewonnen hat und der die Perspektive abgibt, in der die Objekte sichtbar sind. Diese Dimension der Denkbewegung wird gesehen, wenn man die »Geschichte der

Vernunft«, von der *Kant* spricht, als dialogisches Geschehen erkennt, bei dem sich jeweils die Partner gegenseitig zu immer neuen Standpunkten und Perspektiven herausfordern. *Kant* sieht den dialektischen Zug in seiner eigenen Kritik darin, daß er einen Standpunkt gewonnen hat, in dessen Perspektive die Zwänge zur Täuschung sichtbar werden, denen das dogmatische, unkritische und über seine eigenen Bedingungen nicht reflektierende Denken unterliegt.

In meinem Buch über die »Philosophie der Beschreibung« habe ich in Auseinandersetzung mit positivistischen Beschreibungsdevisen die Forderung gestellt, daß derjenige, der von »Beschreibung« als einer methodischen Devise redet, die Aufgabe der Reflexion darüber zu übernehmen hat, von welchem »Stande« aus und in welcher *Sprache* die Beschreibung geschieht. Wähle ich z. B. die positivistische *Stellung (Hegel)* meinem Gegenstand gegenüber, so ist diesem eine möglichst perfekte Präzisionssprache angemessen, während dem Standpunkt der »poetischen Ontologie« *Schellings* die Sprache des »Darstellens« und plastischen Bildes entspricht. So wird darstellende Beschreibung im dialektischen Denken *Hegels* als Bewegung faßbar, in der sich die Sache selbst begrifflich entfaltet, indem sie dem Beschreibenden und Darstellenden gleichsam die Hand führt. Demgemäß ist auch Stand, Perspektive und Sprache des exakten Naturwissenschaftlers, der am Prinzip des Gesetzes orientiert ist, von anderer Art als bei den Denkern, die den neuzeitlichen Ansatz aufheben wollen, um die Aristotelische Physis und die ihr gemäßen Kategorien des Bildens, Darstellens, plastischen Beschreibens, Produzierens, deutlich zu machen. Maßgebend ist hier wieder der Gedanke, daß Beschreiben eine produzierende Bewegung ist, die sich im produzierten Bilde verfestigt und niederschlägt.

Weiterhin wird das Paradox sichtbar, daß sich die positivistische Beschreibungsdevise polemisch gegen jede metaphysische Ambition einer Erkenntnis des »Wesens« verhält, aber selbst auf einer ontologischen Grundlage beruht. Im *Kant*-Kapitel wird gezeigt, daß die Berufung *Kants* auf das Leib-Prinzip im opus postumum eine Modifizierung von Aussagen

bedeutet, die er im Schematismus-Kapitel[6] der »Kritik der
reinen Vernunft« gemacht hatte: jetzt werden Konstruieren,
Beschreiben, Darstellen in der Anschauung als Bewegung eines
leiblich-konkreten Subjekts aufgefaßt: wobei diese Konkretheit
nicht platte positive Faktizität bedeutet. Die Hand, die z. B.
handelnd den Kreis, die Ellipse zeichnet, Schriftzeichen oder
Symbole auf das Papier schreibt, ist nicht als faktische Vor-
findlichkeit, sondern als Geschichte eines Produzierens von
Kreis, Ellipse usw. wichtig. *Kant* spricht im opus postumum
von »formbildenden«, »plastischen« Kräften.

In diesem Zusammenhang wird auch der Bezug des leiblichen Subjekts zum Raume spruchreif. *Kants* »Lehrbegriff des
transzendentalen Idealismus« zufolge hat das »Ich denke« im
Interesse seiner freien Stellung gegenüber den Gegenständen
diesen die Stelle von Erscheinungen anzuweisen. Das aber ist
weiterzuführen zu der Aussage, daß der Leib auf die Seite der
Freiheit und des »ich denke« gehört, nicht auf diejenige der
körperlichen Gegenstände. Der Leib muß der Freiheit und dem
Handeln zugeordnet werden: sein Bezug zum Raume kann nur
der einer Geschichte sein, in welchem er darstellend Raum
herstellt. Dabei wird die bisher festgehaltene dualistische
Unterscheidung zwischen Subjekt und Objekt, Freiheit und
Notwendigkeit, Geist und räumlicher Materie überholt. Sogenannte materielle Dinge, wie farbige, tönende Gegenstände
»sprechen« das Subjekt an, statt daß sie es, wie es noch die
Position der Vernunftkritik vorsah, durch physische Erregung
»affizierte«. Die Kräfte, die von Seiten der uns umgebenden
Welt in uns Wahrnehmung hervorrufen, sind jetzt von sich aus
schon »mit Bewußtsein verbunden«. Ich komme hier zu dem
Ergebnis, daß auch nach *Kant* die subjektive Vernunft den
Keim der Leiblichkeit radikal, von ihrer Wurzel her in sich
trägt. Als wirklicher Leib dehnt sich diese Vernunft gestalthaft
aus und realisiert auf diese Weise die räumlich-zeitlich ge-

---

[6] Vgl. auch: »Der Methoden- und Theorienpluralismus in den
Wissenschaften«, in: »Studien zur Wissenschaftstheorie«, Bd. 6,
hrsg. von A. Diemer, Meisenheim 1971.

staltete Welt. *Kant* hat im opus postumum bei der Entwicklung dieser konkreten Welt einen Gedanken weitergedacht, den er schon beim Aufbau seiner Metaphysik immer wieder ausgesprochen hat. In den metaphysischen Anfangsgründen der Natur wie auch in der »Metaphysik der Sitten« wird das Programm einer »besonderen« Metaphysik skizziert: es handelt sich dabei um ein Verfahren, auf dem Wege apriorischer Entwicklungen den ganzen Reichtum der Welt und auch die Inhalte einzuholen, die zunächst der Welt der Erfahrung und des Irrationalen anzugehören scheinen. Zu diesem Zweck macht der philosophische Gedanke von zwei entgegengesetzten Richtungen Gebrauch: zunächst besinnt er sich auf seinen apriorischen Auftrag und idealisiert die Natur, indem er von »der Materie«, »der Kraft«, spricht; dann versucht er, die sich ergebenden Aussagen durch Weltinhalte anzureichern und zu konkretisieren, die auf eine rein vernünftige Sprache gebracht werden können. Auch von hier aus gesehen ist die Einholung des Leib-Prinzips für *Kant* unausweichlich. Der Leib hat eine »innere« wie auch eine »äußere« Seite. Wenn wir Figuren beschreiben, dann machen wir von einem bestimmten Charakter des Handelns Gebrauch, der sich in den am Ende produzierten Figuren als »äußeres« Ding niederschlägt. Aber die Bewegung selbst und ihr leiblicher Anteil ist etwas »Inneres«. Eine beschriebene Figur stellt sich als »äußerlich« sichtbar gewordener Weg einer Bewegung des Bewußtseins dar, welches zugleich Leib ist: die Figur ist Ausdruck. Sie ist die Spur, welche die synthetische Bewegung des Bewußtseins hinterläßt: Spur ist dasjenige, was an einer Bewegung objektiv greifbar und feststellbar ist. So kann das »Schema« auch als »innerer Charakter« aufgefaßt werden, welcher der beschreibenden »Hand« eigentümlich ist, durch deren transzendentale Bewegung die Figuren, Symbole, Zahlen zu Stande kommen.

Unter diesem Aspekt können neue, bisher zu wenig beachtete Seiten am Schematismuskapitel hervortreten, so etwa der Zusammenhang von konstruierender, beschreibender Handlung und Sprache. Wenn heute viel davon die Rede ist, daß Praxis im Sinne von Konstruktionen dem theoretischen Begreifen und

Sprechen zu Grunde liege, dann weiß man oft nicht, was man eigentlich sagt. Es sieht so aus, als ob Praxis, etwa in einem »materialistischen« Selbstverständnis, als »Materielles« anzusprechen wäre, welches in irgendeiner Korrespondenz, vielleicht in der Form von Basis und Überbau, zu sogenannten »geistigen« Leistungen wie Denken und Sprechen in ein Spiegelungsverhältnis zu bringen sei. Der Umstand aber, daß Handeln und »Produktionsverhältnis« selbst schon Sprache ist, und daß Sprechen und Denken einen konkret leiblichen Standpunkt voraussetzt, macht solche Reden wie die von Basis- und Überbau ebenso wie den Dualismus von Geist und Materie fragwürdig. Im Beschreibungsbuch habe ich zu zeigen versucht, daß von kantischen Voraussetzungen her die konstruierende Handlung nicht nur ein Handhaben mit materiellen Dingen wie Bleistift und Papier ist, sondern ein »Beschreiben«, welches als sprachlich-gedankliche Aktivität aufzufassen ist. Der beim Beschreiben beteiligte Leib ist selbst sprachlich-vernünftiger Natur, kraft des Handlungscharakters, der in ihm wirksam ist. Hier kann man eine philosophische Rechtfertigung dafür erblicken, Operieren *und* Argumentieren darüber in einem wissenschaftstheoretischen Programm zusammenzufassen, welches im Zeichen der Konstruktion steht. Der im Dialog sich Rechtfertigende legt die Regeln aus, welche Seele und »Begriff« (im Hegelschen Sinne) seines Handelns sind.[7]

Auch im Rahmen des Beschreibungsprinzips werden zwei Dimensionen des Denkens und Sprechens sichtbar, auf die ich am Ende zu sprechen komme. Die eine verweist auf die Wege des beweisenden, diskursiv vorangehenden Vorstandes, und in der andern geschehen Übergänge jeweils von einer Weltperspektive zu einer ihr überlegenen. Von meinem Stande aus, den ich in der Dialoggeschichte gewonnen habe, überschaue ich die Situation des andern und damit die Notwendigkeiten, denen er unterworfen ist. Dabei wird eine »dialogische Ge-

---

[7] Vgl. auch meinen hierher gehörenden Beitrag »Schema, Bild und Modell nach den Voraussetzungen des Kantischen Denkens«, in: »Kant, Zur Deutung seiner Theorie von Erkennen und Handeln« (hrsg. von Gerold Prauss), Köln 1973.

meinsamkeit, eine Art transzendentales ›Wir‹ in Anspruch genommen ...«[8] Der Standpunkt dieses »Wir« ist zugleich derjenige der transzendentalen Leiblichkeit, welche den Zug des Geschichtlichen einbringt. Ich behaupte jeweils das Jetzt, meine Gegenwart, von der aus ich als leibliches Raum-Zeit-Wesen das Vergangene, Gegenwärtige und Künftige jeweils als solches anspreche und erfahre.

Naturgemäß mußte meine in der Sammlung Göschen erschienene Monographie: »Immanuel Kant« in einem konventionelleren Stile und so abgefaßt werden, daß der Schwerpunkt bei der klassischen Position der Transzendentalphilosophie liegt, wie sie in den drei Kritiken und den kleineren Abhandlungen aus den achtziger und neunziger Jahren greifbar ist. Hier habe ich mich bemüht, *Kant* möglichst viel selbst zu Worte kommen zu lassen, indem ich die Linien seines Gedankenganges, wie sie sich auch aus der Geschichte seiner Entwicklung verfolgen lassen, nachzuzeichnen versuchte. Folgende leitenden Gesichtspunkte wollte ich zur Geltung bringen, die in der bisherigen Interpretation vernachlässigt wurden: zunächst weise ich auf einen schon vom frühen Denken *Kants* an erkennbaren dialektischen Zug hin, wobei das Wort dialektisch vom Dialog her verstanden wird. Dieser Zug begegnet im Zusammenhang mit einer aufklärerischen Polemik gegen die Autorität in Wissenschaft und Praxis in der Einleitung zur ersten Schrift des jungen 22jährigen *Kant*. Er ist weiterhin durch die Entwicklung des Kantischen Denkens bis zu dem Höhepunkt der Vernunftkritik und über ihn hinaus zu verfolgen, in welchem der Vernunft in der transzendentalen Dialektik die Rolle des Richters übertragen wird, der die Parteien auftreten läßt und sie veranlaßt, zunächst ihre unfruchtbare gegenseitige Polemik in Gang zu bringen, um diese am Ende in einen fruchtbaren Dialog der Vernunft mit sich selbst zu verwandeln. Es kam mir dabei darauf an, den Neuansatz *Kants* von der »Kritik der reinen Vernunft« ab deutlich zu machen, zugleich aber, die Kontinuität der kantischen Denk-

---

[8] »Philosophie der Beschreibung«, S. 463.

geschichte von Anfang an durch Aufweis wesentlicher Denk-
prinzipien darzutun, die sich in der Entwicklung durchhalten.
Dazu gehören ein kritischer und skeptischer Einschlag, Aufmerksamkeit auf die eigentümliche menschliche Situation des
Erkennens und Handelns, auf die Leiblichkeit menschlicher
Subjektivität, das Interesse an der Raum- und Zeitproblematik,
die Kritik an der formalen Logik und die Inanspruchnahme
»realer« Inhalte der Wahrnehmung, Erfahrung, Lebenswelt,
schließlich das Programm einer Aufarbeitung der Gegeben-
heiten und Begebenheiten der Welt durch Vernunft und der
Errichtung des »Systems«. In der Ausarbeitung werden verschiedene Naturbegriffe unterschieden, vor allem die der »gefesselten« und der »freien« Natur. Während gefesselte Natur
als Bereich der Erscheinungen unter Gesetzen fungiert, begegnet freie Natur bei *Kant* nicht als Bereich realer, verfüg-
barer Objekte, sondern als ein in der Idee entworfenes Bild,
welches die Vernunft von sich selbst, gleichsam als Selbstportrait entwirft. In der Kritik der Urteilskraft ist es die Natur
der Organismen und der »inneren Zweckmäßigkeit«, welche
die Perspektive abgibt, unter der die Vernunft die in der Erfahrung gegebenen Organismen beurteilt. In der praktischen
Vernunft begegnet eine Idee von Natur, die einen zweckmäßig
verfaßten Bereich darstellt, zu der auch menschliches, geschichtliches Handeln gehört. *Kant* spricht hier von einer in-
telligiblen Natur bzw. einer »Natur unter der Autonomie der
reinen praktischen Vernunft«. Es handelt sich um eine intelli-
gible Ordnung, deren Urbildlichkeit und Vorbildlichkeit von
der praktischen Vernunft als »Natur« angesprochen wird. Sie
fungiert als Orientierungszusammenhang für den Handelnden.
  Was die Bewegungen des Standnehmens, der Behauptung
einer Perspektive und der Orientierung in der Welt angeht, in
die sich das Denken versetzt, so werden sie bei *Kant* einerseits
thematisch, andererseits sind sie für das *Wie* seines Denkens,
für die Art seines eigenen Stellungnehmens den Gegenständen
gegenüber maßgebend. In dieser Absicht wird z. B. auf die
dialogisch-dialektische Bedeutung des Bildes von der Vernunft-
wage verwiesen, welches sich in den »Träumen eines Geister-

sehers« findet. In Analogie zu der im »bürgerlichen Leben« eingeführten Gebrauch des Wiegens, in welchem man Ware und Gewichte ihre Schalen vertauschen läßt, geht es in der dialogischen Argumentation um die Kunst, sich jeweils in den Stand des einen oder des anderen der Partner zu versetzen, um am Ende den Stand der Wahrheit, d. i. den der unparteilichen Vernunft, zu gewinnen. Stand und Perspektive sind auch bei der Begründung der Transzendentalphilosophie maßgebend, sofern es hier darum geht, das Bewußtsein nicht in seiner Intention auf Objekte, sondern nach seiner eigenen Verfassung zu studieren, welche die Bedingung der Möglichkeit für die Erkenntnis der Gegenstände enthält.

Kant hat die gedankliche Wendung, die er selbst vollzogen hat, nach der Analogie des Copernicanischen Geschehens begreiflich zu machen versucht, wobei Denken als Leistung des Standnehmens und des Gebrauchs einer Perspektive in den Blick trat. Als wichtig am Copernicanischen Schritt sieht er eine Wendung der »Denkart« an, eine Veränderung der Bewußtseinsstellung, die das wissenwollende Subjekt seinem Gegenstand gegenüber einnimmt. An dieser Veränderung ist für ihn maßgebend, daß wir uns den Standpunkt, in dessen Perspektive sich uns die Weltdinge zeigen, nicht durch die natürlichen Bedingungen unseres Hingestelltseins auf die Erde vorschreiben lassen; vielmehr wählen wir diesen Stand und seine Perspektive selbst in Freiheit, indem wir über den beschränkten Horizont unserer leiblich-irdischen Existenz hinausdenken und uns in Gedanken eine Perspektive verschaffen, von der aus wir die Weltgegenstände nach einem von uns selbst gefaßten Plan zu begreifen vermögen.[9] Von hier aus gesehen nimmt die Dialektik bei *Kant* auch einen Zug an, der es erlaubt, sie als Kunst in der bewußten und methodisch gelenkten Handhabung der Perspektiven zu bezeichnen. So muß der

---

[9] Darauf bin ich in einer Untersuchung über »Die Copernicanische Wende als philosophisches Prinzip« (nachgewiesen bei Kant und Nietzsche) eingegangen, in: »Nicolaus Copernicus zum 500. Geburtstag (hrsg. von F. Kaulbach, U. W. Bargenda, J. Blühdorn, S. 26 ff.).

Philosoph wissen, welche Perspektive er einzusetzen hat, wenn es z. B. darum geht, über »Freiheit« etwas auszusagen. Auch in der praktischen Philosophie wird in Zusammenhang mit der Copernicanischen Wendung das Prinzip des Standes und seiner Perspektive bedeutsam. Um unser Leben methodisch bewußt durch selbstgewählte Grundsätze zu führen, müssen wir, wie *Kant* einmal sagt, unsern »Standpunkt« auf dem Boden der Vernunft nehmen.

Von solchen Voraussetzungen her lag es nahe, den Bezug zwischen Geschichte und Natur zu erörtern.[10] Da heute Geschichtsphilosophie mit verschiedenen Begründungen in Frage gestellt wird, ist es an der Zeit, den geschichtsphilosophischen Ansatz *Kants* neu zu diskutieren, sofern er kritisch vorgeht und auf ihn die Vorbehalte nicht zutreffen, die man mit Recht gegen die Hegelschen Geschichtskonstruktion hegt. Man kann zeigen, daß *Kant* von der Geschichtsphilosophie einen dreifachen Gewinn erwartet. Sie nützt ihm erstens zur Fundierung und Rechtfertigung der Geschichtswissenschaft und dient der Beantwortung der Frage: »Wie ist Geschichtsschreibung möglich« Zweitens gibt sie Orientierung für das praktische, besonders politische Handeln ab, bei dem es darauf ankommt, zur Realisierung einer weltbürgerlichen Verfassung beizutragen; und drittens erlaubt sie es, den Begriff des »Fortschritts« zu fassen, der die Grundlage dafür abgibt, daß die Behauptung, die Geschichte befinde sich im Fortschritt, d. h. auf dem Wege zur Realisierung der weltbürgerlichen Verfassung und damit der politischen Freiheit, begründet werden kann. So kann *Kant* auf dem Boden der Geschichtsphilosophie und mit ihren Mitteln Antwort auf die drei von ihm genannten Grundfragen der Philosophie geben: Was kann ich wissen?, was soll ich tun? und: Was kann ich hoffen? Die Antwort auf die letzte Frage betrifft den »Sinn« unserer politischen Existenz

---

[10] Es kommen vor allem in Frage: »Der Zusammenhang zwischen Naturphilosophie und Geschichtsphilosophie bei Kant«, »Kant-Studien«, 56. Jg. (1966), Heft 3—4, S. 430 ff. und eine hier auch erschienene Abhandlung über: »Welchen Nutzen sieht Kant in der Geschichtsphilosophie?« 66. Jg. (1975), S. 65 f.

und des durch sie aufgegebenen Handelns. Das Gespann: Natur und Geschichte begegnet hier: die »freie« Natur kommt vor allem in Aussagen *Kants* in der »Idee zu einer allgemeinen Geschichte in weltbürgerlicher Absicht« zur Sprache. Es wird hier gesagt, daß in der Geschichte eine »Natur« am Werke sei, die Absichten mit dem Menschen habe und ihn nötige, bei aller Verworrenheit und Sinnlosigkeit seines Handelns im Einzelnen doch stetig auf einen Zweck und ein Ziel der Geschichte hinzuarbeiten. Die Natur und ihr absichtsvolles Wirken wird von *Kant* als einheitsbildende und zusammenhangstiftende Kraft angesprochen, während sich individuelle Menschen wegen ihrer undurchsichtigen Zufallsentscheidungen als unfähig erweisen, geschichtlichen Zusammenhang herzustellen. Der Philosoph müsse versuchen, ob er nicht eine »Naturabsicht« in diesem »widersinnigen Gange menschlicher Dinge entdecken könne«.

Die Frage, die ich an die Kantische Geschichtsphilosophie stelle, ist, ob uns die an Intelligenz und Weisheit überlegene Natur nicht so bevormundet, daß wir uns nicht mehr als frei bezeichnen können. Die Freiheit der Natur tritt hier zur Freiheit des Menschen in einen Gegensatz, der es rechtfertigt, die Dialektik zwischen Freiheit und Notwendigkeit auf neuer Stufe aufzugreifen, die schon einmal von *Kant* im Rahmen der Auseinandersetzung zwischen Freiheit und Notwendigkeit der gefesselten Natur durchdacht wurde. Nur zeigt diese zweite Freiheitsantinomie eine radikalere Gefährdung unserer menschlichen Freiheit, weil freie Natur eine gefährlichere Konkurrentin für unsere menschliche Freiheit ist, als die Natur, die wir ohnedies auf Grund unserer Freiheit unter Zwang gesetzt haben.

Wie sich sonst die dialektische Situation durch den Gebrauch der kritischen Methode auflöst, so auch hier. Es kommt darauf an, einen Stand und dessen Perspektive zu gewinnen, deren Hermeneutik es erlaubt, Freiheit der Natur und Freiheit des Menschen so zu deuten, daß beide nicht mehr im Widerspruch stehen, sondern sich miteinander versöhnen. Die kritisch-dialektische Methode bietet folgende Auflösung des

Widerspruchs an: freie Natur wird von der kritischen Hermeneutik nicht als wirkliche Welt ausgegeben, über die in der geschichtsphilosophischen Abhandlung *Kants* »wahre« Aussagen gemacht werden, sondern als »Bild«, welches die Vernunft entworfen hat, um damit dem Handelnden Vor-bild und *Orientierung* zu geben. Die Auflösung der Dialektik durch kritische Methode geschieht durch Bestimmung der *Funktion* im Aufbau des theoretischen und praktischen Bewußtseins, welche die Idee dieser Natur zu übernehmen hat: sie wird nicht als spinozistische Substanz, sondern als »bloße« Idee zu *bewerten* sein wie es auch aus dem Titel der geschichtsphilosophischen Abhandlung hervorgeht. Erkenntnis der Rolle der Natur als Selbstportrait der Vernunft bewahrt den Geschichtsphilosophen davor, den handelnden Menschen, der sich an diesem Bild als Vorbild orientiert, seine Freiheit der Freiheit der Natur opfern zu lassen. Er behauptet seine Stellung der Freiheit dadurch, daß er Stand auf dem Boden eines Weltzusammenhanges nimmt, den seine Vernunft unter dem Namen »Natur« als Vorbild und Orientierung entwirft.

Das Attraktive an *Kants* Geschichtsphilosophie besteht darin, daß er die Geschichte nicht in einem apriorischen Konstruktionsverfahren in die Hand zu bekommen versucht. Vielmehr gibt er der »Erfahrung« in der Geschichte die volle Ehre und überträgt der reinen Vernunft die Aufgabe, für die empirische Geschichtsschreibung einen »Leitfaden«, also einen in der Idee gegebenen regulativen Zusammenhang herzugeben, der es erlaubt, Kontinuität im geschichtlichen Ablauf zu entdecken.

In der Geschichte der neueren Philosophie seit *Galilei* und *Descartes* sehe ich die dialektische Auseinandersetzung zwischen »Wesen« und »Gesetz«, freier und gefesselter Natur, als führendes Thema an. Jede Zeit muß ihren eigentümlichen, neuen Versuch der Aufhebung des Gegensatzes zwischen dem »Was-sein« und dem »Wie verhält es sich?« bzw. »Wie funktioniert es?« unternehmen. Damit ist gesagt, daß der Positivismus der modernen Wissenschaft, der Wissen und Vernunft auf die Frage des Funktionierens reduziert, von der philosophischen Vernunft immer wieder überboten wird, die nicht ablassen kann, die seit *Aristoteles* aufgegebene Wesensfrage zu beantworten. Um diese Spannung auszutragen, ist seit *Kant* eine dialektische Methode in Gebrauch genommen worden. Philosophie hebt, sofern sie ihre Stellung als Repräsentantin der Vernunft nicht preisgeben will, die Reduktion auf positive Wissenschaft auf, um der Vernunft weitere Möglichkeiten für Theorie und Praxis zu sichern. Ich sehe die Legitimation der Metaphysik in unserer Zeit darin, daß ihr diese Aufgabe zufällt. Metaphysik ist von dem Prinzip »Vernunft« nicht zu trennen, so daß sie als deren Anwalt und kritische Sachwalterin angesprochen werden kann.

Man kann *Kant* nicht zum Wortführer heiler Vernunftwelt, zum Don Quichotte der Vernunft, stempeln, dessen Vernunftoptimismus für uns nicht mehr akzeptabel sei. Gerade weil er das überwältigende Ausmaß der Unvernunft in der Welt klar sieht, kann er die Pflicht vor Augen stellen, Entscheidungen zur Veränderung und zum Handeln treffen. Das für diese notwendige Überzeugtsein vom Sinn des Handelns und die dafür erforderliche Weltorientierung stützt sich auf eine von uns »gemachte« und in der Idee entworfene vernünftige Welt. Aussagen über diese Welt können, nach kritischer Methode gedeutet und auf den ihnen zukommenden Platz im Strukturgefüge des Denkens hingestellt, keinen Anspruch auf theoretische »Wahrheit« erheben. Vielmehr dürfen sie nur als Anweisung für das handelnde Bewußtsein verstanden werden, welches über die Art belehrt sein will, wie es sich in seiner praktischen Welt einzurichten hat. Sie beschreiben die in der Idee entworfene Welt, die wir brauchen und voraussetzen *müssen,* um nicht nihilistisch zu resignieren oder skeptisch uns der Entscheidungen zu enthalten, weil wir vom Sinn des Handelns nicht überzeugt sein können.

Der Entwurf dieser vernünftigen Welt gilt *Kant* mehr als Experiment, denn als Grund für dogmatische Aussagen. Könnten sich die Marxisten dazu entschließen, auch die Geschichtsmetaphysik von *Marx* in dieser kritischen Hermeneutik nicht als absolut wahres Dogma über menschliche Geschichte, sondern als experimentellen Weltentwurf zu begreifen, der die Funktion hat, dem handelnden Bewußtsein Orientierung und Grund zur Überzeugtheit zu geben, dann wären sie über die Aporie des Widerstreits zwischen Freiheit und Notwendigkeit hinweg, an der diese Konzeption laboriert.

An solche Überlegungen schließt sich die Frage der Metaphysik überhaupt, ihrer heutigen Berechtigung und der ihr zu übertragenden Funktion an. Der orientierende und sinngebende Weltentwurf, der sich als entscheidungsbegründend erweist, ist Sache dieser Metaphysik. Ihre Rolle ist aber auch im Zusammenhang mit der neuzeitlichen Wissenschaft zu erörtern: sie ist auch Wissenschaftstheorie.

In einem Buch: »Einführung in die Metaphysik« (Darmstadt 1972) habe ich die Gelegenheit wahrgenommen, wenigstens anzudeuten, wie aus ihrer bisherigen Geschichte eine gegenwärtige Gestalt der Metaphysik hervorgehen kann. Ich möchte dieses am Begriff des »Gegenstandes« erläutern, der traditionsgemäß zur Ontologie gehört.

Wenn der Physiker *Eddington* gefragt hat, ob er seinen Schreibtisch als Komplex von Elementarteilchen oder als etwas anderes auffassen solle, so würde ich sagen, daß es ein »Wesen« des Schreibtisches gibt und daß dieses nichts »anderes« ist als der Name besagt: es ist weder Komplex von Elementarteilchen, noch ein Wellenpaket, sondern eine Geschichte von Handlungen des Schreibens, des Aufbewahrens, des Aufstellens, des Suchens und Findens usw., die sich an diesem »Gegenstand« objektivieren und in ihm vereinigen. So ist die Perspektive, in der ich darauf aus bin, das Wesen einer Sache zu begreifen, auf dem Boden der lebensweltlichen Praxis zu wählen. Zielt aber das Erkenntnisinteresse darauf ab, an diesem Gegenstand ein nach physikalischen Begriffen bestimmtes Funktionieren festzustellen, dann kommt nicht das »Wesen« des Schreibtisches in den Blick, sondern er wird lediglich als Fall von Naturgesetzen betrachtet.

Das »Elektron« ist für den Physiker Träger naturgesetzlicher Eigenschaften, insofern ist es kein reales »Wesen«; aber in anderer Perspektive hat es auch ein Wesen, sofern es nämlich geschichtlicher Inbegriff bestimmter Experimentierhandlungen und Denkhandlungen des Physikers darstellt. Die Auffassung der »Gegenstände« im Sinne natur*gesetzlichen* Denkens erfordert ein anderes Erkenntnisinteresse mit seiner Perspektive, als es vorliegt, wenn die Debatte um das *Wesen* geht. Der Unterschied der Perspektiven ist auch ein Unterschied in den Sprachen: das eine Mal ist die wissenschaftliche Präzisionssprache geboten, während das andere Mal die notwendig mehrdeutige Sprache der Lebenswelt angemessen ist.

Zur Metaphysik gehört das Wissen von den Methoden, nach denen die Vernunft ihre Perspektiven und Standpunkte wählt und einsetzt: sie achtet darauf, daß die Erkenntnis- und Praxisinteressen, jedes in seiner Bedeutung und innerhalb seiner Grenzen, zur Geltung kommen. So verfährt sie kritisch. Und sie erweist sich auch als dialektisch, sofern es ihr darum zu tun ist, die ganze Architektur vernünftiger Interessen durch die Abstimmung der verschiedenen Perspektiven und ihrer Sprachen auszubauen. Stand, Perspektive, Orientierung werden daher in meiner »Einführung« als metaphysischen Denkens selbst dargestellt. Es wird gezeigt, daß auch *Hegels* Rede von der »Erfahrung des Bewußtseins« und die Praxis der kritischen Entlarvung der religiösen, politischen, philosophischen »Ideologien« nach *Hegel,* die *Kant* schon gegenüber der dogmatischen Metaphysik gehandhabt hatte, in diesen Zusammenhang gehören. Philosophie wird als Geschichte eines großen Dialogs angesehen, in welchem die Dialogführenden einander zur gegenseitigen Überholung ihrer Standpunkte, ihrer Perspektiven und der dazugehörigen Sprachen herausfordern. Die »Späteren« machen von ihrer Situation des zeitlichen Nachfolgens dadurch Gebrauch, daß sie von dem ihnen gewordenen geschichtlichen Stand philosophischer Vernunft aus die zeitlich Früheren zu überblicken und, ihrem Standnehmen in den Rücken sehend, den Täuschungsmechanismus ihrer Perspektiven zu durchschauen vermögen.

Sofern diese Entwicklung für die Vernunft und ihre Dialektik charakteristisch ist, ist auch *Nietzsche* trotz seiner Polemik gegen die Metaphysik, ja vielleicht gerade deswegen, in diesem

Zusammenhang der dialektischen Vernunftgeschichte zu sehen. Von hier aus beurteile ich sein Interesse am Leben selbst, welches denkt, nicht am Gedachten. Vom Standpunkt des Lebens aus macht er die Bewegung des Sich-selbst-Überbietens, Über-sich-Hinausgehens, des Schaffens und Verwerfens der »Werte« zur Devise.[11] *Nietzsche* beruft sich auf das Dionysische Prinzip mit Worten, die *Hegel* für die dialektische Bewegung des »Wahren« gebraucht, wenn er sagt, es sei der »bacchantische Taumel, an dem kein Glied nicht trunken ist« und zugleich die »durchsichtige und einfache Ruhe«, weil sich jedes Glied, indem es sich absondert, zugleich auch auflöse. Ist nicht das, was *Nietzsche* als »Leben« bezeichnet, maskierte Vernunft?

In der »Einführung« versuche ich zu zeigen, daß die neuzeitliche Metaphysik von Anfang an, ohne sich dessen immer bewußt zu sein, auf Praxis bezogen war, weil sie sich als Prinzip des Produzierens, Arbeitens, Konstruierens versteht. Trotz der Kritik an der metaphysischen »Ideologie« ist es daher nicht verwunderlich, wenn vom Marxistischen »Standpunkt der Praxis« aus zeitgenössische Denker Fragen stellen, die sie selbst als »ontologisch« bzw. »metaphysisch« bezeichnen. Ein Indiz für einen metaphysischen Einschlag im Marxistischen Denken ist die Redewendung, daß die Natur ein »Wesen« für den Menschen sei, dessen Selbständigkeit er durch überformende Arbeit zu vernichten habe. Hier begegnet wieder im Umkreis der Arbeitsproblematik die Dialektik zwischen Freiheit des Menschen und Freiheit der Natur, wobei der Mensch seine Freiheit durch die »Universalität« seines Handelns bewähren soll. Warum freilich diese für den Menschen reklamierte Universalität gegenüber der Freiheit der Natur ein humanes Gegenargument abgeben kann, welches rechtfertigt, Natur in menschliche Geschichte zu transformieren: für diese Frage habe ich bisher beim Marxismus noch keine Antwort gefunden.

---

[11] Vgl. die Nietzsche-Etüden in meinen folgenden Untersuchungen: »Wahrheit, Wirklichkeit und Perspektive«, in: »Philosophische Perspektiven«, Bd. 1 (1969), S. 277 ff.; außerdem das Nietzsche-Kapitel in meiner »Metaphysik« und die schon erwähnte Untersuchung über »Die Copernicanische Wendung als philosophisches Prinzip«, in: »Copernicus«, Köln 1973.

In der praktischen Philosophie sehe ich wie in der theoretischen die Aufgabe, die aus dem Positivismus herkommenden sprachanalytischen Methoden und Ergebnisse in eine philosophische Reflexion aufzuheben, in der die dialektische Dimension des Standnehmens, Entscheidens, Wertens, Gesetzgebens als eigentümliche Dimension des praktischen Denkens eingeholt wird. In diese Richtung geht die Argumentation vor allem des Buches: »Ethik und Metaethik«.[12] Man kann die in diesem Buch angestellten Überlegungen auch unter das Thema: »Sprache und Handeln« stellen. Dieser Bezug ist vor allem durch die analytische Philosophie aktuell geworden, welche die Aufmerksamkeit auf die Sprache und ihre Rolle beim Handeln gelenkt hat. Sie hat die ethischen Probleme auf sprachliche reduziert, und zwar unter Voraussetzungen, die den Horizont praktischer Philosophie verengen, sofern sie bewirken, daß ihre Bemühungen am Ende auf die Aufklärung und Analyse der Bedeutungen praktischer Wörter und Sätze hinauslaufen. Dabei bildet sich eine praktische Theorie aus, die sich als »Metaethik« bezeichnet. Ihre Allergie gegen Metaphysik bewirkt es, daß sie das apriorisch-gemeinsame, bei unserem Handeln und Denken zu »Grunde« liegende und wirksam gegenwärtige Allgemeine ignoriert. Damit gibt sie das Fundament preis, auf dem allein Rechtfertigung und Begründung für die Verbindlichkeit der Normen und für ihr eigenes Argumentieren geschehen kann. Das für Handeln maßgebende konkrete Allgemeine nenne ich im Anschluß an *Kant* »praktische Vernunft«. Vom Stand praktischer Vernunft aus ergibt sich die Aufgabe, die *Stellung* zu analysieren, welche das metaethische Bewußtsein der praktischen Sprache gegenüber dem anweist, was in ihr ausgesprochen werden soll.

Der Metaethiker geht davon aus, daß das Miteinander-handeln durch Verbindlichkeiten geregelt ist, die nicht in allgemeinen apriorischen Normen bestehen, sondern als positive, faktisch gegebene Maßstäbe und Handlungsstandards von der

---

[12] In der Reihe: »Impulse« der Wissenschaftlichen Buchgesellschaft, Darmstadt 1974.

praktischen Sprache beschrieben werden. Er ist der Auffassung, daß etwa der Satz »Es ist schändlich, anonyme Briefe zu schreiben« die von seiten der Gesellschaft geschehende Ablehnung solch eines Verhaltensmusters ausspricht, indem er es zugleich beschreibt und abwertet. Die ablehnende Haltung der Verhaltensfigur gegenüber wird als Faktum verstanden, das an den moralischen Reaktionen der Gesellschaft beobachtet werden kann, welche durch ihre Sprache ihre Standards ausspricht. Es kommt mir in dem Buche darauf an, zu zeigen, daß sich der Metaethiker auf Grund seines Verzichtes auf praktische Logik dialektischen Charakters dem Anspruch der Rechtfertigung nicht als gewachsen erweist, den eine Ethik erfüllt, die sich auf das gemeinschaftliche A priori beruft.

Eine dem Prinzip Vernunft verpflichtete Ethik macht es sich zur Aufgabe, die »Attitüde« legitimierbar zu machen. Daher muß sie darauf ausgehen, eine eigentümliche Logik hierfür in Anspruch zu nehmen, die von derjenigen der beschreibenden und faktisch feststellenden Bedeutungen zu unterscheiden ist. Dabei wird analog den Verhältnissen, wie sie in der theoretischen Philosophie zu Tage kamen, eine Dimension von »Bedeutung« in den Blick kommen, in der das Fundament liegt, auf das sich die Möglichkeit der von der Metaethik allein in den Blick gefaßten faktischen Feststellungen gründet. Diese »fundamentale« Dimension wird als die des »stand«-nehmenden Denkens bezeichnet, auf welches im Dialog z. B. derjenige anspielt, der sagt, er sehe jetzt infolge des bisherigen gemeinsamen Gedankenganges die Dinge in »neuem Lichte«. Er spricht und denkt dann von einem neuen Stand aus, der sich für ihn durch die Logik des Dialogs ergeben hat. Stand und Perspektive gehören einer Denkdimension an, in welcher die Entscheidungen getroffen werden und welcher diejenigen Bedeutungen der Sprache zugehören, die das »Sein« der miteinander Sprechenden und Handelnden zum Ausdruck bringen. Durch Beachtung dieser Dimension halte ich es allein für möglich, Sprechen und Miteinander-Handeln als Konstellation von gegenseitig sich als einander anerkennender Personen anzuerkennen. Diese Anerkennung ist sprachliches Handeln und handelndes Sprechen. Der metaethische Ansatz erlaubt es nicht, Sprechen als Herstellung einer gegenseitigen Anerkennungssituation zu begreifen. Er gibt der Sprache nur die Funktion, »über« Objekte zu reden. Demgegenüber bringe ich in dem Buch zur Geltung, daß praktische »Gegenstände« wie Freiheit, Pflicht, das »Gute« usw. nicht nur die Stellung von Objekten einnehmen, »über« die man spricht, sondern daß sie sich selbst zur Sprache bringen. Der Sprechende macht sich zum Wortführer der Freiheit, von deren Boden aus er redet, und gibt ihr zugleich eine *Wirklichkeit,* indem er sie sprechend und auch handelnd repräsentiert. Diese Wirklichkeit begegnet in der Gestalt der durch das Gegenübertreten der Partner des Dialogs und des Handelns verwirklichten »Konstellation«.

Die Auseinandersetzung mit der Metaethik ist zugleich auch durch das Ungenügen motiviert, welches ein Denken, das aus der Tradition der Vernunftphilosophie heraus von der praktischen Philosophie Erkenntnis im Sinne des Überblicks und des Durchblicks verlangt, an den Einzelbeschreibungen und faktischen Aufzählungen der empiristisch-analytischen Methode empfindet. Man glaubt, trotz klarer und rationaler Argumentation bei diesem Vorgehen doch, es sei am Ende der ganze Gedankengang vergebens gewesen, da er einem in den Händen zerfließt. Es war mir sehr aufschlußreich, in Gesprächen mit Mitarbeitern und Studenten feststellen zu können, daß sich dieses Ungenügen nicht nur bei mir findet, der ich mir vielleicht unverbesserliche Systemneigung vorwerfen müßte.

Einem langjährigen Mitarbeiter, Jürgen *Blühdorn,* verdanke ich wichtige Impulse, besonders im Umkreis der Rechtsphilosophie. Ergebnis dieser Studien sind Arbeiten, wie etwa »Moral und Recht in der Philosophie Kants«[13] oder »Naturrecht und Erfahrungsbegriff im Zeichen der Anwendung der Kantischen Rechtsphilosophie; dargestellt an den Thesen von P. J. A.

---

[13] »Recht und Ethik zum Problem ihrer Beziehung im 19. Jahrhundert« (hrsg. von Jürgen Blühdorn und Joachim Ritter), Frankfurt 1970.

Feuerbach«.[14] Über eine Arbeit, »Der Begriff der Freiheit in Kants Rechtsphilosophie«,[15] möchte ich noch einige Bemerkungen machen, weil sie im Zusammenhang mit weiteren Plänen steht. Da geht es mir zunächst wieder um eine Theorie der praktischen Kategorien, zu denen ich die der »Konstellation« und des »Verhältnisses« rechne, wozu auch »Stand« des Bewußtseins, Perspektive, Orientierung in einem Interaktionszusammenhang gehören. Auf diesem Wege wären Beiträge zu einer philosophischen Handlungstheorie zu leisten und besonders die von der Soziologie gebrauchten Interaktionsmodelle philosophisch zu fundieren.

Auch eine weitere Absicht, die mit der Leiblichkeit des Rechtssubjekts zu tun hat, verbinde ich mit diesen Überlegungen: *Kant* hat in seinem Ansatz des »Lehrbegriffs des transzendentalen Idealismus« noch diesseits der Unterscheidung von theoretischer und praktischer Vernunft die Freiheit durch eine Bestimmung der Stellung charakterisiert, die das Subjekt den Objekten gegenüber einnimmt. Das Subjekt »verhält sich« demnach zu den Objekten in der Weise, daß es ihnen im Erkenntnisbezug die Stellung des raum-zeitlich Gegebenen, also des Erscheinungsmäßigen anweist und sich dadurch das Reservat der Freiheit gegenüber den Dingen sichert, daß es an diese die raum-zeitliche Fessel der Notwendigkeit anlegt. In der Rechtskonstellation wird dieses Verhältnis in praktischer Absicht neu aktuell: so bewahrt das Subjekt im Besitzverhältnis seine Freiheit dadurch, daß es auch als Leiblichkeit die Stellung einnimmt, durch die es sich den räumlichen Gegenständen gegenüber als Gegenwart des Verfügenden, in Gebrauch Nehmenden verhält. Im »empirischen Besitz« stellt es kraft seiner subjektiven, aktiven Leiblichkeit einen Bereich um sich herum her, der zu seiner Anwesenheit und Gegenwart gehört. Weil Leiblichkeit nicht ausgedehnte Sache, sondern aktive Personalität ist, kann das Recht dasjenige, was vom erkennenden

---

[14] »Rehabilitierung der praktischen Philosophie« (hrsg. von Manfred Riedel), Bd. 1, Freiburg 1972.
[15] In: »Philosophische Perspektiven«, Bd. 5/1973, S. 78 ff.

Subjekt dem Bereich der »materiellen« Körper zugewiesen wird, als zur leiblichen Anwesenheit und Gegenwart gehörend in die subjektive Bewegung zurücknehmen. Der empirische Besitz ist nicht ein Verhältnis zwischen dem einen und andern »Ding«, sondern zwischen mir als leiblicher Aktivität und der von meiner Anwesenheit durchdrungenen Sache.

Ich kann diese Darstellung nicht abschließen, ohne einige Worte zur Philosophie-politik gesagt zu haben. In seinem »Nachtasyl« läßt Maxim *Gorki* den Schauspieler pathetisch aussprechen, er wisse noch ein »schönes Wort«, das heiße »Mikrokosmos«. Solche schönen Wörter üben in einer jeweils in Mode befindlichen Sprache eine große Macht aus; davon macht auch die philosophische Sprache keine Ausnahme. Das Sprachspiel philosophischer Gruppen nimmt in dieser Hinsicht oft sektiererische und affektierte Züge an, die gar nichts demokratisches an sich haben. Sofern Studenten der Verführung des in solch einer Sprache wirksamen Anspruchs auf Exklusivität erliegen, sehe ich es als Aufgabe an, die alte, bewährte Methode der Aufklärung anzuwenden: die des kritischen Prüfens und sokratischen Fragens.

Auch in der Philosophie kursieren jeweils eine Zeitlang Wörter von Marktwert, die auch bedeutenden Einfluß auf das Handeln haben: sie regeln die Einrichtung von Lehrstühlen, die Aufstellung von wissenschaftlichen Programmen, die Auswahl von Titeln der auf den Markt kommenden Bücher, der Berufung von Wissenschaftlern. Wie Schlager klingen Namen wie »Wissenschaftslehre«, »gesellschaftliche Relevanz«, »Gesellschaft«, »kritische Theorie«, »Reflexion« in den Ohren. Im Grunde ist die in der Sprache zum Ausdruck kommende Betriebsamkeit der philosophischen Reflexion Zeichen für eine gewisse Schwäche der Philosophie: dafür, daß ihre zu Zeiten *Humboldts* und *Fichtes* noch vorhandene institutionsbildende Kraft abhanden gekommen ist. Sie beruhte darauf, daß sich die Einzelwissenschaften als spezielle Arbeitsgebiete einer gemeinsamen, zugrundeliegenden Vernunft verstanden, als deren kritischer und systematischer Sprecher die Philosophie auftrat. Das ist längst vorbei: Jetzt wird dem, was man Philosophie nennt, entweder die Rolle der Codifizierung der einzelwissenschaftlichen Sprach- und Begriffspraxis (man nennt das »Wissenschaftslehre«) zugedacht, oder sie dient dazu, der soziologischen Forschung ein kategoriales Schema zu liefern oder gar politische Agitationspraxis zu sein. Auf den Universitäten und Hochschulen führt sie als Einzelfach ihr Leben. Der Name »philosophische Fakultät« ist ein Wort, dessen jetzt ausgehöhlte Hülse wenigstens einst reiches Leben umschloß. Fragwürdig ist auch das Adjektiv »philosophisch« für einen Fachbereich (in Münster hat er innerhalb der philosophischen Fakultät die Nummer 7), sofern er nicht aus Philosophie allein besteht, sondern eine zufällige Sammlung von Disziplinen darstellt, die bei der Bildung der Fächerklassen aus irgendwelchen Gründen übrig geblieben sind.

Obgleich die Philosophie kein Richteramt mehr im akademischen Staat verwaltet, wächst ihr doch auch neues Ansehen zu: man traut es ihr zu, unter den modernen Bedingungen der theoretischen und praktischen Situation der Struktur, der Datenverarbeitung, der Denkmaschine die der menschlichen Vernunft möglichen Wege zu finden, um das »Wesen« der Dinge, nicht ihr Funktionieren allein zu erkennen, um Freiheit zu verwirklichen, soziale und staatliche Gerechtigkeit, Entfremdungen zu überwinden usf.

Nicht zu vergessen ist, daß das begriffliche Instrumentarium, mit dem Reformen motiviert und betrieben werden, Ergebnis der gedanklichen Arbeit der praktischen Philosophie ist. Anerkennung der Mündigkeit der Studenten, Verantwortung gegenüber der Gesellschaft, weitgehende Öffentlichkeit, Objektivierung der Entscheidungen und Vorgänge, aber auch Vermittlung von gesetzlicher Ordnung und Freiheit, von politischem Interesse und wissenschaftlicher Kritik sind Themen und Devisen der Philosophie. Noch ist der Demokratisierungsvorgang im Zustand des Experimentierens und weist vorläufig in mancher Hinsicht weniger Objektivität und Sachgerechtigkeit in den Entscheidungen auf, als es vorher der Fall war. Ich hoffe auf den Erfolg der Vernunft in der Geschichte, die der experimentellen Erfahrung bedarf, um Fortschritte machen und reifen zu können.

Vom Autor getroffene Auswahl seiner Veröffentlichungen

Selbständige Buchveröffentlichungen

1. Das sittliche Sein und das Sollen, Braunschweig 1948.
2. Philosophische Grundlegung zu einer wissenschaftlichen Symbolik, Meisenheim/a. Glan 1954.
3. Die Metaphysik des Raumes bei Leibniz und Kant, Köln 1960.
4. Der philosophische Begriff der Bewegung. Studien zu Aristoteles, Leibniz, Kant, Köln/Graz 1965.
5. Philosophie der Beschreibung, Köln/Graz 1968.
6. Immanuel Kant, Berlin 1970 (Sammlung Göschen).
7. Einführung in die Metaphysik, Darmstadt 1972.
8. Ethik und Metaethik. Darstellung und Kritik metaethischer Argumente, Darmstadt 1974.

Zahlreiche Veröffentlichungen in Sammelwerken und Zeitschriften über naturphilosophische, geschichtsphilosophische und rechtsphilosophische Themen: weitere Arbeiten interpretieren Leibniz, Kant, Schleiermacher, Hegel, Nietzsche.

Unterwegs ist ein umfangreiches Buch-Manuskript über »Kants Philosophie der Handlung«; von den im Druck befindlichen Aufsätzen möchte ich die Arbeit mit dem Titel nennen:

Subjektlogik und Prädikatlogik.

Helmut Kuhn * 22. 3. 1899

Curriculum vitae meae

Schlesische Heimat

Im Herbst des Jahres 1919 inskribierte ich mich als Student meiner schlesischen Heimatuniversität zu Breslau. Damit soll mein autobiographischer Bericht beginnen. Nicht etwa, daß ich die Bedeutung der ersten zwanzig Jahre meines Lebens für gering anschlüge. Vielmehr erging es mir wie anderen Menschen. Nach meiner Geburt am 22. März 1899 wuchs ich im niederschlesischen Lüben unter der liebevollen Sorgfalt meiner Eltern zu dem heran, der ich noch bin; wenn ich auch inzwischen zu dem mir von dem Lübener Realgymnasium vermittelten Wissen nicht nur das Griechische, sondern auch einiges andere hinzugelernt habe. Das Hinzulernen war besonders dringend erforderlich, da ich bereits am 11. September 1914 Schule und Elternhaus in großer Hast verlassen hatte, um an dem eben ausgebrochenen Krieg teilzunehmen. Die militärische Ausbildung und der Kriegsdienst an der Westfront bis Oktober 1918 hatten dann das ihrige zur Formung meiner Person beigetragen. Gewiß haben diese frühen Erfahrungen mein Leben und Denken in höherem Maße bestimmt als alle späteren Erlebnisse, so beglückend, so erschütternd oder erleuchtend sie auch sein mochten. Doch bin ich ja nicht im Begriff, meine Lebensgeschichte zu schreiben, sondern die Geschichte meines akademischen Lebens — eine bescheidenere Aufgabe. Da aber Denken und Erkennen tief eingebettet sind in wirklichem Leben, bleibt die Aufgabe schwierig genug. Es geht also um Denkgeschichte, um nicht mehr und nicht weniger. Inwiefern aber das Geringe an Klarheit, das ich mir als Mitglied der Gelehrtenrepublik erarbeiten konnte oder das mir geschenkt wurde, zugleich Klarheit meines Lebens war oder ist — darüber etwas ausdrücklich zu sagen gehört nicht zu meiner Aufgabe.

So beginne ich mit dem Beginn der Studienzeit, die ich in

Helmut Kuhn

Breslau, mit Unterbrechung von einem Semester in Innsbruck, und dann nach Erwerbung des Doktorgrades 1923, in Berlin an der Friedrich-Wilhelm-Universität zugebracht habe. Was ich aber eigentlich studieren wollte, war mir zunächst unklar. Immerhin stand zweierlei von vornherein fest. Mein Vater war Jurist. Aber wir, seine Söhne, waren weniger von seiner juristischen Begrifflichkeit berührt als von seinem leidenschaftlichen und empfindsamen Gerechtigkeitssinn. Im übrigen war er ein großer Amateur, ein *Goethe*-Kenner und zugleich ein Naturbeobachter, der uns die Sternbilder zu unterscheiden und mit Mikroskop, Reagenzglas und Elektrisiermaschine umzugehen lehrte; und es bestand kein Zweifel darüber, daß mein um fünf Jahre jüngerer Bruder, *Heinrich Gerhard Kuhn* (früher Göttingen, jetzt Oxford) sich den naturwissenschaftlichen Teil dieses Erbgutes aneignen und mir das literarische Interesse überlassen würde. So geschah es denn auch: ich gehörte in die Philosophische Fakultät.

Noch eine andere leitende Gewißheit stand fest, und auch sie ergab sich mit einer gewissen Selbstverständlichkeit. Vor meinen Augen war die Welt, in die ich hineingewachsen war, in Flammen aufgegangen, und die Lohe war mir ins Gesicht geschlagen. Diese unverstandene Kriegserfahrung verstehen zu lernen — das war es, was ich von der Universität erwartete. Nach wenigen tastenden Versuchen war es mir klar, daß ich Philosophie zu studieren hatte. Philosophie, um ihres Namens wert zu sein, muß Lebensphilosophie sein, sagte *Heidegger*. Ich weiß nicht, ob das, was er selbst zu lehren hatte, diesem Anspruch ganz gerecht wurde. Aber der Anspruch galt — für mich und für alle, denen ich als Mitstrebenden begegnet bin.

Als verwöhntes, von Liebe umhegtes, sich in Träumen phantastischer Größe wiegendes Bürgerkind hatte ich, von der allgemeinen patriotischen Begeisterung des Sommers 1914 ergriffen, zum Entsetzen meiner Familie alles hingeworfen, um Deutschland zu dienen; oder auch: um mich in einem großen Abenteuer zu verschwenden. Nun bei Kriegsende fanden wir, ich und andere meines Alters, uns in einem Deutschland, das wir nicht wiedererkannten. Das in kindlicher Blindheit geliebte

Vaterland hatte mit seinem Glanz auch seine heimatliche Wärme verloren. Verwirrt und gedemütigt fragten wir nach dem Sinn der Niederlage und nach der Hoffnung, die uns geblieben war. An dieser Frage aber schieden sich die Geister. Die Trennungslinien, die sich damals abzeichneten, sollten von lebensentscheidender Bedeutung sein.

Beunruhigt über das Schicksal Oberschlesiens und offenbar noch nicht gesättigt von vier Jahren Kriegsdienst ließ ich mich dazu bereden, noch einmal in die Uniform zu schlüpfen und an der ergebnislosen Operation einer Freiwilligen-Brigade an der Ostgrenze Schlesiens teilzunehmen. Dabei kam ich zum ersten und letzten Mal mit jenen Vertretern der Kriegsteilnehmergeneration in Berührung, in denen sich die Erfahrung von Niederlage und Hoffnungslosigkeit in ressentimentgeladenen Nationalismus verwandelt hatte. Ohne zu ahnen, was sich da vorbereitete, schrak ich zurück. Aber es gab noch eine andere Jugendbewegung, die mich anhauchte. Keime von mancherlei Zukünftigem regten sich in der Gährung der Nachkriegsjahre, vielerlei Türen zu Erleuchtungen und Verführungen öffneten sich. Nicht nur 1933 bereitete sich vor, sondern auch 1967. Um mich verständlich zu machen, muß ich hier, unter Verletzung der chronologischen Ordnung, um etliche Jahre vorgreifen — eine Freiheit, von der ich auch weiterhin Gebrauch machen werde. Denn erst in meinen Berliner Jahren wurde ich mit den literarischen Vertretern des Post-Bellum-Marxismus bekannt, mit den Schriften von *Karl Korsch* und *Georg Lukács,* und in den frühen dreißiger Jahren, nach Lektüre der 1932 veröffentlichten Frühschriften, entschloß ich mich zu einem vertieften Studium von *Marx.* Hier in der Welt des Marxismus war die Enge der Nation überwunden, ein welthistorischer Horizont tat sich auf und eine Erklärung unserer Nöte wurde geboten, die dem Erklärungsniveau nach der erlebten Katastrophe angemessen schien. Fast bezaubert folgte ich der scharfsinnigen marxistisch-dialektischen Argumentation, die mir *Eric Weil,* später durch seine französischen, hegelisch aber nicht marxistisch gedachten Bücher rühmlich bekannt, in zahlreichen Gesprächen vorlegte. Doch blieb ich unüberzeugt, und flüchtige, aber freundliche Begegnungen mit *Max Horkheimer* und *Theodor Adorno* änderten daran nichts. Der Weg, den sie und der bewunderungswürdige *Walter Benjamin* gingen, war mir durch Verbotszeichen, von denen noch zu sprechen sein wird, versperrt. *Adorno* habe ich durch Besprechung seines literarischen Erstlings, eines *Kierkegaard*-Buches, ebenso erfreut wie ich ihn durch spätere Äußerungen enttäuschte.

So war ich für die intellektuellen Straßenschlachten der Weimarer Republik verloren, ohne ein ernsthaftes affirmatives Verhältnis zu ihr zu gewinnen — ein widerspruchsvoller und unbefriedigender Zustand, nicht gebessert dadurch, daß er damals von vielen geteilt wurde. Die deutsche Intellektualität, weitgehend von *Nietzsche* bestimmt, war kein Pfeiler der aus der Niederlage hervorgegangenen Demokratie. *Nietzsche* selbst wurde weniger gelesen und erörtert als seine zeitgenössischen Wortführer. Der geist- und kenntnisreiche Nihilismus und die Maskulinität von *Oswald Spenglers* »Untergang des Abendlandes« paßten in die düstere Landschaft der Nachkriegsjahre, in einem subtileren Sinn aber auch *Thomas Manns* »Betrachtungen eines Unpolitischen« (1918). Seine zweifelnde Verherrlichung der deutschen Nation — des Volkes von jenseits des römischen Limes, geistmächtig, aber unfähig ein Verhältnis zur Macht zu gewinnen, apolitisch durch Metaphysik, ewig protestierend, aber durch den Krieg in eine tragische Selbstbejahung gezwungen — berührte einen bloßgelegten Nerv. Im übrigen freilich lebte der Anti-West-Affekt der Kriegsjahre in weniger sublimer Gestalt fort. Mit unserer grübelnden Intellektualität glichen wir Jungen einem Verirrten, der ein Fernrohr benutzt, um sich in seiner Vaterstadt zurechtzufinden. Wir ahnten nicht, daß in der Gestalt des unpolitischen Gewissenserforschers nicht bloß ein Schriftsteller von säkularem Rang zu uns sprach, ein »Goethe-Mensch« (wenn dieser verkürzende Ausdruck gestattet ist) suchte seinen Weg in eine goethe-vergessene Epoche der deutschen Geistesgeschichte.

So viel über die vorherrschende Atmosphäre jener Jahre. Wie weit es dem Einzelnen, der sich ihr nicht widerstandslos hingab, gelang, in diesen Wirren seine Integrität zu bewahren

— wer vermag darüber, rückblickend, mit Zuversicht Bestimmtes auszusagen? Die wesentliche Aufgabe, philosophierend die Basis möglichen Widerstands zu entdecken, blieb ungelöst.

Der hohe Anspruch der Philosophie als magistra vitae stand, wie gesagt, von vornherein fest. Aber die Festigkeit des Vorsatzes erleichterte keineswegs den Einstieg in wirkliches Philosophieren. Im Gegenteil, sie war eher hinderlich. Wenn ich mich recht besann, fand ich mich wie mit Stummheit geschlagen. Mir war zu Mut wie einem Träumer, der von einem Flug geträumt hat und beim Erwachen entdeckt, daß er keine Flügel hat.

Diese innere Ungewißheit dauerte etwa ein Jahrzehnt. Den Anfang mit dem Philosophieren zu machen bedeutet doch wohl: mit- und nachtun, was andere bereits tun, sich von einem Lehrer an die Hand nehmen lassen, und die ersten Schritte bis zur Erlangung der Mündigkeit unter seiner Leitung wagen. An Einladungen dieser Art hat es mir nicht gefehlt. Doch in mir selbst fehlte die Bereitschaft zur Annahme. Schuld daran war nicht nur der unbegreiflicherweise feststehende Anspruch, sondern auch eine mir durch Erfahrung zugewachsene Haltung. Ich hatte den glücklichen Augenblick verpaßt, in dem der schüchterne und unendlich hoffnungsvolle Anfänger sich zum Schüler des von ihm gewählten Lehrers macht. Mein Soldatentum und die durchlebte Verantwortung des Kompanieführers vor dem Feind waren mir im Weg. So wurde ich ein Schüler ohne Lehrer; womit natürlich nicht geleugnet ist, daß ich von vielen Vieles, von wenigen Entscheidendes lernte. Doch schloß ich mich keiner Schule an und, ohne mir viel Gedanken darüber zu machen, verletzte ich damit eine Regel der philosophischen Überlieferung, der allgemeinen und der deutschakademischen Tradition insbesondere. Dabei ertrug ich gern die Unbequemlichkeiten der Randexistenz, da ich ihre Vorteile genoß: dem sektiererischen Hochmut setzte ich die von Hochmut nicht unberührte Gelassenheit des Einzelgängers in freier Wildbahn entgegen. Das hatte Folgen auch für meine spätere Laufbahn. Der erste, der auf mich aufmerksam wurde und sich um meine Berufung bemühte, war denn auch selbst ein Nichtein-zu-Ordnender, *Heinrich Scholz,* der aus der evangelischen Theologie herkam, um sich schließlich aus den Ungewißheiten des Schulstreites in die mathematisch formalisierte Logik zu retten, nach seiner geistigen Prägung ein echter Nachfahre der auf *Raimundus Lullus* und *Leibniz* zurückreichenden Tradition.

Breslau — das bedeutete für mich die Problematik des Anfangs als persönliche Erfahrung. Mit Dankbarkeit erinnere ich mich der einen großen philosophischen Persönlichkeit, der ich dort begegnen durfte, *Richard Hönigswald.* Seine Vorlesungen schienen mir ein Muster lebendiger, streng disziplinierter Gedankenfolge und kristallinischer Klarheit — alle Hörer lauschten wie gebannt. Mehr noch bedeutete mir die Teilnahme an seinen akademischen Übungen. Die Kunst freier und doch zielbewußter philosophischer Gesprächsführung erreichte hier einen Grad der Vollendung, dem ich keine spätere Erfahrung an die Seite stellen kann. Hier also war die erste und trotz ihrer Unpersönlichkeit dringliche Einladung, mitzutun. Auch fing die von *Hönigswald* auf neukantischer Grundlage entwickelte Denkpsychologie an, in Breslau Kreise zu ziehen. Der Orientalist *H. H. Schaeder* hing ihr an und *Julius Stenzel,* der als Privatdozent in schwach besuchten Vorlesungen mit zäher, ab und zu geistvoll durchleuchteter Rede Gedankenblöcke wälzte, gehörte zu den Beeindruckten. Dennoch vermochte ich es nicht, meiner Bewunderung das Ja abzunötigen, das mich zum Mit-tun berechtigt und der Schar der Neukantianer eingereiht hätte. Die Denkpsychologie erschien mir als der geistreiche Versuch, *Kants* transzendentale Logik von der sie einengenden Fessel, der Ausrichtung auf die newtonische Naturwissenschaft, zu befreien und sie zu einer Logik des Denkens schlechthin zu sublimieren. Die transzendentale Dialektik aber, durch die *Kant* das theologische Problem und die menschliche Freiheit ins Spiel brachte — sie ließ *Hönigswald* draußen, und gerade sie war es, die mich beschäftigte. So entschied ich für mich, daß dies alles zwar in seiner Weise vortrefflich, aber noch nicht eigentlich Philosophie sei, und ich begab mich mit einer von den ästhetischen Schriften *Schillers* angeregten, aber philosophisch unentschiedenen Dissertation über den »Symbolbegriff in der klassischen deutschen Ästhetik« zu dem als Ordinarius neben *Hönigswald* wirkenden *Eugen Kühnemann*. Der nahm mich etwas erstaunt aber doch freundlich auf. Ich hatte keine einzige Vorlesung bei ihm belegt, und der Akt der Großmut, mit dem er meine Beziehungen zu ihm eröffnete, bleibt ihm unvergessen. Er war »kein hohler Kopf, aber eine hohle Brust« nach dem Urteil *Friedrich Gundolfs*. Sein Bedürfnis, Reden zu halten, wurde ihm im 3. Reich zum Verhängnis. Als er im April 1945 kompromittiert, mittellos und nur mit einem Bademantel bekleidet im Riesengebirge umherirrte, wurde er bei einem Krawall auf der Dorfstraße von den Russen erschlagen.

Neben Philosophie studierte ich neuere Sprachen: Deutsch (hier war es *Karl Drescher*, bekannt durch seine leitende Mitwirkung an der Weimarer *Luther*-Ausgabe, der mein Interesse für spätmittelalterliche Dichtung und Renaissance-Studien weckte), Französisch (der Lektor *Palgen* öffnete mein Ohr für den französischen Vers) und schließlich Englisch. Meine eigentliche Wahl war das Englische. Das Studium bestärkte mich in einer von Hause mitgebrachten Neigung zur Anglophilie, und als Anfänger in der Anglistik gewann ich ein persönliches Verhältnis zu *Ludwig Levin Schücking*, den ich erst als Lehrer, später als Kollegen und Freund schätzen und verehren lernte. Die Freundschaftlichkeit unserer Beziehung war voller Spannung, die sich erst in späteren Jahren ausglich. *Schücking*, ein Liberaler der alten Schule, westlich soziologisch orientiert, war ein spät-romantischer Balladendichter, Freund von *Börries von Münchhausen*, aber im übrigen voller Mißtrauen gegen das deutsch-romantische Erbe in Philosophie und Politik — all das paßte schlecht in die mir geläufigen Denkbahnen. Aber die Verwunderung war noch größer auf *Schückings* als auf meiner Seite — wie gut kann ich sie ihm heut nachfühlen! Ich konnte nicht verhehlen, daß ich tief ergriffen war von *Stefan Georges* »Liedern von Traum und Tod« und ihrem feierlichen Vorspiel und daß ich darüber hinaus mit Eifer die literarhistorischen Werke aus dem *George*-Kreis studierte, *Friedrich Gundolf*, *Ernst Bertram* und andere. Die alten tüchtigen Philologen hatten sich zu oft erlaubt, mit den von ihnen behandelten Großen auf du-und-du zu verkehren, wogegen diese von *George* inspirierten Neuerer die historische Umgangsform auf »Ihr« und »Euer Gnaden« umstellten. Noch höre ich *Schückings* mißbilligendes »Verwunderlich!«, während ich, nicht überzeugt, aber doch nachdenklich gemacht, mich an der Wiederentdeckung der Größe überhaupt begeisterte.

In seinem Seminar veranschaulichte *Schücking* an Hand einer Analyse englischer Romane des 18. Jahrhunderts die Wendung von adelig-ständischer zu bürgerlicher Moral, und etwas vorwitzig wagte ich, die Gegenthese zu verteidigen: die »Wendung« sei nichts weiter gewesen als eine recht oberflächliche Übermalung des früher Geltenden. Mein Argument war das Duell, mein Zeuge Sir Charles Grandison, der Held des gleichnamigen Romans von *Samuel Richardson.* Als eine Forderung an ihn ergeht, nimmt er sie, dem Kodex der Standesehre folgend, an. Aber er verdankt seinem Fechtmeister einen Kunstgriff, durch den er dem Kontrahenten schon beim ersten Gang das Rapier aus der Hand schlägt: so ist ein unblutiger Ausgang des Handels gesichert. *Schücking* lachte gutmütiggrimmig über meine Geschichte, und als ich ihn etwa 25 Jahre später als Kollege in der Philosophischen Fakultät zu Erlangen wiedersah, und er mir mit herzlichem Freimut entgegentrat, fragte ich ihn: »Sie hatten in Breslau so viele Studenten — haben Sie mich wirklich wiedererkannt?« »Natürlich«, erwiderte er, »Sie waren doch mein oppositionellster Student!« Die Gegenwart dieses hochsinnigen und von Grund auf integren Gelehrten trug viel dazu bei, der Erlanger Philosophischen Fakultät eine gegen Intrigen und Cliquenwirtschaft gesicherte Würde zu sichern, wie ich sie in meiner späteren Laufbahn nicht wiedergefunden habe.

Berlin I

Im Jahre 1923, fertig mit dem Doktortitel und wohlbestandenem Staatsexamen ausgestattet und im übrigen so unfertig wie nur möglich, siedelte ich von der Breslauer Universität an

die Universität Berlin über. Die Absicht war, mein neusprachliches Studium durch ein Studium der klassischen Philologie
unter *Werner Jaeger* (auf den mich *Julius Stenzel* aufmerksam
gemacht hatte) zu ergänzen. Daß ein Schlesier sich zur Fortsetzung seines Studiums an die damals bedeutendste Universität Deutschlands begab, bedarf kaum einer Erklärung. Aber
warum gerade klassische Philologie? In Breslau hatte ich mir
das Werkzeug für das neue Studium, Kenntnis der griechischen
Sprache, einigermaßen erworben. Der Impuls aber stammte
aus der Kriegszeit. Von meiner Vaterstadt zur Westfront — das
war zugleich, so sonderbar das klingen mag, etwas wie ein
Übergang vom Realgymnasium zum humanistischen Gymnasium. Ein fast zwanzig Jahre älterer Kamerad, Leutnant der
Reserve und im Zivilleben ein vortrefflicher Philologe, Lehrer
des Griechischen und Lateinischen an einem schlesischen Gymnasium, hatte sich, gerührt durch den Knaben in Uniform,
väterlich-freundschaftlich meiner angenommen. Herb und
streng in seiner äußeren Erscheinung, gequält durch die Trennung von seiner Familie und die Öde des militärischen Alltags
in den Monaten des zur Routine erstarrten Grabenkriegs an
der Westfront, fand er in mir das Gefäß, in das er seine erzieherische Liebe für das Griechentum gießen konnte. Er starb
vor Verdun, als ein Volltreffer den Unterstand unserer Kompanie zermalmte. Seine geistige Erbschaft lebte in mir fort, bereichert durch die Episode meiner *George*-Schwärmerei, vertieft schließlich durch die Lehrzeit unter *Werner Jaeger*, der
sich damals in dem schweren Stand eines Nachfolgers von
Wilamowitz mit einem erstaunlich raschen und alle Erwartungen übertreffenden Erfolg behauptet und damit den Höhepunkt seiner akademischen Wirksamkeit erreicht hatte.

Die Redeweise von einem Dritten Humanismus, die in jener
Zeit aufkam, war gewiß zu hoch gegriffen und die von *Jaeger*
gegründete Zeitschrift »Die Antike« erfüllte nicht ganz die Erwartungen des Gründers und seiner Schüler. Das von *Jaeger*
konzipierte Griechenbild war bestimmt von zwei Leitbegriffen,
Paideia und Polis. Der Akzent lag zunächst auf Paideia, verschob sich aber im ersten Jahrzehnt der Schulentwicklung auf

die Polis, von der Bildung auf die politische Bildung. Diese auch von *Julius Stenzel* unterstützte Tendenz drohte mit Erstarrung der historischen Interpretation zu einem humanistischen Dogma zu werden, das sowohl die Anmut des griechischen Wesens wie seinen religiös verwurzelten Tiefsinn zu vergessen Gefahr lief. Gegen die Verlockungen dieses Dogmas war ich gefeit schon durch meine Beziehungen zu *Bruno Snell,* dem ich noch heut zusammen mit *Karl Reinhardt* den höchsten Rang unter den deutschen Gräzisten unserer Zeit zuweisen möchte. Dennoch war ich von *Werner Jaeger* ergriffen wie von keinem meiner früheren Lehrer. Hier war ich beteiligt und tat mit wie nie zuvor.

Von vornherein, so schien mir, bestand eine Inkongruenz im Verhältnis *Werner Jaegers,* des Forschers und der Person, zu der Programmatik eines erneuerten Humanismus, die sich auf *Jaegers* dreibändige »Paideia« als ihre historische Rechtfertigung berief — eine als Bildungsgeschichte konzipierte griechische Geistesgeschichte. Doch seine große philologische Leistung bestand unabhängig davon in der Anwendung des Entwicklungsgedankens auf das literarische Werk des *Aristoteles.* Der dabei ins Spiel gebrachte Begriff von Entwicklung aber stammte von *Hegel* — einem im Medium von *Diltheys* Geisteswissenschaft seiner logisch-dialektischen Härte beraubten und durch einfühlendes Verstehen schmiegsam gewordenen *Hegel.* Kein Zweifel, *Jaeger* baute mit seiner humanistisch beseelten Philologie auf der von *Wilamowitz* ins Leben gerufenen Altertumswissenschaft auf. Aber im Gespräch bekannte er gern, daß er nicht nur *Wilamowitz,* sondern auch *Adolf Lasson,* den letzten Vertreter des Rechtshegelianismus, als seinen Lehrer betrachtete. Im übrigen war dieser Bekenner des Humanismus ein heimlicher Christ. Als ich ihm in viel späteren Jahren in der Widener Library in Cambridge, Mass. wiederbegegnete, hatte er sich die »Imitatio Christi« des *Thomas a Kempis* zum täglichen Begleiter ausersehen. Nur scheinbar lag seine Arbeit im Dienste der Patristik, die Ausgabe der Schriften *Gregors von Nyssa,* auf einer Nebenlinie seiner vielseitigen Tätigkeit.

Durch *Werner Jaeger* lernte ich verstehen, was Philologie

sein kann: die hohe Besonnenheit einer unendlich geduldigen
Bemühung um einen Text, dessen Wert vorgreifend durch
einen Akt des Glaubens als einleuchtend und doch bestäti-
gungsbedürftig erfaßt wird. Welche keineswegs von Natur
gegebene, sondern disziplinierte Geduld! Wo immer er in
seiner zögernden und behutsamen Art zugriff, da wurden die
längst bekannten Worte lebendig, die Sätze beredt. So wurde
er durch die sich um ihn sammelnde Schüler-Elite zum Er-
zieher einer Generation; und obwohl ich mich keineswegs zur
Philologie berufen fühlte, war es für mich ein Gewinn sonder-
gleichen, in kameradschaftliche Beziehung zu *Jaegers* mir
gleichaltrigen Schülern zu treten, zu *Richard Harder*, der uns
Proben seiner *Plotin*-Übersetzung vorführte, zu *Wolfgang
Schadewaldt*, inspiriert und manchmal auch verführt von seinen nie versagenden Einfällen (er bezauberte mich mit seiner
Interpretation der sizilianischen Expedition im *Thukydides*),
Paul Oskar Kristeller, der zum meisterlichen Interpreten der
Renaissance-Philosophie werden sollte, *Richard Walzer*, der
als Gräzist und Arabist in das Dunkel hineinleuchtete, das für
die meisten von uns den islamischen Beitrag zu unserer philo-
sophisch-geistigen Tradition verhüllt, *Friedrich Solmsen*, der
Jaegers Platon-Studien in seiner eigenen Weise fortzuführen
berufen war.

Während ich diese Erinnerungen niederschreibe, liegt vor
mir ein umfangreiches druckfertiges Manuskript betitelt »'Liebe'
— Geschichte eines Begriffs«, auf das ich zwar, seiner Lücken
und Mängel bewußt, nicht allzu stolz bin, aber von dem ich
doch sagen darf, daß ich ohne die Berliner Lehrzeit ein solches
Projekt niemals in Angriff hätte nehmen können. Aber was
konnte das alles philosophisch bedeuten?

Indem ich mich mit dieser Frage in die Enge treibe, sehe ich
mich rückblickend zu einer historischen Feststellung genötigt,
gegen die ich mich lange gewehrt habe. Denn mit ihr trenne
ich mich gewissermaßen von mir selbst. Die ersten vier Jahrzehnte unseres Jahrhunderts stellen sich, geistes- und philo-
sophiegeschichtlich gesehen, als eine in sich einigermaßen
abgeschlossene Epoche dar, und die entscheidenden Jahre

innerhalb dieses Zeitabschnittes fallen mit den Zwischen-
kriegsjahren 1918–1939 zusammen — eine Periodisierung, die
zunächst für Deutschland gilt, für die übrigen westlichen Länder nur mit je entsprechenden Modifikationen. In jenem Zeitraum durchlebten wir eine Rekapitulation der Goethezeit ohne
Goethe. Das Herzstück dieser epochalen Bewegung bildete die
wiedergeborene idealistische Philosophie. Sie wiederholte den
Weg, der von *Kant* zu *Hegel* geführt hatte, als Abfolge von
Neo-Kantianismus, Fichteanismus, Schellingianismus, Neo-
Hegelianismus. Doch wichtiger als diese rekapitulierten Phasen
war die Historisierung des idealistischen Credo durch *Wilhelm
Diltheys* »Geisteswissenschaft«, die sich statt auf idealistische
Logik auf eine vitalistisch empfundene Verstehenslehre grün-
dete und in dieser Gestalt mit dem als Geschichtsphilosophie
verstandenen Hegelianismus zusammenfloß.

Trotz seiner geistesgeschichtlichen Aufweichung war dieser
wiedererstandene Idealismus eine wirksame praktische Philosophie, beseelt von einem humanistischen Ethos, das mit seinen
Auswirkungen in das Bildungs- und Schulleben hinein bis
hinunter zum Elementarunterricht reichte. Es ist kein Zufall,
daß die damals anerkannte und inzwischen so gut wie verschollene philosophische Pädagogik der Weimarer Jahre fast
ausschließlich von Schülern *Diltheys* vertreten wurde, von
Herman Nohl, *Wilhelm Flitner* und anderen. Zu ihnen gehörte an führender Stelle *Eduard Spranger*, der, zusammen
mit dem Ästhetiker *Max Dessoir*, meine Habilitation an der
Berliner Universität 1930 ermöglichte und dem ich bis zu
seinem Tod freundschaftlich verbunden blieb. Die idealistisch-
humanistische Aura der *Dilthey*-Ära machte vor keinen Fach-
grenzen halt. Der Historiker *Friedrich Meinecke*, mit dessen
Familie ich und die Meinen freundschaftlich verbunden waren,
verkörperte diese Gesinnung wie kaum ein anderer, und hinter
ihm stand sein verstorbener philosophischer Mentor, *Ernst
Troeltsch*. Das war schließlich auch die geistige Welt, in die
sich der platonische Bildungsgedanke von *Jaegers* »Paideia«
einfügte. Und wenn ich *Jaeger* eine heimliche Christlichkeit
zuschreibe, so läßt sich ein gleiches von dem nicht als Schule,

sondern als umfassende Bewegung und Gesinnung verstandenen »Dritten Humanismus« sagen. Über der von *Dilthey* begründeten Geisteswissenschaft lag ein Hauch liberaler und
platonisierender Christlichkeit, eine Gesinnung, die man sich
nicht bewußt aneignete oder zur Schau trug — unwillkürlich
atmete man sie ein wie eine wohltätige Atmosphäre. Sie bestimmte das Klima Berlins in den zwanziger Jahren oder
wenigstens der akademischen Insel im Herzen der großen
Stadt. Wohltätig war die Luft, die dort wehte, aber nichts
weniger als wohlig. Vielmehr war sie geschwängert mit starken
Reizstoffen, die ein Ausruhen unmöglich machten. Ja, etwas
Gefährliches lag in ihr. Die wachsende Drohung, die sich über
der Weimarer Republik zusammenzog, zuckte als Wetterleuchten auch über den Stätten, die noch immer ein sichtbares
Zeugnis von der Geistesmacht *Wilhelm von Humboldts* ablegten.

Wiederbelebtes Leben steht natürlicherweise in Gefahr, leblos zu wirken. Doch der humanistische Idealismus der zwanziger Jahre ließ diesen Eindruck kaum aufkommen. War er
doch ein kämpfender und in Abwehr begriffener Glaube:
Beunruhigung und Verzagtheit ließen keine museale Selbstgefälligkeit aufkommen. Seine wache Beunruhigung stammte
aus der Wesensmitte des humanistischen Glaubens selbst — aus
dem an ihm nagenden historischen Relativismus. Er suchte die
Beziehung zum Ewigen — und mußte sie im selben Atemzug
leugnen. Die unüberwundene Verlegenheit wurde von *Dilthey*
in der berühmten Rede zu seinem 70. Geburtstag durch den
Bericht von einem fingierten Angsttraum zum Ausdruck gebracht (Ges. Schriften VIII 220—226): Der Streit der Philosophenschulen ließ sich nur dadurch schlichten, daß der
Schlichter ihn perpetuierte. Er wies jedem einzelnen Philosophen seinen ihn bestimmenden und sich in Variationen
wiederholenden Typus zu: »So mußt du sein, du kannst dir
nicht entfliehn!« Wer aber in dem Bild endlosen Zwists der
sich gegenseitig ausschließenden typischen Lösungen keine
Lösung des Problems erkennen konnte, der wurde auf den
über dem verzweifelten Getümmel schließlich aufgehenden

Sternhimmel verwiesen: die Träne, diskret vergossen über die Vergänglichkeit und Unergründlichkeit alles Seienden und Gedachten. In ihr lösten sich alle Universalbegriffe auf, und da sie sich im praktischen Leben der Völker schwer entbehren ließen, empfahl *Meinecke*, sie als »unfaßbaren Lebenshauch« fortbestehen zu lassen.

Die verzagende Einsicht des historischen oder vielmehr historisierten Humanismus in seine eigene Unhaltbarkeit spannte diesen hochintellektuellen Glauben (»highly sophisticated« würde ich ihn am liebsten nennen) in eine Polarität ein, die ihn eine Weile lebendig erhielt, um ihn am Ende zu zerstören. Der den Gegenpol bezeichnende Name hieß *Kierkegaard*. Ihn hatte *Karl Jaspers* in seiner »Psychologie der Weltanschauungen« (1919) für die philosophisch gebildeten Leser wiederentdeckt und war damit zum Inaugurator der Existenzphilosophie geworden. Wir treten in das Jahrzehnt ein, in dessen Verlauf *Martin Heidegger* und mit ihm zahlreiche Philosophiebeflissene (zu denen ich mich selbst rechne) die Seitenränder ihrer von *Christoph Schrempf* markig eingedeutschten *Kierkegaard*-Ausgabe mit nachdenklichen Bleistiftanmerkungen bedeckten. Was sich aus den von dieser Lektüre angeregten Lukubrationen ergab, entsprach aufs genaueste der Zeitstimmung. Durch Versenkung in den alles auflösenden Fluß der Geschichte war man vor das blanke Nichts geraten. Doch gerade diese tödliche Verlegenheit konnte, so fand man nun, zum Heil ausschlagen. Die Verzweiflung konnte durch den »existentiellen Akt« des Entschlusses — durch einen »Sprung« — den Springer auf dem Boden eines Absolutums landen. Welches Absolutum freilich ließ sich argumentativ nicht ermitteln. Wahrheit sollte die Frucht nicht der Vernunft, sondern der durch Verzweiflung aufgepeitschten Leidenschaft sein.

Feinhörige Leser, an ihrer Spitze der *Heidegger*-Schüler *Karl Löwith*, bemerkten dann, daß, allem offensichtlichen Widerspruch zum Trotz, eine gewisse Entsprechung festzustellen sei zwischen dem Existenzdrama des christlich bemühten *Kierkegaard* auf der einen Seite und anderseits dem griechisch-heidnisch inspirierten *Nietzsche,* der die mit dem philosophischen Hammer zerschlagene Denk- und Glaubenswelt durch neue, aus dem Willen zur Macht geschaffene Werte ersetzen wollte und der in Verzweiflung über die sprachlos gewordenen Weltdinge mit titanischem »Dennoch!« ihre ewige Wiederkehr dekretierte. So konnte sich neben den weichen, durch idealistische Hoffnungen gemilderten Humanismus der kalte und ästhetisch gehärtete *Nietzsche*-Humanismus *Ernst Jüngers* und seines Kreises stellen — auch er wie der Existentialismus als Herausforderung bürgerlich-akademischer Humanität gedacht.

Noch zu einer zweiten Position stand der Zwischenkriegshumanismus in polarer Spannung, und auch diese zweite Herausforderung erhob den Anspruch, die bedrohte Beziehung zum Absoluten wiederherzustellen. Dieser Humanismus, nach *Diltheys* Vorstellung eine »Philosophie der Philosophien«, lebte aus dem geistesgeschichtlichen Verstehen der Vergangenheit. Doch haftete der Methode solchen Verstehens eine eigentümliche Zweideutigkeit an. *Hegels* Dialektik war eine Verbindung von verstehender Konstruktion (oder Rekonstruktion) mit kritischer Destruktion; wobei die Zielgerichtetheit des dialektischen Prozesses, die ihm eingeborene Fortschrittlichkeit, der Konstruktivität den Vorrang gegenüber der Destruktion sicherte. Als nun aber das diltheysche Verstehen, als Rechtsnachfolger der historischen Dialektik, ohne Geschichtsziel auszukommen gedachte, war der Primat der Konstruktion gebrochen. Der Weg für die Geschichte als Verfallsgeschichte oder, in *Nietzsches* Sprache, für die Geschichte des fortschreitenden Nihilismus war offengelegt, Kulturgeschichte konnte nun Kulturkritik werden. Doch wiederum bot sich ein Mittel, den Absturz der Geisteswissenschaft in geistlose Negativität umzudeuten in einem Weg zum Absolutum. Zum Bahner des Wegs wurde *Max Horkheimer,* Begründer und Herausgeber der »Zeitschrift für Sozialforschung« (1932—1938), und zwar mittels einer doppelten Verschmelzung. Das zur Kulturkritik verschärfte geistesgeschichtliche Verstehen wurde mit *Marxens* Kapitalismuskritik verschmolzen, die Marxsche Kritik des Systems kapitalistischer Ausbeutung mit der von *Freud* inaugu-

rierten Kritik des psychischen Systems der Verdrängung. Der
Erfinder dieser Doppelverschmelzung war kein gewissenloser
Mischer, sondern ein feinsinniger Mann: er wußte genau,
welcher Zoll von den Benutzern seiner »kritischen« Straße zu
entrichten war. Sie mußten sich unter dem Gebot der Lehre
vom Überbau abfinden mit der Depotenzierung der Philosophie
(und, nebenbei, auch der Religion), an deren Stelle sie sich einer
psychoanalytisch begründeten revolutionären Soziologie anzu-
vertrauen hatten. Und zum zweiten mußten sie bereit sein, den
Himmel auf die Erde herabzuholen und den präsumptiven
Paradiesmenschen in eine paramilitärische Uniform zu stecken.
Ein dritter Widerhaken im Fleisch des idealistischen Neu-
humanismus war der aus dem 19. Jahrhundert herübergeret-
tete, durch die Wiener Schule erneuerte Positivismus, der
eisern an dem Gedanken der mathematischen Naturwissenschaft als Muster und Vorbild jeglicher Wissenschaft, auch der
Wissenschaftlichkeit der Philosophie, festhielt. Damit nun
mag die Figur des geistigen Spannungsfeldes, in das ich mich
nach meinem Fortgang aus Breslau versetzt sah, umrissen sein:
ein Feld okkupiert von einer traditionell verwurzelten Macht,
dem neuhumanistischen Idealismus der Geisteswissenschaft,
aus sich bewegt durch historische Selbstbezweiflung und um-
ringt von drei herausfordernden, aber auch zur Assimilation
einladenden Gegenpositionen, dem Existentialismus, dem mit
Freudianismus verbündeten Marxismus und dem sich mehr
abseits haltenden Neopositivismus. Das Ereignis, das diese in
sich gerundete Bildungswelt erschütterte, war das Erscheinen
von *Martin Heideggers* »Sein und Zeit«, *1. Hälfte* im Jahre
1927. *Heideggers* Erfolg beruhte unter anderem darauf, daß er
unter Berufung auf *Dilthey* den historischen Zweifel dadurch
zu besiegen schien, daß er die von der Ewigkeit getrennte Zeit
selbst absolut setzte: Sein ist Zeit. Und er vollbrachte diese
seine Alexandertat, indem er die dringlichste Herausforderung,
die von *Kierkegaard* stammende »Existenz«, unter dem Titel
»Dasein« zur Basis einer radikal historisierten Transzendentalphilosophie machte; zudem öffnete er, wie sich freilich erst
später zeigte, dem zweiten Angreifer, dem Marxo-Freudianis-

mus, eine freundliche Eingangspforte. »Sein und Zeit« inaugurierte nicht, wie *Heideggers* Schüler glaubten, eine neue Epoche des Philosophierens. Aber das Buch drang ins Zentrum eines labilen, aus sich bewegten Systems, verwandelte seine unentschiedene Bewegung in einen Wirbel und beschleunigte dadurch seinen ohnehin einem raschen Ende zustrebenden Ablauf.

Dies Ende fiel zusammen mit dem Ende der Weimarer Republik und dem Beginn national-sozialistischer Gewaltherrschaft. Was nach dem 2. Weltkrieg durch Wiederanknüpfung folgte, hatte den Charakter eines zusammenfassenden und abschließenden Nachworts. Der verstehende *Dilthey*-Humanismus war noch da, aber in Gestalt des in Ruhelage gebrachten und unter den Titel der Hermeneutik gestellten *Heidegger*-Wirbels. Die Schlußabrechnung wurde von *H.-G. Gadamer* unter dem Titel »Wahrheit und Methode« in meisterlicher Fülle und Abrundung geleistet. Zur Stelle waren auch die herausfordernden Opponenten der historischen Humanbotschaft, aber mit veränderten Kräfteverhältnissen. Der kleinlaut gewordene Existentialismus hatte nach dem Vorbild von *J.-P. Sartre* einen passenden Unterschlupf im freudianisierten Marxismus gefunden, der sich nun, im Gefühl harmonischer Zusammenstimmung mit der durch progressive Demokratisierung sich selbst aufhebenden Bundesrepublik, zur Spätblüte der »kritischen Theorie« und zu den Adonisgärtlein der Suhrkamp-Kultur entfaltete. Diese Blüte war, wie gesagt, mit dem durch *Horkheimer* empfohlenen Brandopfer der metaphysischen Vernunft auf dem Altar des *Marx*-Dogmas erkauft. Das Motiv der Bereitschaft zu solchem Opfer war der aus dem Geist des marxschen Aktionismus geborene Wunsch, die verstiegene Theorie mit der widerspenstigen Praxis zu verkuppeln. Die »praktische Philosophie« wurde auf den Schild gehoben. Aber gerade mit diesem Motiv verfiel die nicht hinreichend kritische »Kritische Theorie« einer Illusion. Ihre Exponenten mußten schließlich einsehen, daß die Guerilleros der südamerikanischen Städte und Urwälder sich nicht recht für die ihnen zugemutete Rolle von Vollstreckern des deutschen Humanismus-Idealismus eigneten und daß sie selbst nicht berufen waren, das Drama einer Revolution zu initiieren. So blieb es bei dem Psychodrama einer lautstarken, aber ungezielten Protestaktion von Jugendlichen. Und ehe die Spieler sich es versahen, war das Nachspiel vorüber, der Vorhang über der tragischen Farce gefallen.

Dennoch war dies Nachspiel von fortwirkender geschichtlicher Bedeutung. In einem bestimmten Sinne nämlich war die Studentenrevolte der Jahre 1968–72 erfolgreich. Sie eroberte die Universitäten der Bundesrepublik nicht durch ihre lärmenden Gewaltsamkeiten, sondern durch den Eindruck. den sie auf Regierungen und Parlamente machte. Die Politiker fanden sich bereit, durch gesetzgeberische Akte die Universität nach einem neuen Modell, verharmlosend »Gruppenuniversität« genannt, umzumodeln. In Wirklichkeit handelte es sich um nichts Geringeres als die Preisgabe der Idee, die die abendländische Universität seit ihrer Gründung im 13. Jahrhundert am Leben erhalten hatte und ihre Ersetzung durch ein dialektisches Gefüge von Interessengruppen im Sinn des klassenkämpferischen Rätegedankens — wohl die schwerste Niederlage, die der Westen in seinem geistigen Ringen um Freiheit in einer vom kommunistischen Totalitarismus bedrängten Welt seit dem 2. Weltkrieg erlitten hat. Inzwischen sind aus den scheinbar erfolglosen Studentenführern taktisch geschulte Führer im langen Marsch durch die Institutionen geworden.

Zurück nun vom Nachspiel zur Hauptaktion, die in den zwanziger und frühen dreißiger Jahren abrollte, bewegt aus der Dynamik ihrer inneren Spannungen und mit deren Ausgleich zuendegehend: sie habe ich weder als Kritiker beobachtet noch wollte ich sie auf den vorangegangenen Seiten als Historiker skizzieren. Vielmehr erinnere ich sie im wörtlichsten Sinn des Wortes. Ich war ihr ratloser Gefangener und zugleich war sie in mir selbst. Sie war der Schauplatz, in dem ich lebte und ebenso ein Stück meines eigenen Lebens, aufklärend, aber auch tief verwirrend. Immerhin war ich dem Wirbel nicht ganz widerstandslos ausgeliefert. Wenig aber doch etwas brachte ich aus Breslau mit — einen Faden, an dem ich weiterspinnen konnte. Ich hatte mir eine Methode angeeignet — die transzendental-idealistische Methode, die *Hönigswald* zu lehren wußte; und ich war, im Fortwirken des Gedankens meiner Dissertation, mit dem Begriff des Symbols beschäftigt — mit der Relation, die das Bedeutende mit dem Bedeuteten, das sinnlich Wahrnehmbare mit dem geistig Erfaßten verbindet und zu einer Gestalt zusammenfaßt. In der Kunst, die ihren Werken Schönheit verleihen will, schien mir das Problem dieser Relation besonders akut zu werden. So kam es zu meiner zweibändigen Schrift über »Die Kulturfunktion der Kunst«. Der Titel war programmatisch gedacht. Dem zunächst abstrakt erfaßten, aus dem Verhältnis von »Schönheit und Erscheinung« transzendental erklärten Wesen der Kunst sollte mit einem zweiten Schritt ihre historisch-gesellschaftliche Realität zurückgegeben werden. Aber da mir die Durchführung dieses zweiten Schrittes nicht überzeugend gelang, überschlich mich das Gefühl: ich sei möglicherweise am Ende der idealistischen Ästhetik angelangt. So schrieb ich, in der Hoffnung, daß hier das »parvum magno componere« erlaubt sei, den zweiten Band des genannten Werkes »Die Vollendung der klassischen deutschen Ästhetik«, und nur dieser zweite Teil hat seinerzeit ein lebhaftes Echo ausgelöst.[1] Über das ganze Werk hat mir bald nach seinem Erscheinen im Jahre 1931 ein Leser ein wahres, mit Dankbarkeit erinnertes Wort gesagt. Das war *Hans-Georg Gadamer*. Er erkannte, wo ich hinaus wollte, was mir gelungen und was mir mißlungen war — ein wahrhaft hermeneutisches Urteil. Überhaupt befreiten mich der damals angeknüpfte kameradschaftliche Kontakt und Gedankenaustausch mit den drei Marburger Schülern *Heideggers*, mit *H.-G. Gadamer*, *Gerhard Krüger* und *Karl Löwith*, aus der ängstlichen Einsamkeit meines von keinem Lehrer geleiteten Tastens.

Im übrigen war Einsamkeit im vollen Sinn des Wortes weder in Berlin noch anderswo mein Schicksal. Eine tiefe gegenseitige Neigung verband mich mit einem jüngeren Freund,

---

[1] Er wurde als Teil meiner von Wolfhart Henckmann herausgegebenen »Schriften zur Ästhetik« 1966 wiederveröffentlicht.

herrlich begabt als Musiker und Philosoph, dabei von jener unberührten Integrität, wie sie tief gläubigen Menschen zueigen ist. Um uns sammelten sich im Haus meines Freundes andere Altersgefährten, Studenten und Künstler, zu Gespräch und Lektüre. Nächte hindurch lasen wir *Dante,* insbesondere das »Convivio«, auf dessen Bedeutung uns der Romanist *Erich Auerbach* aufmerksam gemacht hatte. Außerdem gehörten wir zu den evangelischen Mitgliedern des Kreises um *Romano Guardini,* dessen Vorlesungen über *Hölderlin* und *Dostojewski* mir einen nachhaltigen Eindruck gemacht hatten und der mir später in den Münchener Jahren zum Freund werden sollte. *Anno Schmieden* — dies war der Name des jüngeren Freundes — fiel im ersten Monat des Krieges als Meldegänger an der polnischen Front. Indem ich mich seiner erinnere, denke ich an ein nächtliches Gespräch unter vier Augen, im Schnee beim Licht einer Straßenlaterne. Wir waren auf dem Heimweg von einem Abend bei *Guardini.* Gegenstand des Gesprächs war die Frage, wie die Menschen, die vor Christus gelebt hatten, das Heil erlangen könnten. Anno war von dieser Frage sichtlich beunruhigt, ich wiederum ergriffen davon, daß ein Mensch wie er sich von einer scheinbar so fern liegenden Frage so ergreifen ließ. Unvergeßlich die Begegnung mit einer allem philosophischen Witz überlegenen Einfalt.

Ich betrieb indessen meine Sache so gut ich konnte, beantragte die Habilitation und fand mich an einem Frühlingstag des Jahres 1930 zum Colloquium vor der versammelten Philosophischen Fakultät ein. Ich hatte über »Das Problem des Standpunktes und die geschichtliche Erkenntnis« zu sprechen — eine aus dem Geist diltheyscher Geisteswissenschaft geborene Frage. Der mir schräg gegenübersitzende *Werner Jaeger* beteiligte sich an der Aussprache und wollte etwas über den »Standpunkt« im überlieferten Wort eines griechischen Denkers wissen. Natürlich meinte er *Archimedes,* der von einem Standpunkt jenseits der Erde die Erde aus den Angeln heben wollte. In meiner Antwort gelang es mir, den von mir geforderten Überschritt von der historischen zur kosmologischen Betrachtung einigermaßen zu meistern. Dennoch hinterließ mir meine eigene Antwort ein Gefühl tiefen Ungenügens. In meinem Vortrag, der noch im selben Jahr als Aufsatz in den *Kant*-Studien erschien, hatte ich mich mit dem Erkennenden beschäftigt, der, selbst eine geschichtliche Person, sich dem historischen Objekt, der in der Geschichte agierenden Person, zuwendet und der im Wechselspiel von Hingabe und Selbstbehauptung jene Mitte zu gewinnen sucht, der wahre Aussagen entspringen können — eine typisch existentialistische Erwägung, aber nicht eigentlich der Aufweis eines Standpunktes. Hatte ich überhaupt einen Stand — einen zuverlässigen Boden, auf den ich mich lebend und denkend hätte stellen können?

Besser kam ich nach meinem eigenen Urteil mit der Antrittsvorlesung über »Die Geschichtlichkeit der Kunst« (Zeitschrift für Ästhetik und allgemeine Kunstwissenschaft, 1931) davon. Hier brachte ich das eigentliche Ergebnis meiner Habilitationsschrift, befreit von der transzendental-idealistischen Staffage, zu sachgemäßem Ausdruck. Ich versuchte zu zeigen, in welcher Weise das Kunstwerk durch den »Augenblick« in der Geschichte wurzelt, während es zugleich durch den *Sinn* des Augenblicks die Geschichtszeit transzendiert. Dabei kam die enge Beziehung zwischen dem künstlerischen Werk und seinem personalen und gesellschaftlichen Ort, dem Fest, zum Vorschein. Auf diesen Gedanken kam ich später immer wieder zurück; so in »The System of the Arts« (Journal of Aesthetics and Art Criticism 1941, I 66—79), indem ich ihn zur Grundlage einer natürlichen Zusammenordnung der Künste machte; so auch in »Wesen und Wirken des Kunstwerks« (1960), wo ich ihn durch eine Unterscheidung bereicherte: der Mitgegenwart des in seiner Entstehungszeit lebendigen Kunstwerks stellte ich seine Wiedervergegenwärtigung auf der Basis der Tradition gegenüber. Schließlich machte ich mir — und, so hoffe ich, einigen Lesern — klar, in welchem Maße die von mir entwickelte Interpretation des Kunstwerks im Denken *Platons* vorgebildet ist. Diesem Zweck diente meine Untersuchung über »The True Tragedy: On the Relationship between Greek Tragedy and Plato« (Harvard Studies in Classical Philology, 1941—1942, LII 1—40, LIII 18—35).[2]

Seit der erwähnten Berliner Antrittsvorlesung hat mich der
Gedanke des kultischen Ursprungs und der wesenhaften Fest-
lichkeit des Kunstwerks nicht wieder losgelassen. Nur für
oberflächliche Betrachtung stand er, so schien mir, in Widerspruch zum Geist und zur Ausdrucksweise des zeitgenössischen
Expressionismus. In Wahrheit lieferte er den Schlüssel zum
Verständnis der nichtnaturalistischen, nach-impressionistischen
Kunst, und selbst die radikalen künstlerischen Experimente der
Nachkriegszeit lieferten etwas wie eine negative Bestätigung:
dem Anti-Theater und überhaupt der Anti-Kunst wurde spon-
tan die sub-kulturelle Anti-Feier zugeordnet. Während des
Kriegs nach einem Vortrag im Prediger-Kolleg der Kathedrale
zu Washington D.C. habe ich in einem mitternächtigen Gespräch zwischen Ernst und Ausgelassenheit meinem Gesprächspartner, *W. H. Auden,* eine zögernde Zustimmung zu
meiner These abringen können; und nach dem Krieg fand ich
zu meiner Freude, daß sie in *Josef Pieper* einen überzeugen-
deren Anwalt gefunden hatte.

Berlin II

Genug der Vorblicke und Vorwegnahmen — noch immer
sind wir in dem für mich entscheidenden Jahr 1930. Noch
immer, trotz der glücklich gewonnenen akademischen Position
und dem freudigen, aber auch ängstlichen Beginn meiner Berliner Lehrtätigkeit, dauerte die Unentschiedenheit. Das Bewußtsein, in der Ästhetik etwa Fuß gefaßt zu haben, konnte
nicht darüber hinwegtäuschen, daß damit die eigentliche theoretische Entscheidung allenfalls vorbereitet, vielleicht aber
auch umgangen war. Der ursprüngliche philosophische Anspruch war lebendig, doch auch das Gefühl der Bodenlosigkeit
des bislang Gesagten und Gemeinten, ja, eines hoffnungslosen

---

² Eine überarbeitete Fassung dieser Arbeit in deutscher Sprache
erschien unter dem Titel »Die wahre Tragödie. Platon als Nachfolger der Tragiker«, in: Das Platonbild, 10 Beiträge zum Platonver-
ständnis, hrsg. von Konrad Gaiser, Hildesheim 1969, S. 230—323.

Gefangenseins in transzendentaler Reflexion, die die Wirklichkeit umkreiste, ohne mit ihr in Kontakt zu kommen. Dennoch bereitete sich mitten in diesen Verlegenheiten die Befreiung zur Philosophie vor, und zwar in drei zeitlich nicht genau zu bestimmenden und sich überschneidenden Phasen. Und jede dieser Phasen entsprach einer meiner literarischen Versuche.

Als Leser von *Husserls* Werken, der »Logischen Untersuchungen« und der »Ideen zu einer reinen Phänomenologie«, war ich zum Phänomenologen geworden — ein, wie man weiß, nichts weniger als eindeutiger Titel. Wenn ich rückblickend von »Befreiung« spreche, so trifft das Wort vor allem für die erste Phase zu — für das, was *Husserl* durch seine Phänomenologie für mich getan hat. Die Fessel, die er mir wie so vielen meiner Zeitgenossen abnahm, war der Zwang zu falscher Abstraktion, zu überdehnten Allgemeinbegriffen, die sich durch ihre Zugehörigkeit zu einem allumfassenden Ordnungssystem rechtfertigten, dabei aber den fruchtbaren Kontakt mit der Anschauung des konkret Seienden und Besonderen einbüßten. Und diese Abstraktheit schien mir unter anderem greifbar in den großen Dichotomien, mit denen *W. Windelband* und *H. Rickert* arbeiteten: hier Sein, da Gelten, hier Objektivität, da Wert, hier nomothetische, da idiographische Wissenschaften. Was mich ergriff, war das phänomenologische Erkenntnisethos — die Abwendung von systematischer Konstruktion durch den befreienden Vorsatz »Zu den Sachen!«, das Hinsehen mit offenen Augen und in lebendiger Erinnerung an die griechische θεωρία. Doch kaum hatte ich mich im Glück der Freiheit des Schauens von *Husserl* ergreifen lassen, da mußte ich mich auch schon von dem großen Lehrer trennen. Ich fühlte mich außerstande, die von *Husserl* in den »Ideen« durchgeführte subjektiv-transzendentale Wendung nachzuvollziehen und dadurch den Anschluß an den deutschen Idealismus wiederherzustellen. Es ging mir damit nicht anders als der Mehrzahl der Schüler *Husserls,* die sich in Göttingen und München gesammelt hatten.

Damit will ich nicht sagen, daß ich mich gegen den Idealismus und für den Realismus entschieden hätte. Als Leser der attischen Philosophen gab ich in diesem wichtigen Punkte den Griechen recht, die zwar mit dem idealistischen Prinzip als Möglichkeit der Gleichsetzung von Dingen mit Gedankendingen (νοήματα) bekannt waren, ohne es jedoch als *philosophisches Prinzip* im Sinn der nach-cartesianischen Idealismus-Realismus-Antithese ernst zu nehmen. Statt den Erkennenden der Welt gegenüberzustellen, verstanden sie den Erkenntnisakt philosophischer: als die integrale Einheit eines weltlichen (»psychischen«) Geschehens mit dem »überweltlichen« Ereignis der distanzierenden Objektivierung und der Anschauung des Allgemeinen. *Platon* dachte diese Einheit als hergestellt durch den geistig-existentiellen »Aufstieg« (ἄνοδος) des Erkennend-Liebenden von Weltlichkeit zu Überweltlichkeit, *Aristoteles* als gestufte Mischung innerhalb einer zwischen rezeptiver Möglichkeit (δύναμις) und reiner Aktualität (ἐνέργεια) ausgespannten Welt. Und dieser von den beiden Klassikern vorgezeichnete Typus einer Lösung des Erkenntnisproblems stellte sich mir dar nicht als abgeschlossenes Faktum der antiken Philosophiegeschichte, sondern als ein Entwurf von noch längst nicht ausgeschöpfter Tiefe. Und in ihn, so schien mir, ließe sich der Begriff der phänomenologischen Intuition, den *Husserl* der modernen, vorwiegend idealistischen Tradition mit Mühe abgerungen hatte, ohne Schwierigkeit eintragen. Meine Bedenken aber gegen den transzendental-idealistischen Ansatz legte ich in einer von Husserl sehr freundlich aufgenommenen Besprechung der *Méditations Cartésiennes* in den »Kant-Studien« (1933, S. 209—216) nieder.

Die zweite Phase befreiender Belehrung wurde nicht durch die Philosophie selbst eingeleitet, sondern durch ihre praktische Verneinung. Nicht das Wort diente diesmal als Instrument der Unterweisung, sondern die zum Schlag ausholende Faust. Ein politisches Geschehen erfaßte mich und machte die Anmaßung des neutralen Zuschauers zunichte. Ihrem platonischen Sinn und Ursprung nach ist Philosophie von Grund aus praktisch und politisch. Wehe uns, wenn wir gewaltsam in diese Wahrheit hineingezwungen werden müssen! Und eben dies geschah mir wie auch anderen. Zwei entgegengesetzte und zugleich einander bedingende Bewegungen zeichneten sich vor meinen Augen ab, die eine destruktiv, die andere rekonstruktiv: Auf der einen Seite der Volks- und Staatszerfall, der die Republik in den Abgrund der Verneinung riß, und ihm entgegengestellt die blutige Affirmation der nationalsozialistischen Bewegung. Beide Bewegungen bezogen sich auf die Niederlage von 1918, die eine, indem sie diese Niederlage als total bestätigte und sich dem Nihilismus verschrieb: es gibt keinen Unterschied zwischen gut und böse; die andere, indem sie die Niederlage als geistiges Erlebnis und Verschulden leugnete: wohl gibt es das Böse, nicht in uns, aber in anderen, die auch das factum brutum der Niederlage verschuldet haben — im Judentum.

Die nationalsozialistische Ideologie mit ihrer diabolischen Simplizität erscheint uns heut als zu absurd, um einer ernsten Betrachtung wert zu sein. Dennoch hat sie Massen in Bewegung gesetzt, sie hat Jugendliche, viele Tausende von ihnen, zu passioniertem Opferwillen gesteigert und gescheite und kundige Männer haben es verstanden, die unglaubliche Mär auch den intellektuell Anspruchvolleren glaubhaft erscheinen zu lassen. Um das nahezu Unbegreifliche zu begreifen, müssen wir uns der damals herrschenden Grundstimmung erinnern. Gibt es überhaupt noch einen festen Boden, auf dem wir stehen können? Mit diesem selbsterfahrenen Zweifel standen wir, ich und die intellektuellen Vertreter meiner Generation, nicht allein da. Unser selbstzerstörerischer Zweifel kommunizierte mit einer weit verbreiteten Grundstimmung, an die ein Volksverführer mit seiner aufpeitschenden Affirmation wirksam appellieren konnte. Denn die Niedergeschlagenheit des Geistes bietet sich als Tummelfeld persönlicher und kollektiver Ressentiments an. Und es gab zudem eine von *Kierkegaard* (vielleicht durch ein Mißverständnis) ermutigte Existenzphilosophie und ihr politikwissenschaftliches Gegenstück, den Dezisionismus — eine Lehre, die aus der Not der Verzweiflung die Tugend der durch einen »Sprung« erfaßten, rationaler Begründung entzogenen Wahrheit machte. Und diese irrationale Wahrheit konnte — warum auch nicht? — die Wahrheit des

»Dritten Reiches« sein. Das Gespenst des existentialistischen Nationalismus ging damals um, und ich muß dankbar dafür sein, daß ich durch die mir von *Edmund Husserl* und den Griechen erteilte Lehre gegen diese Verführung gefeit war. Ein Licht war mir aufgegangen, das einen Weg ins Freie wies: der Gedanke, daß die philosophische Besinnung auf das Sein auch das Gut-Sein des Seins beleuchten muß. So konnte ich in deutlicher, wenn auch nur von wenigen vernommener Sprache Einspruch erheben gegen die existenz-philosophische Rechtfertigung der politischen Verirrung. Das geschah in einer kritischen Besprechung von *Carl Schmitts* »Der Begriff des Politischen« (Kant-Studien 1933, S. 190—196, wiedergedruckt in: »Der Staat«, 1967, S. 447—460). Indem *Schmitt* die Freund-Feind-Relation zum Prinzip des internationalen Lebens machte, diabolisierte er die Politik und zeigte zugleich, wie wenig sich die zunächst den Menschen als Einzelnen betreffende Existenzproblematik von der theologischen Fragestellung ablösen läßt. Auf ihn geht die Redeweise von einer »politischen Theologie« zurück, die in den sechziger Jahren von den Marx-Theologen katholischer und evangelischer Konfession begeistert aufgegriffen und programmatisch verwertet wurde — eine der keineswegs vereinzelten Anleihen der Neuen Linken bei den Ideologen der Hitler-Ära. Damit komme ich zu der dritten Phase des Prozesses, in dem ich meine Befreiung zu erkennen glaube.

In *Karl Barths* »Der Römerbrief« (1919) fand ich einen Satz, der mich aufhorchen ließ: »Gott ist Gott«. Darüber nachdenkend fand ich in ihm die Vereinigung von zwei Bedeutungen. Auf der einen Seite war er Ausdruck einer radikal negativen Theologie. Alle Prädikate entsprechen den die Weltwirklichkeit zusammenknüpfenden Beziehungen. Gott, diesen Beziehungen überhoben, kann daher nur von sich selbst ausgesagt werden. Nicht von uns, sondern nur »von innen«, will sagen von Gott her, kann die Tür zu ihm geöffnet werden. Die *analogia entis* aber, so meinte *Barth* mit grimmigem Humor, sei eine Erfindung des Antichristen. All das war abschreckend: hier wurde die Philosophie schlechtweg verneint — oder jedenfalls ihre theologische Relevanz. Doch kehrte ich immer wieder zu der beunruhigenden Tautologie zurück, bis ich schließlich eine zweite, ernstere Bedeutung in ihr entdeckte, und es will mir scheinen, daß *Barth* selbst in späteren Jahren und reiferer Weisheit sich immer mehr diesem anderen, affirmativen Verständnis zuwandte.

»Gott ist Gott«. Das konnte auch besagen: Gott ist »er selbst«, und nichts und niemand ist in gleichem Maße »selbst«, aus sich, durch sich, für sich seiend, in sich lebend. Unter der Herrschaft eines pragmatischen, das An-sich-sein der Wahrheit leugnenden Wahrheitsbegriffes hat man gesagt: es gibt ein nicht-gegenständliches Erkennen, und Theologie sei das eminente Beispiel hierfür. In der Tat aber ist Gott, wenn er überhaupt ist, der Gegenstand aller Gegenstände — er, wenn irgend etwas oder irgend jemand, bleibt unerbittlich uns gegenüber und zugegen, läßt sich unter keinen Umständen, weder gröblich als »gemacht« noch subtil als »konstituiert«, in uns, in den menschlichen Geist, hineinziehen. Er spottet der gerühmten »Hominisierung«. Gott war »ehe denn die Berge wurden«. Philosophisch gesagt: sein Weltschöpfer-sein erschöpft nicht sein Wesens-sein. »Gott ist Gott«; der Urakt der Transzendenz aber — der Geisttätigkeit, durch die wir bei *dem* sein können, was wir nicht sind und was auch nicht durch uns sein kann, bei dem »ganz anderen« — ist die Gottesliebe. In der menschlichen Erfahrung, so schien mir, hat das Für-sich-Sein den Primat gegenüber dem Sein: es liefert die Basis unserer Erfahrung von uns selbst als Wirklichem-innerhalb-der-Wirklichkeit und damit auch die Basis aller Erkenntnis und aller Wissenschaft. Was aber den Begriff Gottes, der ein Wissen von ihm vermittelt, anlangt, so schien er mir dem wirklichen Umgang mit Gott, der Religion als Kultus, ein- und nachgeordnet zu sein. Die Gottesbeweise hinken entweder dem Gebet nach — dann nämlich, wenn sie wie bei *Thomas* die Kausalität als Leitfaden benutzen — oder sie sind Auslegung des Gebets, wie in der von *Anselm von Canterbury* gegründeten, von *Raimundus Lullus* und *Leibniz* fortgeführten Tradition. Der für die menschliche Erfahrung behauptete Primat des Für-sich-Seins —

das klingt wie eine Erinnerung an *Platons* Überordnung des Guten im Verhältnis zum Sein. Und genau das war er und wollte er sein.

In den späten zwanziger und frühen dreißiger Jahren studierte ich, wie gesagt, mit vielen anderen die Schriften *Kierkegaards*. Als ich nach Bekanntschaft mit den Hauptwerken mich in die von *H. H. Schaeder* übersetzte Magisterdissertation über *Sokrates* vertiefte, kam mir der Gedanke, ich müsse zunächst die eigentliche Quelle unseres Wissens über *Sokrates*, die platonischen Dialoge, viel sorgfältiger lesen, als ich das bisher getan hatte. Die Stimme, die mir dieses »tolle, lege!« ins Ohr flüsterte, wies mir den Weg, auf dem sich die drei Fluchtpfade — die phänomenologische Wesensschau, die Frage nach dem Guten als politische Notwendigkeit, die theologische Belehrung durch *Karl Barth* — zu einer gangbaren Straße vereinigten. Meine Entdeckung, soweit ich selbst sie verstand, legte ich nieder in einem Buch, das ich noch heut als den eigentlichen Anfang meiner schriftstellerischen Tätigkeit betrachte: »Sokrates. Ein Versuch über den Ursprung der Metaphysik« (1934, 2.A. 1959). Mit diesem Buch versuchte ich zu zeigen, daß die metaphysische Tradition des Abendlandes aus dem von *Platon* hergestellten Wesenszusammenhang zwischen dem Sein und dem Guten entstanden ist, daß sie aus ihm lebt und daß sie nur aus diesem Ursprung verstanden und erneuert werden kann. Ohne es zu wollen oder auch nur zu bemerken, formulierte ich die Antithese zu *Heideggers* erst später bekannt gewordener Interpretation der Philosophiegeschichte. *Heideggers* kühne Deutung ist beherrscht von den gewaltigen, mehr durch Evokation als durch Denotation vergegenwärtigten Umrissen des frühen ionischen Denkens, sie schweigt von *Sokrates* und glaubt, in *Platons* »Idee« den Grund der Verwechslung von Erkenntnis mit Verfügungsmacht und damit den Anfang der Geschichte des europäischen Nihilismus aufspüren zu können. Sie fragt nach einem »Seyn«, das von dem »Sein« der Tradition streng zu unterscheiden ist.

So sehr beziehen sich alle meine späteren Veröffentlichungen auf die in dem *Sokrates*-Buch ausgesprochenen oder angedeuteten Gedanken, daß man sagen könnte, ich habe seitdem aufgehört zu lernen. In Wahrheit glaube ich, damals erst das Lernen gelernt zu haben. Aber während ich gehoben war von dem Bewußtsein, eine »Erwerbung für immer« gewonnen zu haben, zerbrachen die Pfeiler materieller Existenz. Am 30. 1. 1933 feierten wir nach einer Vorlesung den Geburtstag meiner Frau durch ein Mittagessen bei Kempinski. Ein Zeitungsverkäufer verteilte ein Sonderblatt mit riesiger Überschrift: »Hitler Reichskanzler«. Wir fuhren nach Dahlem in unsere Wohnung zurück. Unser knapp dreijähriger Sohn blickte zu uns hinein, sah uns blaß u. schweigend daliegen, u. mit den Worten: »Papa tot, Mama tot, Reinhard geht!« begab er sich in sein Zimmer.

Vertreibung und Rückkehr

Im März des Jahres 1935 erreichte mich ein Telefonanruf vom Propagandaministerium. Am Apparat war ein Regierungsrat, Studienkamerad aus der Breslauer Zeit, der mich zu sich in sein Amtszimmer bat. Dort legte er mir unter dem Siegel der Verschwiegenheit eine Denunziation vor, die von einem holländischen Pfarrer und Mitglied der Mussert-Bewegung stammte und sich auf eine unvorsichtige Äußerung bezog, zu der ich mich bei einer Vortragsreise in Holland hatte verleiten lassen. Das war eine rechtzeitige Warnung. Allzu alarmierend war sie nicht, da ich bereits vorgebaut hatte. Unter meinen Schülern war ein Amerikaner, den wir Larry nannten, Sohn eines wohlhabenden Mannes in Philadelphia und Student der Universität von Nord Carolina in Chapel Hill. Durch ihn war ich in das Gesichtsfeld der Kollegen nicht nur in der Staatsuniversität, sondern auch in der benachbarten Duke University in Durham N.C. gerückt worden. Vor allem hatte ich durch meine Schriften das Interesse einer klugen und einflußreichen Frau, Professorin der Philosophie in Duke, *Katharine Gilbert*, gewonnen und bei einem Zusammentreffen in Paris verabredeten wir die gemeinsame Abfassung einer »History of Esthetics«. Das geplante Buch erschien 1939 zuerst bei Macmillan in New York, wurde dann, zu einem Grundbuch des Ästhetik-Unterrichts in den Colleges der Vereinigten Staaten avanciert, in revidierter Form von der Indiana University Press neugedruckt und später auch in England veröffentlicht. Schließlich, ins Russische und in die Sprachen der Satellitenstaaten übersetzt, errang das Werk einen überraschenden Osterfolg — ein Zeugnis für die überpolitische Geltung ästhetischer Prinzipien. Vorbedingung für die Zusammenarbeit war meine Übersiedlung nach Amerika, und sie wurde ermöglicht durch eine Einladung der Universität Nord Carolina, die mir zuerst eine Gastprofessur, später eine regelrechte Professur anbot.

Rückblickend wundere ich mich darüber, wie leicht mir der Abschied von Berlin wurde. Vielleicht nur, weil ich darin nichts Endgültiges sah. Denn das Leben in Berlin hatte, auch und gerade unter dem Hakenkreuz, einen eigenen Reiz — den Zauber einer durch Bedrohung verschärften geistigen Wachsamkeit. Man traf sich in abendlichen Zirkeln von wechselnder Zusammensetzung wie auf einem umbrandeten Beobachtungs- und Wachturm und beredete sich über das, was geschehen war, vorging und bevorstand. Hier durfte, was nicht mehr gedruckt werden konnte, frei und kühn besprochen werden. In diesen Konventikeln der Dissidenten traf man Männer wie *Romano Guardini, Martin Buber, Reinhold Schneider.* Manche der dort auftretenden Figuren fanden sich später im aktiven Widerstand gegen *Hitler* zusammen. Auch Ausländer waren dabei. Ein holländischer Freund, den wir einführten, beschwerte sich später scherzend: in den zwei Wochen seines Berliner Besuchs habe er nicht einen einzigen Nationalsozialisten kennengelernt. Doch wurden auch dissonante Stimmen laut. *Lothar Helbig,* ein Mann der Jugendbewegung und ein Dichter, sprach mit Begeisterung über den Nationalsozialismus, »wie er ihn verstand«; nur der Antisemitismus sei abscheulich. Da er solches auch öffentlich äußerte, mußte er schleunigst über die Schweizer Grenze in Sicherheit gebracht werden. Später, zur Zeit der Besetzung Hollands, hat er erfolgreich unter Einsetzung seines Lebens für die Rettung deutsch-jüdischer Kinder gearbeitet — ein durch die Mitwirkung von Offizieren der Wehrmacht ermöglichtes Unternehmen.

Zu den Inseln illegaler Freiheit gehörte auch das kirchliche Leben, für mich, den Bewohner von Dahlem, das Leben in der Gemeinde *Martin Niemöllers*. Unvergeßlich die Nachmittagsversammlungen im überfüllten Saal des Gemeindehauses. Mit atemberaubender Unerschrockenheit, beseelt von im besten Sinn lutherischem Glaubensmut, sprach *Niemöller* über die uns bedrängenden Fragen. »Die Gestapo steht vor der Tür«, flüsterte mir mein Nachbar zu. Und eines Tages nahm die Gestapo den Pfarrer mit, und mein Freund *Ernst Brandenburg*, Pour-le-mérite-geschmückter Kampfflieger des Ersten Weltkrieges, der im Prozeß gegen *Niemöller* zu Gunsten des Angeklagten aussagte, wurde seines Amtes im Luftfahrtministerium entsetzt. Er wie auch andere Mitglieder der Gemeinde (und auch ich selber) haben sich später der katholischen Kirche angeschlossen. *Niemöller* selbst wählte einen anderen Weg und war bereit, den Lenin-Orden entgegenzunehmen.

Verglimmende Intensität des Lebens im Widerstand, durch tägliche Bewährung gefestigte Leidensbrüderschaft — das war gut für einige Zeit. Doch die Zeit ging dahin. Zwei ältere Freunde waren in den Monaten vor der Machtergreifung gestorben — *C. H. Becker*, der langjährige, im Ringen mit der nationalistischen Studentenschaft unterlegene preußische Kultusminister, und *Gerhard von Mutius*, ein der philosophischen Muße lebender früherer Botschafter. Ein dritter, *Kurt Riezler*, nach Jahren des Dienstes im Kanzleramt unter *Bethmann-Hollweg* zum Philosophieprofessor geworden, rüstete sich zum Aufbruch nach Amerika — es war die Zeit des Abschlusses und Abschieds. Noch erinnere ich mich eines letzten bewegenden Zusammenseins mit *Eduard Spranger*, der nach anfänglicher Euphorie das Dunkel eines überwältigenden Unheils herannahen sah. Als wir uns nach dem Krieg in Tübingen wiedersahen, konnten wir das unterbrochene Gespräch so aufnehmen, als wären inzwischen nur ein paar Tage verflossen.

Amerika, das Land der Yankees, wo sich die Räder schneller drehen und die Hast der Börse sich den Nerven des ganzen Landes mitteilt — so dachte man wohl. Tatsächlich wurde der amerikanische Aufenthalt nach dem Fieber des sich zum Krieg rüstenden *Hitler*-Deutschland zunächst eine Pause der Entspannung und Sammlung. Eine akademische Lehrtätigkeit, die ich nach meinen Wünschen gestalten konnte, hinderte mich nicht daran, die freundliche Gelassenheit des Lebens in den Südstaaten zu genießen. Ein bequemer Pendelverkehr zwischen unserem wohnlichen Chapel Hill, Campus und Dorf eingebettet in sanfte Hügelrücken und endlose, wild wuchernde Wälder, und dem nahen Duke mit seiner Neugotik aus leuchtendweißem Sandstein förderte die gemeinsame Arbeit an der Geschichte der Ästhetik. Außer den Professoren hatten sich in Chapel Hill allerlei merkwürdige literarische und künstlerische Figuren, aber auch eigenbrödlerische Käuze angesiedelt. Da lebte der bereits legendäre *Horace Williams*, von *Thomas Wolfe* in »Look homeward, Angel!« unter dem Namen Vergil porträtiert, ein sich auf *Hegel* berufender Weiser im Geschmack des carolinischen home-folk; neben ihm, in voller Manneskraft, der Schriftsteller *Paul Green*, dessen Romane das Leben der armen weißen Farmer in den beiden Carolinen schildern. Zu Beginn des Krieges nahm ein deutscher Besucher im Carolina Inn Wohnung, *Paul Scheffer*, der sich als Auslandskorrespondent politisch zu sehr kompromittiert hatte, um sich ohne Gefahr der nach Deutschland zurückkehrenden Botschaft anschließen zu können. Das war ein Mann von großem Format, auf tragische Weise körperlich behindert und seinem beruflichen Element entrissen, ein leidenschaftlicher politischer und spekulativer Denker, der mich in nächtelangen Diskussionen beschenkte und ermattete. Meiner Familie gewährte er den Genuß des Umgangs mit einem deutschen Herren der alten Schule, der mein sechsjähriges Töchterchen, aber auch ihre Eltern, durch zierliche Huldigungsbrieflein entzückte. Die Universität pflegte ein Volkstheater von bescheidener, aber respektabler Tradition, an dem für eine Weile der bei uns als *Shakespeare*-Übersetzer bekannte *Hans Rothe* wirkte. Aber der Schüler und Freund *Max Reinhardts* mußte bald feststellen, daß es den lokalen Machthabern an Sinn für die expressionistische Bühne deutscher Herkunft mangelte; wie überhaupt die tiefe und mächtige, aber kaum je in Worten ausgedrückte Vorliebe

für das Heimische, Bodenständige und Eingewurzelte in einer
fruchtbaren aber auch hinderlichen Spannung zu den kulturellen Ambitionen des Ortes stand. Auf dem Grabstein eines Arz-
tes war zu lesen: »For fourty years he lived and worked among
us diligently and devotedly. Although a stranger he was gene-
rally beloved.« Der Mann war aus Indiana gebürtig. Die Rede
vom amerikanischen Schmelztiegel trifft auf die Südstaaten
nicht zu. Doch bedeutete die immer gegenwärtige Unterscheidung zwischen Zugereisten und home-folk keineswegs, daß sich
der Fremde fremd fühlen mußte. Der deutsche Professor war
an der amerikanischen Universität eine gewohnte und längst
zur Tradition gewordene Figur. Nur in den bescheidensten
colleges durfte sie fehlen. Wenn der deutsche Professor sich
einmal in seinen englischen Worten vergriff (und wem geschah
das nicht gelegentlich?) pflegten die Hörer auf die gutmütigste
und höflichste Weise zu lachen. Später habe ich wohl eifrigere
und begabtere Studenten, doch niemals höflichere kennengelernt.

Erst war die Sprache hinderlich. Dann, nach etwa einem
Jahr, umgestimmt durch mein Werben, die ständige Lektüre
von englischen Kinderbüchern und der King James Version der
Bibel, akzeptierte sie mich als Adoptivkind und begann, mich
zu tragen. Es wurde eine Lust, vor Studenten und mit Studenten zu philosophieren. Dabei haben mir meine amerikanischen
Hörer eine unvergeßliche Lehre erteilt. Die zeitig, manchmal
auch vorzeitig erworbene historische Kenntnis, dazu ein Respekt vor der Schwierigkeit und Verborgenheit der Sache, der
sich allzu gern mit der Furcht vor Blamage verbündet — diese
bei dem deutschen Studenten zu erwartende intellektuell-mora-
lische Ausrüstung ist weder die einzige noch auch die wesentliche Vorbedingung für philosophisches Verstehen. Was die
meist recht unwissenden amerikanischen Studenten mitbrach-
ten — nicht alle natürlich, aber doch mehr als ich erwartete —
das war eine fast kindliche Unbefangenheit. Sie traten, bildlich
gesprochen, mit unverkrampften Gliedern an, und die Naivität
des erstaunten Hinblickens auf die Leben und Erfahrung bestimmenden Grundtatsachen verriet sich bisweilen in wunder-

bar treffenden Fragen. Mir, der ich damals viel *Augustin* las, schien dann jedesmal ein Abglanz jener Erkenntnis aufzuleuchten, die der Kirchenvater als cognitio matutina beschreibt. Dennoch war trotz so tröstlichen Erfahrungen ein Akt der Resignation erforderlich. Ich hatte viele Studenten, doch kaum einen Schüler. Die geistige Aufnahmebereitschaft, die mich entzückte, hatte etwas von jener vergänglichen Jugendschönheit an sich, die man in bezug auf das weibliche Geschlecht und seine leibliche Erscheinung als beauté de diable zu bezeichnen pflegt.

Dankbare Freude mit einer Beimischung von Resignation — das waren überhaupt die in verschiedenen Formen wiederkehrenden Bestandteile meiner amerikanischen Erfahrung. Der erste Frühling kam, früher als ich erwartete, aber nicht auf leisen Sohlen und schüchternen Tritts. Plötzlich ausbrechend verwandelte er Universitätsdorf und Campus in ein strahlend weißes und rosafarbenes Blütenmeer. Ein sonniger Tag schließt sich an den anderen — eine schier endlose Kette. Ich trete auf die offene Veranda — die »porch«, ohne die auch das armseligste Haus dort nicht zu denken ist. Eine Woge von Duft und dem fast unerträglich blendenden Morgenlicht flutet mir entgegen, wie in einer Wolke durch eine schwerelose Welt schreitend finde ich mich im Hörsaal, blicke über die Köpfe hinweg durch das offene Fenster auf die Glyzinien, die es umranken, und mein Blick bleibt an einem winzigen, bunt-metallisch flimmernden Wölkchen hängen — ein Kolibri, der im Schwirrflug seinen Schnabel in die blauen Blütenkelche taucht. Aber so berauschend heftig und flüchtig wie der Frühling, so ist auch der Morgen. Hat sich die Sonne plötzlich wie mit einem Sprung zum Zenith aufgeschwungen? Die Frische, kaum genossen, ist schon dahin, die Wärme, stetig wachsend, kriecht an dich heran, lähmt die Glieder, lastet auf den Augen — und während du dich gegen die Betäubung wehrst, überfällt dich eine nervöse Müdigkeit mit dem rasenden Wunsch: fort, nur fort von der roten, sonnendurchglühten Erde, von den unbetretbaren, durch poisoned ivy vergifteten Wäldern, fort von den Bergen, menschenfeindlich, wenn sie auch jetzt ihre Flanken mit blühenden Rhododendren verführerisch geschmückt haben, fort aber vor allem von den Nächten ohne Kühlung und ohne Stille, durchlärmt von schlaflosen Zikaden, durchirrt von unzähligen Feuerfliegen, den dämonischen Schwestern der im Sommernachtstraum tanzenden Glühwürmchen... Anwandlungen des Europäers, und dann am anderen Morgen erscheint die Erde wie erneuert im harten, blendenden Licht, und im Türrahmen zeigt sich unser dunkelhäutiger athletischer Hausgehilfe Ivy, heiter und gelassen in seiner weißen Zwillichjacke und begrüßt mich zeremoniell mit der immer wiederkehrenden Frage: »How are you this morning, Professor Kuhn?«

Das Leben des Einzelnen, auch der nachdenklichen, mit philosophischen Fragen beschäftigten Person, vollzieht sich in einem gesellschaftlichen Rahmen. Die Fragen werden ihm von anderen zugetragen oder durch Verschärfung nahegebracht, und seine Antworten zielen auf Hörer — auf wirkliche oder doch auf potentielle und in der Nähe erreichbare. Selbst wenn er sich vielfach in Opposition zu der Gruppe weiß, der er zugehört, ist es doch eben diese Opposition, die seine Stelle innerhalb der Gruppe bestimmt. Durch die Emigration in ein fernes Land entfällt der Rahmen und der Betroffene, mag er oppositionell gestimmt sein oder angepaßt, findet sich in einem ortlosen Raum. Nun wäre es eine gröbliche Übertreibung, wollte ich diese allgemeine Erfahrung in meinem damaligen Schicksal exemplifiziert finden. Nur in beschränktem Umfang traf sie zu. Der Rahmen entfiel nicht, er war nur undeutlicher geworden. Früher hatte ich gelebt und meine Arbeiten waren aus meinem Leben erwachsen. Nun mußte ich mich fragen, wie ich Leben und Arbeiten einzurichten habe — und zwar im Sinne der Vorläufigkeit. In meinem amerikanischen Refugium habe ich das Bewußtsein einer tiefen und dauerhaften Verbundenheit mit Amerika entwickelt, und heute wie damals betrachte ich den Anti-Amerikanismus als eine selbstmörderische politische Abirrung. Doch habe ich, von diesem Bewußtsein durchdrungen, nie den Anspruch erhoben, ein Amerikaner zu sein oder zu werden — das war die Grundlage meiner amerikanischen Freundschaften und ihrer Kostbarkeit.

Der gesellschaftliche Rahmen der Verständigung, wenn auch

nicht mit der früheren Selbstverständlichkeit gegeben, entfaltete sich nach und nach und ersparte mir das Gefühl der »Ortlosigkeit«. Gesprächspartner teils am Ort, teils irgendwo im Lande, teils Amerikaner und teils deutsche Emigranten, haben mich in den Jahren des Exils bereichert und ermutigt. Freundschaftlich verbunden war ich mit Kollegen meiner Universität, vor allem mit dem Romanisten *Tighner Holmes,* ferner mit dem Soziologen und Nationalökonomen *Herbert von Beckerath* und dem mir besonders nahestehenden Politikwissenschaftler *John H. Hallowell,* die beiden letztgenannten Angehörige der Duke University. In ständigem Kontakt stand ich mit *Kurt Riezler, Leo Strauss, Alfred Schuetz, Fritz Kaufmann,* und zu ihnen gesellte sich während des Krieges *Alexandre Koyré,* samt und sonders Persönlichkeiten, die wie ich selbst durch die Schule der Phänomenologie hindurchgegangen und von der Problematik der deutschen Zwischenkriegszeit geprägt waren. Die New School in New York City, etwas wie ein deutsch-amerikanisches Gegenstück zu der London School of Economics, diente als der natürliche Treffplatz.

Von größter Wichtigkeit für mich persönlich war ein Zusammenschluß von wesentlich amerikanischer Prägung, eine theologisch-philosophische Gesprächsgruppe, die sich zweimal im Jahr im Prediger-Seminar der Kathedrale in Washington D.C. versammelte und zu deren führenden Mitgliedern unter anderem *Reinhold* und *Richard Niebuhr, Paul Tillich,* der Präsident des Union Theological Seminar *Van Dusen, Amos Wilder,* der Bruder von *Thornton Wilder,* gehörten. *Tillich,* neben *Reinhold Niebuhr* wohl die geistig bedeutendste Persönlichkeit des Kreises, hatte damals den Zenith seiner Wirksamkeit erreicht. Sein Einfluß in Union, so erzählte man sich, war so groß, daß die Studenten sich ein Englisch mit deutschem Akzent beilegten und die Überzeugung vertraten, die Frage der historischen Existenz *Jesu* sei religiös irrelevant.

Meine Begegnungen mit *Tillich* waren stets freundlich, obwohl wir nie wirklich zusammenkommen konnten. Ich hatte ihn im Verdacht, die Philosophie dadurch zu emaskulieren, daß er die existentielle Entscheidung dem Glauben zuschob, und gleichzeitig die Theologie zu hominisieren, indem er den Zustand der »Entfremdung« in symbolischer Deutung Gott selbst zuschrieb. Und er, vom Recht seines überlegenen Alters Gebrauch machend, wies mich wegen meiner Kritik an der »progressiven« Pädagogik der Amerikaner zurecht. Die Auseinandersetzung zwischen uns war ein kleines, auf amerikanischen Boden versetztes Nachspiel zu der großen deutschen Auseinandersetzung der zwanziger und frühen dreißiger Jahre, in der *Tillich* seine Stimme als sozialkritischer Philosoph und Theologe erhoben hatte. Nun streute er die Samen, aus denen in den fünfziger und sechziger Jahren erst die amerikanische God-is-dead-Theology und danach in Deutschland die »Theologie der Revolution« (durch eine mißverständliche Anleihe bei *Carl Schmitt* auch »politische Theologie« genannt) entsprießen sollten. Zunächst wiederholte sich in Amerika die deutsche Dialektik: der deutschen revolutionären Theologie trat eine politische Philosophie deutscher Herkunft entgegen, die sich auf die klassische Tradition gründete. Als ihre Wortführer taten sich *Leo Strauss, Eric Voegelin* und *Hans Morgenthau* hervor — eine Gruppe, der ich natürlicherweise nahestand. Was sich mir damals als Nachspiel darstellte, entpuppte sich später als Vorspiel der zweiten deutschen Auseinandersetzung, die nach Ablauf der nachkriegszeitlichen *Adenauer*-Ära in den sechziger Jahren begann. Nur das Wort Auseinandersetzung war kaum noch passend. In der Front des Suhrkamp-Kulturkampfes vereinigten sich die marxochristlichen Theologen mit den Heimkehrern der Frankfurter kritischen Theorie zu einer Macht, die die konservative Opposition fast zum Verschwinden brachte — ein Sieg, der eine Verstörung des deutschen Erziehungswesens zur Folge hatte.

Politische Erfahrung und Belehrung durch die Griechen hatten für mich die politische Freiheit zu einem Anliegen gemacht, das an Dringlichkeit nur hinter der metaphysischen und religiösen Frage zurückstand. Ich war der Unfreiheit des nationalsozialistischen Einparteistaates entflohen, und meine Aufgabe, wie auch die meiner Schicksalgefährten, mußte darin bestehen, mich in der amerikanischen Freiheit, stark und unvollkommen wie sie war, zurechtzufinden. Das bedeutete zunächst eine freudige Affirmation: war doch Freiheit Ziel und Grundbegriff der politischen Tradition des Gastlandes, seiner Theorie wie auch seiner Praxis. Aber diese auf *Locke* zurückgehende liberale Tradition war Ausdruck der revolutionären Befreiung des aufsteigenden Bürgertums von den Fesseln der feudalen Gesellschaftsordnung. Konfrontiert mit der Gewaltherrschaft des modernen totalitären Staates und seinem ideologischen Gesinnungszwang war sie um eine Antwort verlegen. Der deutsche NS-Staat blieb ihr ebenso unverständlich wie der Sowjetstaat. Einem Staatsmann wie *Franklin D. Roosevelt* fiel es ebenso schwer wie der Mehrzahl seiner Landsleute, den Unterschied zwischen *Wilhelm II.* und *Adolf Hitler* zu begreifen. Um hierüber einige Klarheit zu schaffen und zugleich den Sinn der deutschen Emigration und des deutschen Widerstands zu erklären, veröffentlichte ich 1942 mein Buch über »Freedom Forgotten and Remembered«. Es fand im ganzen eine freundliche Aufnahme. Zu meiner Überraschung machte es zwei von mir hochgeschätzte englische Autoren, *C. S. Lewis* und *Dorothy L. Sayers*, auf mich aufmerksam, und ein Briefwechsel entspann sich, der später zu freundschaftlichen Begegnungen in England führte.

Als ich in Amerika ankam, hatte ich die Verlegenheit meiner Anfängerzeit bereits überwunden. Wenn auch nicht eine vorgezeichnete Reiseroute, so hatte ich doch einen verläßlichen Kompaß zur Hand. Mit den Einsichten, die ich in dem *Sokrates*-Buch teils niedergelegt, teils angedeutet hatte, glaubte ich den Schlüssel zu besitzen, mit dessen Hilfe ich mir Sprache und Sinn der von den Griechen gegründeten philosophischen Tradition erschließen konnte. Aber meine aus den Quellen geschöpfte Kenntnis dieser Tradition war sehr lückenhaft. Um dem Mangel abzuhelfen, wurde ich ein rastloser Leser. Nicht zufrieden mit der Vertiefung meiner Vertrautheit mit den heidnisch-antiken Autoren, las ich mich, dem Fortschritt der Zeit und des Denkens folgend, über den antiken Kreis hinaus in das lateinische Mittelalter hinein und begann, geleitet vor allem durch die Interpretationen von *Étienne Gilson*, ein Studium des *Thomas von Aquin.* Der Autor aber, der mich im wahrsten Sinne des Wortes gefangen nahm, war *Augustin.* Denn bei ihm, in seinem Begriff des *quaerere,* fand ich wie bei keinem anderen christlichen Autor die vollkommene Vereinigung von griechischer Lust an geistiger Schau, an *theoria* und religiösem Heilsverlangen, aus der, wie mir schien (und heute noch scheint), die Philosophie des Abendlandes lebt, die christliche ebenso wie die mohammedanische und jüdische. Seitdem habe ich die Gewohnheit der *Augustin*-Lektüre nicht wieder aufgegeben. Darin traf ich mich mit *Romano Guardini,* der später, nach meiner Berufung nach München 1953, mein Kollege werden sollte. Eines Abends, nach einem *Augustin*-Gespräch in meiner Wohnung, begleitete ich *Guardini* nach Haus, es regnete, ich hielt einen Schirm über ihn, als er, plötzlich stehen bleibend, sich mir mit den Worten zuwandte: »Mein Lieber, zur Erinnerung an diesen Abend will ich dir ein Geschenk machen.« Am anderen Morgen erschien bei mir sein Adlatus mit einer Riesenlast: den 11 ledergebundenen Folianten der Mauriner *Augustin*-Ausgabe. Die Welt, die *Augustin* überblickte, war geographisch begrenzt auf die Mittelmeerländer und den vorderen Orient, zeitlich auf die von der Bibel und der antiken Historiographie bekundete Vergangenheit. *Unsere* Welt droht sich uns durch ihre globale Weite und Zeitentiefe zu entziehen. Als Heilmittel gegen den daraus folgenden abendländischen Provinzialismus verschrieb ich mir ein Studium des vielbändigen Riesenwerkes von *Arnold Toynbee* »A Study of History« — eine universalhistorische Phänomenologie der Gesellschafts- und Herrschaftsformen der Menschheit im Aufbau und Zerfall; anders gesagt, eine Kulturmorphologie, die das politische und das meta-politische (religiös-philosophische) Geschehen in einen umfassenden Strukturzusammenhang hineinstellt. In diesem Rahmen schien mir der Begriff der »schöpferischen Minderheit« aufschlußreich. Der später von mir entwickelte Begriff der Vorordnung des religiös-philosophischen Bildungslebens in seinem Verhältnis zum Staat geht auf diese Anregung zurück.

Mein Interesse an *Augustin* wurde vor allem von Priestern

und Laien der Episcopal Church geteilt, und in diesen Kreisen fand auch meine Auseinandersetzung mit dem Existentialismus in »Encounter with Nothingness« (1949) eine freundlich zustimmende Aufnahme. Mit einer deutschen Übersetzung dieses Buches (»Begegnung mit dem Nichts« 1950) stellte ich mich nach meiner Berufung an die Universität Erlangen den deutschen Lesern vor, unter denen freilich der Existentialismus inzwischen an Boden und Interesse verloren hatte. War doch die Stafette längst an Frankreich ausgehändigt worden, und deutschen Lesern war es nicht schwer, festzustellen, daß *Jean-Paul Sartre* ein interessanterer Schriftsteller war als *Karl Jaspers*. So wurde meine als kritischer Angriff gemeinte Schrift unversehens zum Epitaph. Für mich persönlich war es das Buch der Heimkehr nach der Vertreibung. Es machte mir klar, daß es für den Schriftsteller schwieriger sein kann zurückzukehren als fortzugehen.

Das besiegte Deutschland

Der Krieg brach aus, und wir wurden zu enemy aliens — ein häßlicher Name für einen mit keinerlei Unannehmlichkeiten verbundenen Zustand. Wie meine Freunde in Deutschland fand ich mich in der paradoxen und quälenden Lage, den Sieg des eigenen Landes fürchten zu müssen. Als der Fanatiker *Hitler* den selbstmörderischen Irrtum *Napoleons* wiederholte und Rußland überfiel, wußten wir, daß Deutschlands Niederlage unvermeidlich war, aber auch, daß sie fürchterlich werden müßte. Dann kamen deutsche Kriegsgefangene in Nord Carolina an, viele tausende von ihnen, und wurden auf verschiedene, über den ganzen Staat verstreute Lager aufgeteilt. Das Hauptlager war bei Durham, etwa 20 Meilen von uns entfernt. Der Oberst, dem das Lagersystem unterstand, fragte mich, ob ich bereit wäre, zu den Kriegsgefangenen zu sprechen; ich könne das in voller Freiheit tun. Ich sagte zu, und für einige Zeit hatte ich einen zweiten Beruf. Ein Auto und ein junger Leutnant standen mir zur Verfügung. So besuchte ich ein Lager nach dem anderen und sprach zu Auditorien, die im Hauptlager die Tausend überstiegen. Dazu kamen unzählige Gespräche mit Gruppen und einzelnen. Alle deutschen Stämme, auch schlesische Landsleute, waren vertreten, doch die sogenannten Sudetendeutschen, will sagen Deutsche aus Böhmen, überwogen. Was ich unternahm war weit entfernt von »demokratischer Indoktrination«. Ich hielt mich an ein einfaches Prinzip: Ermutigung durch Orientierung. Das *Hitler*-Unwesen hatte sich selbst durch seine Untaten und seine Folgen verurteilt. Von dieser gemeinsamen Überzeugung ging ich aus und zeigte, daß dies Urteil keine Verurteilung Deutschlands bedeutete. Ich bemühte mich, als Mensch und zugleich als Patriot zu sprechen und das wahre, von den nationalsozialistischen Machthabern geknechtete aber nicht zerstörte Deutschland zu Wort kommen zu lassen. Damals hatte ich mit der Unterscheidung von Deutschen und Nazis die gebildete öffentliche Meinung Amerikas hinter mir. Das änderte sich in der hysterischen Stimmung des letzten Kriegsjahres. Der unter marxistischem Einfluß stehende »Bund zur Verhinderung von Weltkrieg Nummer Drei« brachte mit seiner anti-deutschen Propaganda den irrsinnigen Gedanken eines pastoralisierten Deutschlands in Umlauf. Die bisher korrekte und sogar großmütige Behandlung der Kriegsgefangenen machte rauheren Methoden Platz. Amerika rüstete sich dazu, nach gewonnenem Krieg den Frieden zu verlieren.

Obwohl ich vermutlich in meiner Deutung der politischen Situation vor den Gefangenen durch zu optimistische Einschätzung sündigte, oder auch weil ich das tat, schlug mir eine Welle der Zustimmung entgegen. Die Bereitschaft, die von den Nazis eingehämmerten, aber inzwischen durch Erfahrung erschütterten Vorurteile preiszugeben, erleichterte eine Verständigung. Für mich selbst war der Gewinn dieser Anstrengung unschätzbar. Für meine Tätigkeit an der Münchener Hochschule für Politik als Dozent und von 1960—70 als Rektor hätte ich mir keine bessere Vorbereitung wünschen können. Meine späteren Veröffentlichungen zu Fragen der Politik, vor allem auch mein Buch über den Staat (1967) schöpften aus den Erfahrungen, die mir damals in Gesprächen mit Gefangenen zugeflossen sind.

Das war eine Heimkehr vor der Heimkehr.

Im Sommer des Jahres 1948 ergab sich die Aufgabe, die amerikanische Öffentlichkeit über den Sinn des mißglückten Attentats gegen *Hitler* vom 20. Juli und die Bedeutung des deutschen Widerstands aufzuklären. Zu diesem Zwecke fanden sich Amerikaner und Deutsche, an ihrer Spitze *Reinhold Niebuhr* und *Eric M. Warburg,* zu dem »Committee for a Democratic Germany« zusammen. Auch *Thomas Mann* schloß sich an. Im Auftrag dieser Gruppe verfaßte ich die meines Wissens erste im Druck erschienene Darstellung der Ereignisse des 20. Juli, die dem wirklichen Geschehen einigermaßen entsprach. Wir, meine Freunde und ich, lebten in der Überzeugung, der deutsche Widerstand müßte der Ausgangspunkt eines neuen deutschen Staatswesens und zur Grundlage seines Ethos werden — eine Hoffnung, die sich aus vielen Gründen, zum Teil auch wegen der Uneinigkeit im Widerstand selbst, nicht verwirklichen konnte. Die Männer, die sich in Kreisau um den Grafen *Moltke* gesammelt hatten und die »Rote Kapelle« — das paßte nicht zusammen. Die Negation der Negation in Ehren, doch eine starke und zusammenfassende Affirmation konnte sich aus ihr nicht ergeben. Die Botschaft, die die Märtyrer des deutschen Widerstands zu verkünden hatten, war im wesentlichen religiöser und ethischer Natur. Das ergibt sich auch aus den Abschiedsbriefen der Hingemordeten, die meine Frau in Zusammenarbeit mit *Helmut Gollwitzer* und *Reinhold Schneider* sammelte und unter dem Titel »Du hast mich heimgesucht bei Nacht« (1954) veröffentlichte. Den für diese Sammlung erforderlichen Kontakt mit den Familien der Opfer hatten wir im voraus durch ein im Sommer 1945 mit Unterstützung des erwähnten *Committee* und vieler amerikanischer Freunde gegründetes Hilfswerk hergestellt. Eine verzweigte Korrespondenz im Dienst dieser Sache, das Packen und die Versendung von Paketen, die Teilnahme an dem Internationalen Philosophischen Kongreß in Mendoza am Fuße der Anden, wo ich nach langer Trennung meine deutschen Kollegen wiedersah, die Beteiligung an dem Goethe-Bicentennium in Colorado, Trennung von Chapel Hill zu einer kaum zwei Jahre dauernden

Lehrtätigkeit an der Emory University in Atlanta — das waren die Beschäftigungen, mit denen ich meinen Aufenthalt in Amerika beschloß. Im Sommer 1949 traf ich in Erlangen ein, um die mir von dem Bayerischen Kultusminister Dr. *Hundhammer* angebotene Professur zu übernehmen. Doch noch vor meinem Einstand dort besuchte ich zwei Freunde, dir mir in der Fremde das fortdauernde Deutschland bedeutet hatten: *Ernst Brandenburg,* der alt und weise und fromm geworden war, das alles mit dem ihm eigenen, hinter jovialem Humor schwelenden Feuer; und *Reinhold Schneider,* abgezehrt und traurig, eine franziskanische Leidensgestalt.

Seit meiner Rückkehr und dem Beginn meiner Tätigkeit an der Universität Erlangen ist ein Vierteljahrhundert vergangen — ein Zeitraum, der, wenn ich 1925 als Beginn meiner philosophischen Entwicklung ansetze, ziemlich genau der von meinem Bericht durchlaufenen Zeitstrecke entspricht. Doch dieses zweite Viertel ist, wenn ich von der kalendarisch meßbaren Länge absehe, noch nicht abgeschlossen. Obgleich längst Emeritus, stehe ich noch in eben diesem unabgeschlossenen Zeitraum. Er ist Teil meiner Gegenwart, und obwohl mich das Gedächtnis viel reichlicher mit Informationen darüber bedient als die weiter zurückreichende Erinnerung, erlaubt er doch als unüberschaubar keinen historischen Bericht. Ein paar Wegmarkierungen müssen genügen.

Der vertriebene Sohn kehrt in das verwüstete Vaterhaus zurück. *Bertolt Brecht* hat dem Erlebnis der bitter-süßen Heimkehr ein unvergängliches dichterisches Monument errichtet (in »Rückehr«, Ges. Werke IV 858): »Tödliche Schwärme / Melden euch meine Rückkehr, Feuersbrünste / Gehen dem Sohn voraus.« Aus der Unversehrtheit des Exils, aus dem Lager der satten Siegermächte kommend fand er sich unter den Seinen, die inzwischen die Bitterkeit und Leiden der Niederlage hatten erdulden müssen. So empfand er die noch übriggebliebenen Unbequemlichkeiten der deutschen Nachkriegsexistenz und die Enge seines Erlanger Notquartiers nicht als Zumutung, sondern als verbindend und versöhnlich. Doch mußte er darauf gefaßt sein, auf Schritt und Tritt Ruinen zu begegnen — in den

Städten und in den Menschen selbst. Das erfuhr ich schon in Erlangen, obwohl die Fakultät, der ich angehörte, mich mit Herzlichkeit und Verständnis aufnahm. Viel schroffer war die Lehre, die mir in München zuteil wurde, wohin ich 1953 berufen wurde, unter für mich schwierigen Umständen. Der mir angebotene Lehrstuhl hieß »für amerikanische Kulturgeschichte und Philosophie« — eine vorläufige Regelung mit der Aussicht auf spätere Zuteilung eines Lehrstuhls für Philosophie schlechthin. Sie erfolgte dann auch, aber erst nach Kämpfen, die eine mir früher unbekannt gebliebene Feindseligkeit enthüllten. Sie hinderte mich nicht daran, in München und in der deutschen akademischen Philosophie Fuß zu fassen. Unter den Freunden, die ich in München fand, standen mir am nächsten *Romano Guardini,* dem ich ein in sein Denken einführendes Büchlein widmete und der mich noch in den Monaten seiner letzten tödlichen Krankheit zum Repositorium seiner Gedanken machte; ferner Pater *Augustinus Rösch,* ehemals Provinzial des Jesuiten-Ordens und Mitglied der Kreisauer Widerstandsgruppe, mir und den Meinen ein treuer Berater. Von unschätzbarem Wert für mich und meine Arbeit waren die freundschaftlichen Beziehungen zu einigen Mitgliedern der Philosophischen Fakultät, in erster Linie zu *Alois Dempf,* dem ich meine Berufung nach München verdankte, dem Anglisten *Wolfgang Clemen,* dem Kunsthistoriker *Hans Sedlmayr,* dem Latinisten *Carl Becker,* einen kongenialen Schüler des von mir bewunderten und verehrten *Karl Reinhardt,* dem Gräzisten *Kurt von Fritz,* seinem Fach nach ein eminenter Philologe, seiner Gesinnung nach ein Philosoph; und kostbar ist und bleibt mir auch die Verbundenheit mit zwei Persönlichkeiten evangelischer Prägung, dem damaligen Studentenpfarrer, jetzt Kreisdekan *Georg Lanzenstiel* und dem Dichter *Albrecht Goes.* Immer wieder geschah es mir, daß ich Briefe mit »Berlin, dem so-und-so vielten« begann, ein Versehen, durch das mir mein Unterbewußtsein bestätigte: du bist nicht mehr irgendwo, sondern, wie einst in Berlin, wohnhaft in einer Stadt, zuhause im Schatten der Türme von Liebfrauen. Die menschliche Szenerie füllte sich durch Wiederbegegnungen mit Gefährten und Gefährtinnen aus alten schlesischen Tagen, mit heimisch anmutenden Figuren — mit Schülern, die mit Ernst und Hingabe ihre eignen Wege suchten. Das Philosophische Seminar wurde ein freundlicher Treffplatz. Und zu einem zweiten Ort, an dem ich mich zuhause fühlen durfte, wurde die Münchner Hochschule für Politik, dank vor allem der freundschaftlichen Hilfsbereitschaft des Syndikus, Dr. *Alfred Jüttner,* der als eine Art von curator perpetuus seine ganze Schaffenskraft und Intelligenz in den Dienst dieser kleinen, aber lebensvollen und aufstrebenden Schule stellte. Und schließlich fand ich in Dr. *Heinrich Wild,* dem Leiter des Kösel-Verlages, einen literarischen Berater und verständnisvollen Freund.

Der weitere akademische Kreis meiner Kollegen im Sinne des Faches hatte sich zwar während meiner Abwesenheit in seinem Personenbestand naturgemäß verändert und verjüngt. Aber in seinem Grundbestand, in den vorherrschenden theoretischen Interessen und Richtungen und im einigermaßen überschaubaren Spiel divergierender, konvergierender und rivalisierender Positionen ähnelte die philosophische Situation der, die ich vor dem Krieg kennen gelernt hatte. Die drei ersten Präsidenten der bald nach dem Krieg gegründeten »Allgemeinen Gesellschaft für Philosophie in Deutschland«, *Helmuth Plessner, Helmut Kuhn* und *Hans-Georg Gadamer,* gehörten noch zu den Notabeln des verflossenen Reichs. In den sechziger Jahren änderte sich das Bild mit überraschender Geschwindigkeit. Zwei neue Mächte waren auf den Plan getreten, die »Kritische Theorie« der Frankfurter und die von England und Amerika herüberwirkende Sprachanalytik. Gleichzeitig wandelte sich die polare Spannung. Zuvor hatte sie zwischen einer geisteswissenschaftlich gestimmten, mit der philosophischen Tradition vertrauten Richtung einerseits und dem auf Wissenschaftlichkeit bestehenden, den Naturwissenschaften zugewandten Positivismus auf der anderen Seite gespielt. Jetzt hingegen stand dem Positivismus fast nur noch die kritische Theorie gegenüber, die dank der Assimilationskraft der neomarxistischen Doktrin die geistes-wissenschaftlich-metaphysi-

schen Interessen sozusagen in Pacht übernommen hatte. Da
aber die kritische Theorie eigentlich Soziologie, der Neopositivismus eigentlich Wissenschaftstheorie sein wollte, wurde
es fraglich, ob die Auseinandersetzung, die jetzt die Gemüter
bewegte, überhaupt noch in dem traditionellerweise als Philosophie umgrenzten Felde zu lokalisieren sei. Auf dem Vertrauen aber, daß die Sache »Philosophie« in dem westlichen
Rumpfdeutschland doch noch lebendig ist, beruhte die Existenz
und Wirksamkeit der von *H.-G. Gadamer* und mir 1953 begründeten und zwanzig Jahre hindurch redigierten »Philosophischen Rundschau«. Sie hat, glaubte ich, dieses Vertrauen
gerechtfertigt. Das von ihr gepflegte Interesse dürfte lang-
lebiger sein als die Aktualitäten der sog. Suhrkamp-Kultur.

Den Wegen der deutschen Philosophie in der inzwischen
schon fast abgelaufenen Phase der Dritten Aufklärung mit
Aufmerksamkeit zu folgen ist mir nicht leicht gefallen. Mit
Staunen nahm ich von ihrer Tätigkeit als ideologische An-
heizerin der Studentenrevolte Kenntnis. Aber scheint es nicht
so, als näherte sie sich bereits wieder, der revolutionären Aus-
schweifung müde, den Denkpfaden, denen seit den Tagen
Platons der Titel Philosophie vorbehalten blieb? Wenn ich
mein eigenes Mittun oder Draußenbleiben in diesen Zeitläufen
mit ihren ebenso heftigen wie kurzatmigen Bewegungen und
ihrer ziellosen Reformsucht bedenke, dann will mir scheinen,
daß ich aus meinem Exil zwar keineswegs als ein mit fremd-
ländischen Schätzen beladener Krösus zurückgekehrt bin, doch
auch nicht als Bettler, dessen ungestilltem Appetit man vor-
setzen kann, was gerade dem Geist oder Ungeist der Stunde
zusagt. Der große Anspruch, unter dem ich einst angetreten
war, hat nichts von seiner Strenge, das Glück, etwas wie einen
gangbaren Weg erspäht zu haben, hat nichts von seiner be-
feuernden Kraft verloren, und die Frage, ob es mir gelungen
ist, auch nur einen Schritt auf diesem Wege voran zu tun,
überlasse ich gern dem Urteil derer, die es etwa für wert
halten sollten, mir zuzuhören. Nach meinem Urteil jedenfalls
besteht der Sinn dessen, was ich vom Katheder gesagt oder in
Büchern niedergelegt habe, in dem Versuch, eine ursprüngliche,

nachvollziehbare, aber schwer zu ergründende Einsicht zu entfalten, von deren Genesis ich hier berichtet habe. In »Das Sein und das Gute« (1962) bemühte ich mich um die metaphysischen Wurzeln dieser Einsicht, in den »Schriften zur Ästhetik« (1966) um ihre Bedeutung für das Verständnis der Kunst. In dem »Der Staat« (1967) betitelten Buch zeichnete ich den gesellschaftlich-politischen Rahmen, in dem sich das Leben der Erkenntnis und der künstlerischen Gestaltung abzuspielen hat. Der moderne, liberal-konstitutionelle Staat — so etwa lautet die These des Buches — ist nicht, wie neuerdings *John Rawls* in einem erfolgreichen Buch (»A Theory of Justice«, 1973) zu zeigen suchte, ein autonom-rationales, durch eine *moral geometry* zu legitimierendes Gebilde, sondern er kann nur existieren, solange er gespeist wird von dem ihm vorgeordneten religiösen und geistigen Leben, das der von ihm gehüteten Freiheit einen Inhalt gibt. Dieses Leben aber kann er zwar pflegen, vernachlässigen oder zerstören, aber weder schaffen noch lenken. Die pseudo-revolutionären Ereignisse, die die Universitäten der nicht-sozialistisch regierten Länder der Welt erschütterten und mit denen ich mich in zwei Publikationen beschäftigt habe (»Rebellion gegen die Freiheit«, 1968 und »Aufstand der Jugend«, 1970) bestätigten, so schien mir, die Lehre von dem freiheitlichen, d. h. sich selbst begrenzenden, Staat, dem als feindliche Antithese der aus einer leidenschaftlichen Massenbewegung geborene, von einer Ideologie beherrschte Über-Staat entgegentritt. Wohl macht es einen gewaltigen Unterschied, ob der aus der Verzweiflung der Massen und dem anti-philosophischen Nihilismus gezeugte ideologische Religionsersatz Faschismus heißt oder Nationalsozialismus oder Marxismus-Leninismus. Aber über diesen Unterschied das wesentlich Gemeinschaftliche, das Monstrum des totalitären Staates, zu übersehen — das scheint mir die tödliche Versuchung zu sein, die das geistige Leben mit Verwirrung und Selbstvernichtung, die Menschheit mit Freiheitsverlust bedroht. Deshalb gilt mehr als je die Mahnung: philosophari necesse est. Denn, das könnten wir von den Griechen gelernt haben, die Natur der Dinge versteckt sich gern, und Philosophie ist nicht nur Analysis, die unterscheidende Auflösung des Scheins der Gleichheit, sondern zuerst und vor allem anderen Synopsis, Zusammenschau des Gleichen, das sich unter dem Schein der Ungleichheit und Gegensätzlichkeit verbirgt.

Vom Autor getroffene Auswahl seiner Veröffentlichungen

Die Kulturfunktion der Kunst. Band 1, Erscheinung und Schönheit. Untersuchungen über den Immanenzbegriff in der Ästhetik. Band 2, Die Vollendung der klassischen deutschen Ästhetik durch Hegel. Juncker & Dünnhaupt, Berlin 1931.

Sokrates. Ein Versuch über den Ursprung der Metaphysik. 1. Aufl. Die Runde, Berlin 1934, 2. Aufl. Kösel-Verlag, München 1959.

A History of Esthetics. (Mit K. E. Gilbert.) 1. Aufl. Macmillan, New York 1939, 2. Aufl. University of Indiana Press 1950, 3. Aufl. Thames & Hudson, London 1956.

Freedom Forgotten and Remembered. Univ. of. N. C. Press, Chapel Hill, 1942.

Begegnung mit dem Nichts. Ein Versuch über Existenzphilosophie. J. C. B. Mohr, Tübingen 1950.

Begegnung mit dem Sein. Meditationen zur Metaphysik des Gewissens. J. C. B. Mohr, Tübingen 1954.

Wesen und Wirken des Kunstwerkes. Kösel-Verlag, München 1960.

Romano Guardini. Der Mensch und das Werk. Kösel-Verlag, München 1961. Italienische Übersetzung, Morcelliana, Brescia 1963.

Das Sein und das Gute. Kösel-Verlag, München 1962.

Traktat über die Methode der Philosophie. Kösel-Verlag, München 1966.

Schriften zur Ästhetik. Kösel-Verlag, München 1966.

Der Staat. Eine philosophische Darstellung. Kösel-Verlag, München 1967.

Rebellion gegen die Freiheit. Über das Generationsproblem und die Jugendunruhen unserer Zeit. Kohlhammer-Verlag, Urban-Taschenbuchreihe, Stuttgart 1968.

Die wahre Tragödie. Platon als Nachfolger der Tragiker. Georg Olms Verlag, Hildesheim/New York, 1970.

Jugend im Aufbruch. Zur revolutionären Bewegung unserer Zeit. Kösel-Verlag, München 1970.

»Liebe« — Geschichte eines Begriffes. Kösel-Verlag, München 1975.

NAMENREGISTER

Adenauer, K. 272
Adikes, E. 115
Adorno, Th. W. 79, 239
Albertus Magnus 113
Anselm von Canterbury 262
Apel, K.-O. 89
Archimedes 255
Aristophanes 142
Aristoteles 67 ff., 71, 77, 86—89,
  91, 97, 109, 135, 142, 145, 147,
  154 f., 160—164, 169, 176, 189,
  201, 207 f., 210 f., 225, 245,
  259
Aster, E. von 129
Auden, W. H. 257
Auerbach, E. 255
Augustin 76, 90, 113, 135, 269,
  274

Bach, V. 41
Bacon, F. 111
Barth, K. 62, 261 ff.
Bartuschat, W. 79
Baumeister, F. Ch. 30
Baumgarten, A. G. 30, 86, 98
Becker, C. 279
Becker, C. H. 266
Becker, O. 38
Beckerath, H. von 271
Beethoven, L. van 64
Belaval, Y. 104
Benjamin, W. 239
Benz, E. 47 f.
Bergson, H. 104 f., 116, 119, 210
Berlinger, R. 206
Bertram, E. 63, 242
Berve, H. 74
Bethmann-Hollweg, Th. von 266
Bismarck, O. von 1
Blaschke, W. 46
Blühdorn, J. 231
Boeckh, A. 85
Böcklin, A. 10
Böhme, J. 107
Bolland, G. J. P. J. 108
Boutroux, E. 105, 128
Brandenburg, E. 266, 278
Brecht, B. 278
Brentano, F. 88

Brie 29
Bröcker, W. 69
Bruinier, A. 201 f.
Bruno, G. 109, 123 f.
Brunstäd, A. 22
Brunstäd, F. 4, 14, 35
Buber, M. 265
Bubner, R. 79
Bultmann, R. 46 f.
Burkamp, W. 36

Cajetan 92
Carabellese 56
Carnap, R. 138 f.
Caro 29
Cassirer, E. 103, 106, 115, 196
Castelli 56
Celan, P. 99
Cervantes de Saavedra, M. 137
Clarke, S. 199
Clemen, W. 279
Closs, O. 4 f.
Cohen, H. 27, 44, 57, 103, 105 f.,
  109, 117
Cohn, J. 16
Comte, A. 128
Conrad, H. 54
Couturat, L. 107
Cramer, K. 79
Cramer, W. 79
Croce, B. 28
Crusius, Ch. A. 49, 121
Curtius, L. 22

Dante, Alighieri 255
Daries, J. G. 49
Deichmann 56
Delbrück, H. 4
Demokrit 71, 157
Dempf, A. 279
Denifle, H. 107
Descartes, R. 30, 38, 104—107,
  111, 114, 140, 162, 189, 224
Dessoir, M. 247
Deubner 29
Diepgen, P. 29
Dilthey, W. 4, 23 f., 62, 67, 80,
  103, 106 f., 112, 115, 125, 245,
  247 f., 250 ff.

Horkheimer, M. 79, 239, 250, 252
Humboldt, W. von 233, 248
Hume, D. 148 ff.
Hundhammer, A. 278
Husserl, E. 20—23, 25, 31 f., 34, 40, 57, 62, 65, 72, 75 f., 97, 114, 119, 258 f., 261
Husserl, G. 21

Jacobs 29
Jaeger, W. 66, 76, 244—248, 255
Jaensch, E. 44
Jäsche, G. B. 30
Jaspers, K. 77, 249, 275
Jean Paul 183
Jesus 271
Jünger, E. 250
Jüttner, A. 280

Kahler, E. von 63
Kambartel, F. 205
Kant, I. 3, 5—8, 24—28, 30—35, 37, 39 f., 43, 46—49, 57 f., 71, 90, 96 ff., 102—105, 109, 111, 113, 115—120, 122, 124, 130, 135, 137—141, 144, 146, 148, 152—155, 157, 167, 171, 175 f., 192—196, 198—203, 205—210, 212—225, 227, 232 f., 241, 247
Kaufmann, F. 271
Keller, G. 137
Kierkegaard, S. 64 f., 239, 249, 251, 260, 263
Kimmerle, H. 79
Klein, J. 73
Korsch, K. 238
Koyré, A. 271
Krause, Ch. F. 159
Krauss, W. 50 f.
Kretschmer, E. 50
Kristeller, P. O. 246
Kroner, R. 23, 103
Krüger, G. 254
Kühnemann, E. 242
Külpe, O. 116
Künne, W. 79
Kuhn, H. 80
Kuhn, H. G. 237
Kuhn, Th. 83

Lanzenstiel, G. 279
Lask, E. 103, 115, 193 f.
Lasson, A. 4, 245
Leibniz, G. W. von 30, 77, 90, 105, 107, 110, 112, 116, 135, 139, 145, 147, 150, 158, 164, 166, 181, 196, 198 ff., 204 f., 208, 210 ff., 262
Leisegang, H. 72
Lenard, Ph. 10
Lessing, G. E. 47, 191
Lessing, Th. 61
Lewis, C. S. 273
Lichtenberg, G. Ch. 143
Litt, Th. 75, 85, 203
Lledo, E. 79
Locke, J. 273
Löwith, K. 30, 78, 181, 249, 254
Lorenzen, P. 203
Lotze, H. 9
Lukács, G. 238
Lullus, R. 241, 262
Luther, M. 33

Mach, H. 159 f.
Mahnke 44
Mann, Th. 61 f., 239, 277
Marazza 56
Marx, K. 65, 138, 172, 207, 209, 225 f., 228, 238, 250, 252
Max von Baden 19
Mayer, Th. 48 f.
Medicus, F. 3
Mehlis, G. 16, 23
Meinecke, F. 247, 249
Melanchthon, Ph. 192
Menzer, P. 12
Merleau-Ponty, M.-J. J. 214
Michelangelo 63
Moltke, H. J. von 277
Morgenthau, H. 272
Most, O. 204
Münchhausen, B. von 242
Münsterberg, H. 8
Musil, R. 74, 135
Mussolini, B. 52
Mutius, G. von 266

Napoleon 275
Natorp, P. 57, 64 ff., 103, 105, 117

SCHLAGWORTVERZEICHNIS

Das nachstehende Register wird ausdrücklich nicht in der Absicht eines umfassenden Sachverzeichnisses geboten. Verzeichnet sind vielmehr ohne Anspruch auf Vollständigkeit lediglich Hauptthemen und -begriffe, denen eine ausführliche Behandlung bzw. Definition zuteil wird. Auf diese Weise möchte der Verlag die Verwendungsmöglichkeiten dieser Selbstdarstellungen besonders für Studienzwecke verbessern und auch einige Querverbindungen zwischen einzelnen Beiträgen sichtbar machen.